Schöningh
westermann

Fair Play 9/10

Ethik/Praktische Philosophie

Herausgegeben von: Volker Pfeifer

Erarbeitet von: Volker Pfeifer und Helmut Wamsler

Unter Mitarbeit von: Ulrike Hanraths, Simone Jakob
und Andrea Welz

Druck A[8] / Jahr 2024
Alle Drucke der Serie A sind im Unterricht parallel verwendbar.

Illustrationen: Reinhild Kassing, Kassel
Umschlaggestaltung: Nora Krull, Hamburg; Fotos: © Image Source/Corbis (v. l.),
Juan Carlos Munoz/OKAPIA (v. r.), OKAPIA KG, Germany (h.)
Druck und Bindung: Westermann Druck Zwickau GmbH, Crimmitschauer Straße 43, 08058 Zwickau

ISBN 978-3-14-**025403**-8

Inhalt

Menschen- und Gottesbild in den Religionen 206

Anhang 222

Vorwort

Liebe Schülerin, lieber Schüler,

du hast dich sicher schon häufig gefragt: „Ist das, was ich tue, denn richtig? Wie kann ich meine Entscheidungen gut begründen? Welches sind die Werte, die mir in meinem Leben wichtig sind?"
In vielen Fällen entscheidest du, ohne lange nachzudenken. Manchmal jedoch fallen gute Antworten ziemlich schwer. Die Situation ist verzwickt. Unterschiedliche Meinungen stoßen aufeinander. Eine einfache Lösung ist dann nicht so leicht zu finden.

„Fair Play" will dir helfen, selbstständig, durch eigenes Nachdenken, vernünftige Antworten in solchen schwierigen Situationen zu finden.

Das Buch gliedert sich in **vierzehn große Kapitel**:

In den ersten zwei Kapiteln geht es um die Frage nach dem Selbst. Du fragst dich: „Bin ich frei in meinem Handeln? Wie verhalten sich Leib und Seele zueinander?"

Die nächsten zwei Kapitel beschäftigen sich mit der Frage nach dem Anderen: Es geht dabei um das Rollen- und Gruppenverhalten und um das Problem der Toleranz.

Welche Rolle spielt das Gewissen bei unseren Entscheidungen und was heißt es, für jemanden oder für etwas verantwortlich zu sein? Diese Fragen stehen im Mittelpunkt des fünften und sechsten Kapitels.

In den folgenden Kapiteln richtest du deine Aufmerksamkeit von dir weg auf die Frage nach Recht, Staat und Gesellschaft. Du denkst z. B. über den Wert und Sinn der Arbeit und das Problem des Friedens unter den Völkern nach.

Die Kapitel neun und zehn drehen sich um die Frage nach Natur, Kultur und Technik. Es geht darin um das Verhältnis zwischen Wissenschaft und Verantwortung und zwischen Ökologie und Ökonomie.

In den folgenden zwei Kapiteln fragst du dich, wie aus Vorurteilen gesichertes Wissen werden kann, und du denkst über die Quellen unserer Erkenntnis grundsätzlich nach.

In den beiden abschließenden Kapiteln geht es darum, was „Sterben in Würde" heißt, und du denkst über die Menschen- und Gottesbilder der Weltreligionen nach.

Die einzelnen Kapitel sind in **Doppelseiten** aufgeteilt. Zwei aufgeschlagene Seiten gehören immer zusammen. Sie behandeln eine wichtige Frage oder ein zentrales Problem.

Jedes Kapitel beginnt mit einer **Auftaktseite**. Hier findest du Bilder oder kurze Texte, manchmal auch Sprichwörter, die in das Hauptthema des Kapitels einführen. Du kannst hier das, was du zu dem Thema schon weißt oder wissen willst, sagen.

Die **Doppelseiten sind so aufgebaut**, dass ihr zunächst eure persönlichen Meinungen zu dem betreffenden Problem sagen könnt. Dann geht es in einem zweiten Schritt darum, eure Gedanken zu klären, möglicherweise auch zu korrigieren. Dabei helfen euch Gesprächspartner – zum einen die Mitschülerinnen und Mitschüler, zum anderen auch Texte oder Bilder. Diese vertiefende Arbeit kann in ganz unterschiedlicher Form ablaufen: als Stillarbeit, als Partner- und Gruppenarbeit oder als Projektarbeit.

Bei den meisten Themen geht es darum, dass du selber mit deinen Mitschülerinnen und Mitschülern herausfindest, wo das Problem bei einer Sache liegt. Um dir bei der Lösung der Probleme behilflich zu sein, werden in den farblich unterlegten Kästen **„So geht es“** unterschiedliche Wege, die du Schritt für Schritt gehen kannst, aufgezeigt.

Einige Seiten enthalten die ebenfalls farblich unterlegten Wissenskästen **„Erkläre es mir“**, die dir für eine Beantwortung der Fragen nützliche Begriffe oder Informationen liefern.

Am Schluss jedes Kapitels findest du die Doppelseite **„Was du weißt und kannst“**. Sie gibt dir Gelegenheit, wichtiges Wissen, wichtige Begriffe oder auch gewisse Arbeitstechniken zu wiederholen. Du kannst so selber überprüfen, was du schon weißt und kannst. Dinge, die du noch nicht so richtig verstanden hast, können hier geklärt werden.

Wenn du mit dem Buch arbeitest, wirst du allmählich **drei wichtige Fähigkeiten** entwickeln. Einmal lernst du, über dich selbst nachzudenken, über deine Gefühle, Wünsche und Gründe deines Handelns: **➔ Fähigkeit, über sich selbst nachzudenken.**

Dann lernst du auch, andere mit ihren eigenen Gefühlen und Meinungen besser zu verstehen. Du lernst, dich in sie hineinzuversetzen, die Welt durch ihre Augen zu sehen: **➔ Fähigkeit, sich in andere hineinzuversetzen.**

Schließlich kannst du auch durch die Gespräche und Diskussionen allmählich besser argumentieren, deine Meinung besser und überzeugender begründen: **➔ Fähigkeit zum guten Argumentieren.**

In jedem Kapitel findest du auf gewissen Doppelseiten die entsprechenden **Piktogramme**. Sie zeigen dir, dass du auf diesen Doppelseiten entweder besonders gut über dich nachdenken, andere verstehen oder argumentieren lernen kannst.

Der Unterricht in Ethik/Praktischer Philosophie will dir dazu verhelfen, über Dinge nachzudenken, die dir bisher leicht oder auch selbstverständlich vorgekommen sind. Wir fragen deshalb mit dem Marabu als Zeichen an zahlreichen Stellen des Buches nach: **„Warum eigentlich?“** Z. B.: „Warum müssen wir die Wahrheit sagen?“

Wenn du versuchst, gut zu handeln und deine Mitmenschen gerecht zu behandeln, musst du sie, ihre Interessen und Wünsche verstehen. Dazu ist es nötig, dass du dich in sie hineinversetzt und die Welt mit ihren Augen, durch ihre „Brille“ siehst. An den Stellen, wo du dies lernen kannst, findest du eine Brille als Zeichen: **„Durch eine andere Brille sehen“**.

Um deine unterschiedlichen Interessen und Wünsche zu berücksichtigen, findest du immer wieder **„Aufgaben zur Auswahl“**. Mit ihnen kannst du an einem Thema, wie es dir persönlich gefällt, weiterarbeiten.

Im Anhang findest du neben den Kurzbiografien und dem Register ein Glossar, in dem grundlegende Begriffe zusammengestellt und kurz erklärt sind. Diese Begriffe sind in den Kapiteln mit einem Sternchen (*) gekennzeichnet.

Das Verzeichnis der Methoden im Anhang gibt dir einen Überblick über die im Buch eingesetzten Methoden. Verweise auf das Verzeichnis sind im Text mit einem Pfeil (➔) gekennzeichnet und **grün** hervorgehoben.

Viel Spaß beim Denken, Diskutieren und Arbeiten mit „Fair Play“!

Euer Autorenteam

Nachdenken über Moral

Leni, 15: Wenn wir in meiner Klasse über moralische Fragen diskutieren, prallen die unterschiedlichen Meinungen hart aufeinander. Wir versuchen jedoch, durch gemeinsames Nachdenken eine Antwort zu finden. Das ist manchmal sehr schwer, macht aber echt Spaß!

Paul, 16: Die Dinge, über die wir uns Gedanken machen, sind ganz praktisch und haben etwas mit uns zu tun. Sie gehen alle an und deshalb finden sie alle interessant. So z. B. die Frage, was mir in meinem Leben wichtig ist und nach welchen Werten ich mein Leben gestalten möchte.

Jassin, 16: Wir reden in unserer Klasse recht häufig über aktuelle Dinge. In den letzten Wochen war es vor allem das Thema „Flüchtlinge“. Sind wir verpflichtet, ihnen zu helfen? Was können wir hier, an unserer Schule, ganz praktisch tun? Darüber nachzudenken macht einfach Spaß!

Eva, 15: Was ich gut finde, ist die Art, wie wir miteinander reden. Wir hören genau hin, was der andere sagt, und versuchen, beim Thema zu bleiben. Es geht uns darum, gemeinsam eine uns gestellte Frage zu beantworten. Da ist jeder irgendwie dabei. Und wenn einer ein gutes Argument bringt, übernehmen wir das.

Liam, 15: Einfach toll finde ich, dass man in aller Ruhe über sich selber nachdenken kann: über die eigenen Wünsche, die eigenen Gefühle oder die Gründe, warum ich etwas gemacht habe.

1. Wie denkt ihr über die Äußerungen der Schülerinnen und Schüler? – Habt ihr ähnliche Erfahrungen gemacht? Tauscht euch aus und diskutiert miteinander.

2. Wird nur im Philosophie- und Ethikunterricht über Moral nachgedacht? Erläutert eure Meinung anhand von Beispielen.

Nachdenklich werden ...

Es kennzeichnet uns Menschen, dass wir, was unsere Wünsche, Gefühle und Meinungen betrifft, nicht nur blind vor uns hin leben und uns treiben lassen müssen. Ich bin auch in der Lage, einen Schritt hinter mich selbst zurückzutreten und über mich nachzudenken. Ich habe so einen inneren Abstand gewonnen und kann mich besser sehen und beurteilen. „Warum soll ich jetzt helfen?" – „Welche Motive, welche Gründe habe ich?" – „Müsste ich nicht eher?" und überhaupt: „Was ist schon richtig, was ist eindeutig falsch?" Alles Fragen, die zum eigenen Nachdenken anregen.
Wenn von wichtigen Dingen die Rede ist, muss ich besonders nachdenklich werden. Ich sollte mich dann fragen: „Was genau bedeutet das?" – „Woher weiß ich das eigentlich?" – „Was bedeuten z. B. Freiheit, Gerechtigkeit, Würde oder Gut und Böse?" Und ich muss mich dann auch von lieb gewonnenen und für selbstverständlich gehaltenen Vorurteilen und Meinungen trennen und Platz machen für besser begründete Urteile. Ein durch Nachdenken kritisch gewordener Blick auf eine manchmal verwirrende Landschaft von Wertungen und Behauptungen könnte dann zu einer Gewohnheit werden. Und das wäre gar nicht schlecht!

3. Welchen der Aussagen über „Nachdenklichkeit" würdest du zustimmen und warum?
   – Zu welchen hättest du eine Frage?
   – Welche überzeugen dich nicht?

„Beim Argumentieren darf es nur einen Zwang geben: das ist der milde Zwang des besseren Arguments."

4. Was meint ihr zu diesem Satz?

5. Nehmen wir einmal an, dass dieser Grundsatz im Philosophie- und Ethikunterricht umgesetzt wird. Wie müsste der Unterricht dann gestaltet werden?

Für die Pinnwand ...

6. Jeder schreibt – für sich – auf eine Karte:
   – Was ist mir wichtig am Philosophie- bzw. Ethikunterricht?
   – Mit welchen Themen und Fragen würde ich mich gerne beschäftigen?

   Erläutert eure an einer Pinnwand befestigten Karten. Tauscht euch aus und diskutiert darüber.

Freiheit und Unfreiheit

1 Wie würdest du den Cartoon deuten?
- In welcher Hinsicht könnte der Löwe „frei“ sein?
- Wie könnte der Wärter begründen, dass er „unfrei“ ist?
- Mache dir Notizen, tausche dich dann mit deiner Nachbarin/deinem Nachbarn aus und diskutiert darüber.

2 Erläutert, was die Fotos mit „Freiheit“ zu tun haben.

3 Gebt den Fotos und dem Cartoon jeweils einen passenden Titel.

4 Erstellt in Gruppen eine Collage mit Bildern, auf denen Menschen zu sehen sind, die offensichtlich „unfrei“ sind. – Vergleicht die Ergebnisse und sprecht darüber.

5 Mit welchen Fragen zum Thema „Freiheit und Unfreiheit“, die dir interessant und wichtig scheinen, würdest du dich gerne beschäftigen? – Schreibe sie auf und tauscht euch über sie aus.

1| Was bedeutet Freiheit?

Was „Freiheit*“ heißt, scheint jeder zu wissen. Frei zu sein: Das halten wir für selbstverständlich wie den Strom, der aus der Steckdose kommt. Und doch ist der Begriff sehr umstritten. Das, was man für selbstverständlich hält, ist oft, wenn wir genauer darüber nachdenken, gar nicht mehr so klar.

1 Was bedeutet für dich, „frei“ zu sein? – Ergänzt den Satz „Frei zu sein bedeutet für mich …“ und sprecht darüber.

„Tun und lassen, was ich will.“ (Ali, 16)

„Die Freiheit des Einzelnen hört da auf, wo die der anderen anfängt.“ (Eli, 15)

„Reisen – in jedes Land, wann ich will, wie ich will.“ (Svenja, 15)

„Nichts Überflüssiges besitzen. Und das Leben einfach mal genießen.“ (Aischa, 16)

„Freiheit bedeutet für mich, das, was ich als richtig und gut erkannt habe, tun zu können. Das bedeutet auch Arbeit an mir und oft auch Verzicht auf das, was ich im Augenblick möchte.“ (Lukas, 16)

„Für mich bedeutet es, wirklich ich selbst zu sein und mich so zu nehmen und zu genießen, wie ich bin – ohne Gier, Neid, Unzufriedenheit, Minderwertigkeitsgefühle und Überheblichkeit.“ (Thomas, 17)

Was bedeutet „Freiheit“?

2 Welche der Äußerungen rechts leuchten dir auf Anhieb ein und warum? Welche sind dir nicht so ganz klar und warum?

3 Sammle und ordne in einer Mindmap die verschiedenen Arten von Freiheit.

4 Welcher Aspekt von Freiheit kommt auf dem Foto zum Ausdruck?

5 Mit welchem Bild – Foto oder Zeichnung – könntest du das, was du dir unter Freiheit vorstellst, veranschaulichen?

Haben wir einen freien Willen?

Eine ganz alltägliche Situation: Ich sitze am Schreibtisch und überlege mir, was ich als Nächstes tun werde. Ich habe verschiedene Möglichkeiten: Schulaufgaben machen – ins Internet gehen – Musik hören – mich mit meiner Freundin, meinem Freund verabreden … Nehmen wir an, ich habe mich für eine der Möglichkeiten entschieden. Ich frage mich dann: Habe ich frei entschieden? Ist es tatsächlich mein freier Wille, der hinter der Entscheidung steht? Haben wir einen eigenen freien Willen?

6 Wie würdest du die Frage für dich beantworten?

- Siehe dazu auch das Kapitel „Freiheit in Verantwortung“, S. 84 ff.

Was sagt die Philosophie* dazu?

Unser Wille ist frei, wenn er sich unserem Urteil darüber fügt, was zu wollen richtig ist. Und der Wille ist unfrei, wenn Urteil und Wille auseinanderfallen. Das ist der Fall beim Unbeherrschten, den seine übermächtigen Wünsche überrennen und zu einer Tat treiben, die er bei klarem Verstand verurteilt. Und es ist der Fall beim inneren Zwang, wo wir gegen besseres Wissen einer Sucht erliegen.

(Peter Bieri: Unser Wille ist frei; in: DER SPIEGEL 2/2005, S. 213)

Was sagt die Hirnforschung dazu?

Die Hirnforscher meinen, es ist nicht meine freie Willensentscheidung, ob ich mir zu einem bestimmten Zeitpunkt ein Himbeermarmeladenbrot mache oder ein Aprikosenmarmeladenbrot. Unsere Entscheidung ist die Folge von ständiger Gehirnaktivität, also einer Art von andauerndem Gespräch von Nervenzellen. Ohne dass es uns bewusst ist, werden in unserem Gehirn ununterbrochen Motive abgewogen, die für oder gegen eine Handlung sprechen. Ein Motiv gewinnt und so kommt es dann zu einer Handlung. Daraus folgt: Willensfreiheit ist eine Illusion. In Wirklichkeit gibt es sie nicht.

(nach: Julia Decker: Mein Wille geschehe; in: fluter 15/2005, BpB, Bonn 2005, S. 9)

7 Beschreibt die unterschiedlichen Positionen zur Willensfreiheit.

8 Welche überzeugt euch aus welchen Gründen mehr?

Durch eine andere Brille sehen

a) Erläutert die folgende Abbildung. Welchen Titel würdet ihr ihr geben?

b) Was würde der Philosoph Bieri dieser Darstellung der menschlichen Willensfreiheit entgegenhalten?

Eine grundlegende Erfahrung ...

Der deutsche Philosoph Richard David Precht meint die Freiheit des Willens an sich selbst erfahren zu haben.

Früher hatte ich große Schwierigkeiten damit, meine Gefühle zu kontrollieren, wenn mich eine abweichende Meinung aufgeregt hat. So war ich an der Universität oft hitzig und leidenschaftlich. Heute nehme ich mir in Kontroversen vor, ruhig zu bleiben, was häufig auch recht gut klappt. Sowenig ich früher wollte, dass meine Gefühle mit mir durchgingen, so gut gehorchen sie in diesen Situationen heute meinem Willen. Der Grund dafür ist die Erfahrung. Wie oft habe ich mich nach solch hitzigen Diskussionen über mich selbst geärgert! Meine Gefühle haben gelernt, sich der Kontrolle meines Verstandes unterzuordnen. Mein freier Wille hat also auf mein Temperament eingewirkt. Ich bleibe gelassen, selbst wenn mir bestimmte Dinge gegen den Strich gehen.

(nach: Richard David Precht: Wer bin ich – und wenn ja, wie viele? Goldmann, München 2007, S. 313)

9 Habt ihr ähnliche Erfahrungen gemacht? Berichtet und sprecht darüber.

10 Kann man aus dem, was der Philosoph Precht schildert, auf die Willensfreiheit schließen? Bezieht kritisch Stellung dazu.

2| Freiheit und Bindung – ein Widerspruch?

Wenn wir unter Freiheit das Gefühl verstehen, uns frei entscheiden und tun und lassen zu können, was wir wollen, merken wir recht bald, dass dieser Freiheit Grenzen gesetzt sind. Uns sind bestimmte Anlagen – Talente und Schwächen – in die Wiege gelegt worden. Für jeden von uns ist es daher wichtig, sich darüber Gedanken zu machen, wer oder was uns in unseren Entscheidungen beeinflusst.

Mein „Freiheits-Stern"

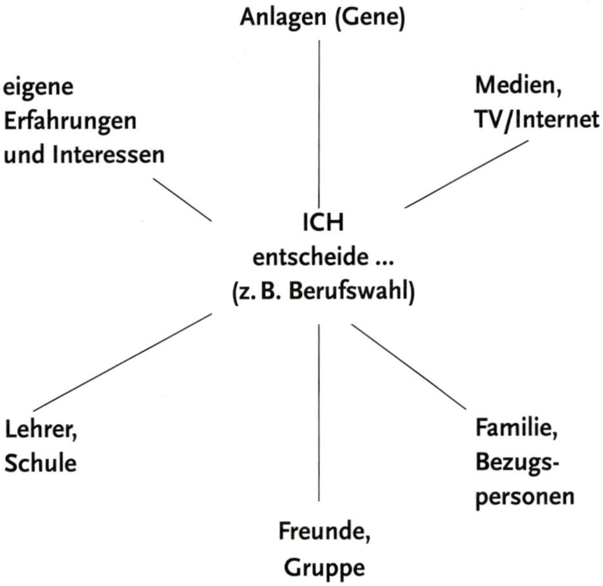

1 Wer oder was beeinflusst deine Entscheidungen und wie stark? – Übertrage das Schema auf ein großes Blatt Papier. Markiere dann die von dir eingeschätzte „Stärke" des jeweiligen Einflussfaktors. Teile dazu die Strahlen in drei gleich lange Abschnitte. Kurzer Strahl = geringer Einfluss; mittellanger Strahl = mittelmäßiger Einfluss und langer Strahl = starker Einfluss. Wenn du jetzt die einzelnen Markierungspunkte verbindest, bekommst du deinen „Freiheits-Stern".

2 Tausche dich mit deiner Nachbarin/deinem Nachbarn aus und sprecht darüber. – Wo sind Gemeinsamkeiten, wo Unterschiede? – Wie könnt ihr euch die Unterschiede erklären? Diskutiert in der Klasse darüber.

3 Was können wir tun, um möglichst eigenständige Entscheidungen zu treffen? Sammelt eure Ideen und sprecht darüber.

Arbeiten an sich selbst ...

Die Freiheit des Willens und der Entscheidung ist etwas, das man sich erarbeiten muss. Man kann dabei mehr oder weniger erfolgreich sein, und es kann Rückschläge geben. Was man an Freiheit erreicht hat, kann wieder verloren gehen. Willensfreiheit ist ein zerbrechliches Gut, um das man sich stets von Neuem bemühen muss. Und es ist eine offene Frage, ob man sie jemals in vollem Umfang erreicht. Vielleicht ist sie eher wie ein Ideal, an dem man sich orientiert, wenn man sich um seinen Willen kümmert. Dabei geht es darum, sich darüber klar zu werden, was genau man will. In einem zweiten Schritt müssen wir dann diesen uns bewusst gemachten Willen bewerten. Wir müssen darüber urteilen, ob er gut oder moralisch nicht zu rechtfertigen ist.

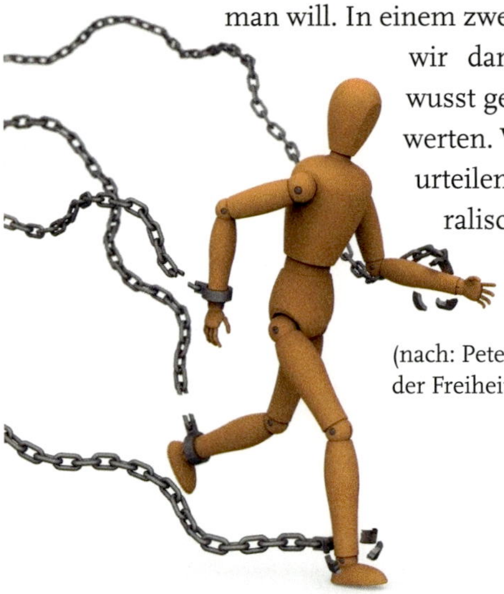

(nach: Peter Bieri: Das Handwerk der Freiheit, Wien 2001, S. 383 f.)

4 Was meint Peter Bieri mit „Arbeiten an sich selbst"? – Was kann diese Arbeit erleichtern? Warum fällt sie uns nicht immer leicht? – Berichtet anhand von Beispielen aus eurer Erfahrung.

5 Die Figur auf dem Bild ist dabei, die Ketten abzustreifen. Welche Fragen würdet ihr der Figur stellen? – Schreibt einen Dialog mit ihr und spielt ihn vor.

> „Man kann in wahrer Freiheit leben! Und doch nicht ungebunden sein."
>
> (J. W. v. Goethe, dt. Dichter, 1749–1832)

6 Erläutert das Zitat. – Wie geht das: „frei" und zugleich „gebunden" sein?

Ohne Regeln geht es nicht!

Was den Menschen als menschliches Wesen auszeichnet, ist gerade die Fähigkeit, sich selbst Grenzen zu setzen, nicht weil er Grenzen besonders liebt, sondern weil ihm im Setzen von Grenzen seine Freiheit bewusst wird. Das klingt widersprüchlich und bedarf der Erläuterung.
Regeln des Miteinanders sind notwendig. Wenn wir nicht als Feinde miteinander umgehen wollen, sondern als Individuen, die sich gegenseitig respektieren, brauchen wir Regeln, an denen wir unseren Willen und unsere Handlungen ausrichten. Moralische Normen und Rechtsgesetze sind solche Regeln, die die Freiheit aller einschränken, jedoch gerade nicht, um die Freiheit aufzuheben, sondern um allen so viel Freiraum wie möglich zu geben. Die Freiheit des einen hat ihre Grenze an der Freiheit der anderen, denen ich ebenso viel Freiheit einräumen muss, wie ich für mich fordere.

(nach: Annemarie Pieper: Grenzen der Freiheit, http://philosophie-indebate.de [09.05.2016])

7 Wie wird im Text begründet, dass „frei sein" sich durchaus mit „gebunden sein" verträgt?

8 Bezieht kritisch Stellung zu dieser Argumentation. Was findet ihr gut daran, was überzeugt euch weniger?

Eine moralische Bindungs-Regel?

> „Was du nicht willst, das man dir tut, das füg auch keinem anderen zu."

9 Untersucht, warum die Goldene Regel* (s. dazu S. 56 f.) den Widerspruch zwischen Freiheit und Bindung auflöst.

Der Mensch als moralisches Wesen

Wer seinen Willen mit dem Wollen anderer verträglich machen kann – nach dem Motto „Mein Faustrecht hört da auf, wo die Nase eines anderen anfängt" –, ist ein moralisches Wesen.

10 Was heißt „moralisch" entscheiden und handeln? – Schreibt dazu einen Artikel z. B. für ein Philosophie-Lexikon.

11 Wann handelt die Figur, die ihre Ketten abwirft, moralisch? Diskutiert darüber.

Erkläre es mir – Was heißt bedingte Freiheit?

Frei ist man, wenn man auch anders handeln kann – wenn man also Alternativen hat: Ich bin dann nicht gezwungen, A zu tun, sondern kann mich frei entscheiden, entweder A oder B zu tun. Wir haben die Fähigkeit, mit unserer Vernunft unsere Willensentscheidungen zu überprüfen und sie auch zu ändern. Wir entscheiden und handeln jedoch nicht im luftleeren Raum, sondern sind von verschiedenen Faktoren geprägt und beeinflusst. So sind wir geprägt durch unsere Gene und unsere Erziehung. Medien, Eltern, Lehrer und Freunde üben einen mehr oder minder starken Einfluss auf uns aus. Trotz dieser Einflüsse und Prägungen sind wir im Entscheiden und Handeln grundsätzlich frei – bedingt frei eben.

Warum eigentlich?

Warum wollen Menschen frei sein?

3| Wer ist Herr im eigenen Haus?

Eine schwierige Entscheidung

Ich eile aus dem Klassenzimmer und verkrieche mich in einer Ecke des Schulhofs. Ich will unbedingt meinen Freund anrufen, ihn fragen, was er gestern Abend noch gemacht hat. Ganz wohl ist mir nicht dabei. Seit Kurzem hat die Schulleitung ein allgemeines Handyverbot erlassen und wer sich nicht daran hält, wird rigoros bestraft. Soll ich mich an das Verbot halten oder doch lieber kurz mit meinem Freund reden und somit tun, wozu ich gerade Lust habe?
(Nina, 16)

1. Kennt ihr ähnliche Situationen? Tauscht euch aus und sprecht darüber.
2. Wie habt ihr euch in solchen Situationen gefühlt?

Interview mit Sigmund Freud

Der österreichische Arzt und Psychologe Sigmund Freud (1856–1939) hat untersucht, was unser Entscheiden und Handeln bestimmt. Dabei wollte er besonders wissen, ob wir frei entscheiden können oder ob wir von gewissen Einflüssen geleitet und somit unfrei sind. Um diese in unserem Inneren ablaufenden Prozesse besser untersuchen und darstellen zu können, entwarf er ein Modell der Seele, das sogenannte Drei-Instanzen-Modell. Um es besser verstehen zu können, führen wir ein fiktives Interview mit Freud. Wir besuchen ihn in seiner Wiener Arztpraxis in der Berggasse 19:

INTERVIEWER: Lieber Herr Freud. Ihr Seelenmodell hat mich sehr beeindruckt. Ich habe da allerdings noch ein paar Fragen und freue mich, dass ich die Gelegenheit habe, sie Ihnen persönlich stellen zu können.

FREUD: Ich will versuchen, Ihnen mein Modell möglichst gut zu erklären.

INTERVIEWER: Sie teilen die Seele in drei Bereiche oder Instanzen ein: Das ES, das ICH und das ÜBER-ICH. Was verstehen Sie jeweils darunter?

FREUD: Zum ES gehören die Triebe und Grundbedürfnisse, also: Hunger, Sexualtrieb, aber auch Hass, Neid, Liebe und Vertrauen. Sein Gegenspieler ist das ÜBER-ICH. Es verkörpert die gesellschaftlichen Normen, Ideale und Rollen, die der Mensch durch seine Erziehung beigebracht bekommt. (*macht eine längere Pause*)

INTERVIEWER: Da fehlt noch das ICH?

FREUD: Ja, und das ist beinahe der schwierigste Teil meines Modells. Wenn wir allerdings verstehen wollen, inwiefern wir in unserem alltäglichen Handeln frei oder unfrei sind, müssen wir ganz besonders auf dieses ICH achten. Also: Das ICH liegt zwischen dem ES und dem ÜBER-ICH. Es hat einen harten Job, weil es von übermächtigen Gegnern bedrängt wird. Es muss zwischen diesen beiden vermitteln. Wenn es zu Konflikten kommt zwischen dem ES – also zwischen dem, was die Triebe und Bedürfnisse wollen – und dem, was die Gesellschaft mit ihren Geboten und Verboten will, muss das ICH einen Kompromiss herstellen. Und das ist nicht immer leicht.

INTERVIEWER: Wie geht das mit dem Kompromiss? Können Sie das an einem Beispiel erklären?

FREUD: Ja, gerne. Wenn ein Schüler, weil eine Klassenarbeit bevorsteht, sich darauf vorbereiten müsste – das ist die Forderung des ÜBER-ICHs, vertreten durch Eltern und Schule –, er aber Lust hat, ins Schwimmbad zu gehen – das ist die Forderung des ES, des Lustprinzips –, dann kann das ICH vermittelnd eingreifen, indem es die Befriedigung des Bedürfnisses verschiebt auf einen Zeitpunkt, an dem es zu keinen Kollisionen mit dem ÜBER-ICH kommt. Kurz: Der Schüler lernt erst für die Schule und geht später schwimmen.

INTERVIEWER: Das hört sich ja doch recht einfach an, in der Theorie wenigstens. In der Praxis ist dies wohl viel schwieriger.

FREUD: Das denke ich auch.

INTERVIEWER: Ist das ICH, eingeklemmt zwischen ES und ÜBER-ICH, überhaupt noch frei?

FREUD: Das ist eine sehr gute Frage! Eines scheint doch jetzt schon klar. In meinem Modell hat eine absolute, grenzenlose Freiheit keinen Platz. Das ICH ist also eingebunden. Es muss nach innen und nach außen schauen, muss den Grundbedürfnissen und den gesellschaftlichen Regeln gerecht werden. Es kann sich also nur um eine relative Freiheit handeln, eine bedingte Freiheit also.

INTERVIEWER: Aber ist das nicht ein bisschen wenig und enttäuschend?

FREUD: Ich sehe das ein wenig anders. Dieser Freiheitsbegriff versucht der Wirklichkeit gerecht zu werden, ist also realistisch. Und vergessen Sie nicht: Das ICH hat einen Spielraum, in dem es einmal das ES und dann wieder das ÜBER-ICH zu Wort kommen lassen kann. Es muss darauf achten, dass es nicht einerseits überwältigt wird von den Trieben, aber auch andererseits sich nicht blindlings den gesellschaftlichen Normen unterwirft. Seine Freiheit zeigt sich also in diesem kritischen Blick nach außen, aber auch nach innen.

INTERVIEWER: Das ist sehr einleuchtend. Es zeigt sich hier auch, dass dieses bedingt freie ICH eine gewisse Stärke – ICH-Stärke – haben muss, wenn es seinem Leben eine Gestalt geben will. Und das ist eine der wichtigsten Aufgaben der von Eltern und Schulen praktizierten Erziehung: das ICH so zu stärken, dass es jene wichtigen Aufgaben lösen kann.

FREUD: Ein sehr treffendes Schlusswort!

INTERVIEWER: Ich bedanke mich ganz herzlich für Ihre klaren und erhellenden Ausführungen.

3 Fasst anhand des Interviews das Drei-Instanzen-Modell Sigmund Freuds zusammen.

4 Welche Fragen hättet ihr noch gerne an Sigmund Freud gestellt?

Eine kritische Stimme:

Das Menschenbild von Freud ist sehr pessimistisch. Für ihn ist der Mensch kein vernunftbegabtes Wesen, sondern ein Wesen, das von seinen Trieben beherrscht wird und damit un-frei ist.

5 Setzt euch mit der Kritik an Freud auseinander.

Der Mensch als Kulturwesen

Freud erkennt die Notwendigkeit von Ethik und Moral. Es ist unumgänglich, dass sich der Mensch Entsagung, positiv formuliert Disziplin, auferlege gegenüber dem totalen Anspruch des ES. Der Mensch ist Kulturwesen geworden. Kultur beruht auf der Beachtung des Realitätsprinzips durch das ICH.

(nach: Walter Schulz: Philosophie in der veränderten Welt, Pfullingen 1980, S. 684 f.)

6 Erläutere den Text deiner Nachbarin/deinem Nachbarn. Sprecht anschließend darüber in der Klasse.

7 Fasst eure Meinung zum Drei-Instanzen-Modell Freuds zusammen. Was überzeugt euch daran, was weniger und warum?

8 Inwiefern kann das Modell Freuds euch dabei helfen, euer alltägliches Handeln besser zu verstehen? Ihr könnt eure Antwort in einem fiktiven Brief an Freud formulieren.

Aufgaben zur Auswahl

a) Denke dir passende Situationen aus, in denen das ÜBER-ICH, das ICH und das ES nicht einer Meinung sind. Erfinde ein Streitgespräch zwischen den drei Instanzen.

b) Schreibe einen fiktiven Brief an Freud, in dem du deine persönliche Meinung zu seinem Drei-Instanzen-Modell zum Ausdruck bringst.

c) „Aus ES soll ICH werden!" – Erläutert diesen Satz Sigmund Freuds. Warum ist es nicht immer leicht, ihn umzusetzen? Findet Beispiele.

4| Schöne neue Welt ...?

Aldous Huxleys 1932 erschienener Roman „Schöne neue Welt“ ist einer der berühmtesten Zukunftsromane des 20. Jahrhunderts. Die Menschen werden darin genetisch so manipuliert, dass verschiedene nach ihrer Intelligenz geordnete Gruppen entstehen: Alphas sind Führungspersönlichkeiten, Deltas oder Epsilons durch ihre niedrige Intelligenz nur für völlig anspruchslose Aufgaben geeignet. Der Weltaufsichtsrat überwacht dieses Kastensystem. Alle Menschen leben in einer streng geregelten Wohlfühlatmosphäre. Elend und Krankheiten sind überwunden. Individuelle Freiheit und Kunst sind abgeschafft.
Ein „Wilder“, der aus einem Reservat in die „Schöne neue Welt“ kommt, ist vollständig enttäuscht, als er erkennt, wie der Staat die Menschen ruhig stellt und ihnen zu einem vermeintlichen Glück verhilft.

Freiheit oder Komfort?

Der Weltaufsichtsrat versucht im Gespräch mit dem Wilden, sein System zu rechtfertigen:

WELTAUFSICHTSRAT: Die Menschen sind glücklich. Sie bekommen, was sie wollen, und sie wollen nichts, was sie nicht bekommen können. Es geht ihnen gut. Sie sind in Sicherheit. Sie sind niemals krank und haben keine Angst vor dem Tod. Sie sind so genormt, dass sie sich praktisch nicht anders verhalten können, als sie sich verhalten sollen. Deltas haben keine Ahnung, was Freiheit ist.

DER WILDE: Warum könnt ihr nicht lauter Alphas machen?

WELTAUFSICHTSRAT: Wir glauben an Glück und Stabilität. Eine Gesellschaft aus lauter Alphas würde zwangsläufig instabil und unglücklich werden. Ein Alpha, der die Arbeit eines Epsilon-Halbidioten tun müsste, würde wahnsinnig werden und alles kurz und klein schlagen. Nein, mein Freund. Die optimale Bevölkerungsschichtung gleicht einem Eisberg: 90 % unter der Wasseroberfläche, 10 % darüber.

DER WILDE: Und die darunter sind glücklich?

WELTAUFSICHTSRAT: Glücklicher als die darüber: 7 1/2 Stunden kinderleichte Arbeit, Spiele und Sex. Alle Probleme gelöst!

DER WILDE: Ich will nicht, dass meine Probleme gelöst sind. Ich liebe Probleme.

WELTAUFSICHTSRAT: Wir nicht! Uns ist Komfort lieber.

DER WILDE: Ich will keinen Komfort! Ich will Gott, ich will Poesie, ich will wirklich Gefahren und Freiheit und Tugend.

WELTAUFSICHTSRAT: Das heißt: Sie fordern ein Recht auf Unglück?

DER WILDE: Genau. Ich fordere das Recht auf Unglück!

WELTAUFSICHTSRAT: Ganz zu schweigen von dem Recht, alt und hässlich und hilflos zu werden. Ganz zu schweigen von dem Recht auf Aids, auf Krebs, auf Hunger. Vom Recht auf ständige Unsicherheit, was morgen sein wird.

DER WILDE: All das fordere ich!

WELTAUFSICHTSRAT: *(zuckt mit den Schultern)*: Bitte sehr!

(nach: Aldous Huxley: Brave New World, Flamingo Modern Classic, HarperCollins, Hammersmith, London 1994; übersetzt und für den Unterricht dialogisch bearbeitet)

1. Lest den Dialog zwischen dem Weltaufsichtsrat und dem Wilden mit verteilten Rollen.
2. Erläutert, inwiefern die von Huxley entworfene Gesellschaft un-frei ist.
3. Wie versucht der Weltaufsichtsrat, sein System zu rechtfertigen? – Für welche Werte wird die Freiheit geopfert? – Was findet ihr daran bedenklich und warum?
4. Entwerft ein Plakat für eine Theateraufführung von Huxleys Zukunftsroman.

Aldous Huxley wollte drastisch zeigen, wie in einer modernen Gesellschaft, in der sich alles um Komfort dreht, die Freiheit der Menschen in Un-freiheit umschlagen kann.

5 Sind wir in unserer hoch technisierten Welt schon auf dem Weg in eine vom unbedingten Streben nach Komfort gezeichnete „Schöne neue Welt"? Findet Beispiele und diskutiert darüber.

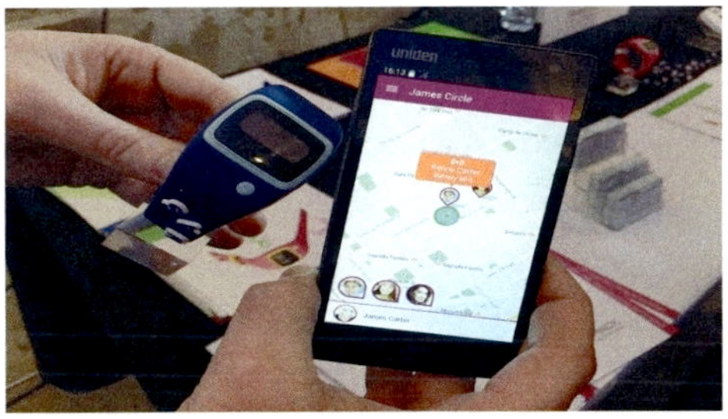

Schöne Welt der Wearables ...

Auf Schritt und Tritt

Wenn Michaela Jansen nicht weiß, wo ihre Kinder sind, zückt sie das Smartphone und ortet sie. Zur Familie gehören fünf Töchter im Alter von 5 bis 17 Jahren. Alle bis auf die jüngste haben ein Smartphone, auf dem die App „Synagram" installiert ist. Mittels GPS können die Eltern jederzeit herausfinden, wo sich ihre Kinder gerade herumtreiben. Drückt die Mutter auf „orten", passiert zweierlei. Sie erhält die Adresse und das Kind eine Nachricht „Michaela sucht dich".

(Miriam Olbrisch, Wolf Wiedmann-Schmidt, in: DER SPIEGEL, 29/2015, S. 50)

6 Wie denkt ihr über den hier beschriebenen Einsatz von Smartphones?

7 Handelt es sich dabei um eine Einschränkung von Freiheit? – Wenn ja, wie lässt sie sich rechtfertigen?

Designer-Babys

Die amerikanische Biotechnologiefirma 23andMe hat ein Patent erhalten, mit dem Designer-Babys möglich werden. Danach könnten sich Eltern in Zukunft Spendersamen und Eizellen gezielt nach künftigen Eigenschaften des Kindes aussuchen. Durch die Untersuchung der eigenen DNA für 99 US-Dollar können Eltern Aussehen, Charaktereigenschaften und Krankheiten ihres Nachwuchses einschätzen lassen. Damit können sich die zukünftigen Eltern einen Samenspender oder eine Eizellenspenderin mit Genen aussuchen, die das bestmögliche Ergebnis versprechen. Auch in Deutschland wurde bereits Kritik laut. „Die genetische Identität eines Menschen darf nicht von Mode, Markt und Meinung abhängen. Dies wäre ein fundamentaler Verstoß gegen die Menschenwürde*", sagt Christoph Then vom Verein Testbiotech.

(nach: Andrea Ziech: Software erlaubt Eltern die Wahl ihres Wunschbabys, 08.10.2013, www.ingenieur.de [22.03.2016])

8 Wie denkt ihr über das Patent der amerikanischen Firma? Diskutiert darüber.

9 Warum verstoßen Eltern, die sich ein Designer-Baby aussuchen, gegen die Menschenwürde?

Projektvorschlag – „Designer-Baby"

Organisiert ein Projekt zusammen mit dem Biologie- und Gemeinschaftskundeunterricht zum Thema „Designer-Baby".

Ihr könnt folgende Fragen und Aufgaben arbeitsteilig bearbeiten:

- Wie kommt es zu einem „Designer-Baby"? (medizinisch-biologische Grundlagen)
- Was sagt das Gesetz dazu? Sind „Designer-Babys" in Deutschland oder anderswo erlaubt oder verboten? (rechtlicher Aspekt)
- Wie sind „Designer-Babys" ethisch zu beurteilen? (ethischer Aspekt)
- Stellt diese neue Technik eine Gefahr für die menschliche Freiheit dar?

Fasst die Ergebnisse des Projekts zusammen und veröffentlicht sie im Internet oder auf Stellwänden in eurer Schule. Vorschlag einer Überschrift: „Auf dem Weg in eine ‚Schöne neue Welt'?"

5| Freiheitsrechte = Menschenrechte

Menschenrechte werden weltweit verletzt – und das jeden Tag. Die Mehrzahl aller Menschenrechtsverletzungen ereignet sich in Schwellenländern und in den Entwicklungsländern. Noch nie war eine so große Zahl von Menschen durch Eingriffe in elementare Freiheitsrechte bedroht oder betroffen wie heute. Verschiedene nicht staatliche Organisationen wie „Amnesty International“ oder die „Internationale Gesellschaft für Menschenrechte“ versuchen, Menschenrechtsverletzungen in das Licht der Öffentlichkeit zu rücken und sich um den Schutz der Menschen vor Willkür und Unterdrückung zu kümmern.

Ein Beispiel: Journalistin zu mehreren Jahren Haft verurteilt

Die Justiz der autoritären Südkaukasusrepublik Aserbaidschan hat die Journalistin Chadidscha Ismailowa zu sieben Jahren und sechs Monaten Haft verurteilt. Ein Gericht in der Hauptstadt Baku befand die regierungskritische Reporterin der Steuerhinterziehung schuldig.
Ismailowa hatte alle Vorwürfe zurückgewiesen und sieht sich politisch verfolgt. Die Anklage habe auf „mehr und mehr Lügen“ zurückgegriffen, sagte Ismailowa in einer abschließenden Stellungnahme. „Sie werden mich nicht zum Schweigen bringen, selbst wenn sie mich zu 15 oder 25 Jahren verurteilen.“ Unter anderem hatte die Journalistin die von Präsident Ilham Alijew und seiner Familie angehäuften Reichtümer angeprangert. Die 39-jährige Journalistin war 2012 mit einem Förderpreis der Hamburger ZEIT-Stiftung geehrt worden für die Aufdeckung von Korruption, Machtmissbrauch und Menschenrechtsverletzungen in Aserbaidschan.

(nach: www.zeit.de, 01.09.2015 [05.04.2016])

1 Inwiefern kann man davon ausgehen, dass das Urteil der Justiz von Aserbaidschan gegen die Menschenrechte verstößt?

Durch eine andere Brille sehen

Entwerft ein Plädoyer eines Anwalts/einer Anwältin der Journalistin oder deren Stellungnahme zum Urteil.

Die Idee der Menschenrechte hat in Europa eine lange Tradition. Sie findet sich in Dokumenten wie der „Habeas Corpus Akte“, der „Erklärung der Menschen- und Bürgerrechte“ oder der „Allgemeinen Erklärung der Menschenrechte“ der Vereinten Nationen.

2 Informiert euch in Gruppen über Inhalt und Bedeutung der genannten Menschenrechtsdokumente.

- Zum Thema „Menschenrechte“ siehe auch das Kapitel „Völkergemeinschaft und Frieden“, S. 116 ff.

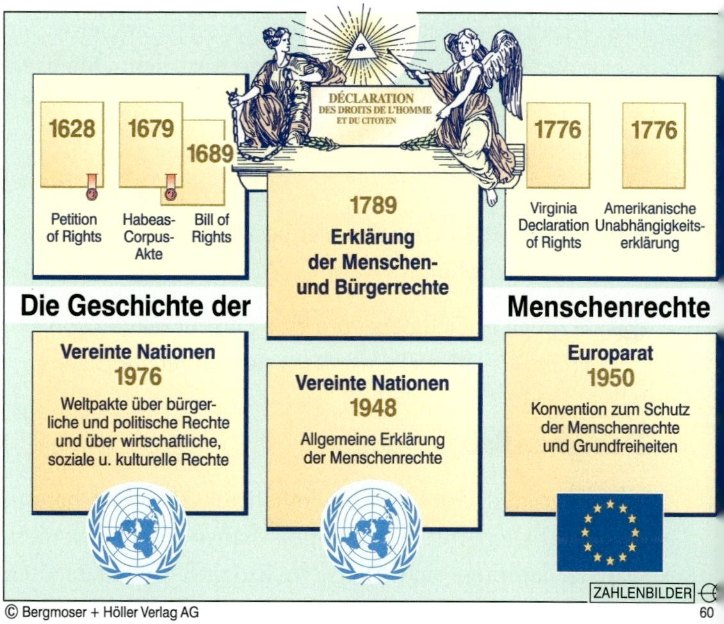

© Bergmoser + Höller Verlag AG 60

Erkläre es mir – Menschenrechte: allgemeine Merkmale

a) Sie sind universell. Sie gelten für alle Menschen unabhängig von ihrer Nationalität, ihrer Rasse, ihrer gesellschaftlichen Stellung.

b) Sie sind individuell. Die einzelne Person ist Träger dieser Rechte.

c) Sie ergeben sich aus der Wesensnatur des Menschen und sind unveräußerlich.

d) Sie schützen das Individuum gegen Zugriffe des Staates. Er muss sie respektieren und garantieren.

e) Sie umfassen neben den politischen Grundfreiheiten auch wirtschaftliche, soziale und kulturelle Leistungsrechte (z. B. Anspruch auf staatliche Hilfe für Arme, auf medizinische Versorgung, auf Bildung).

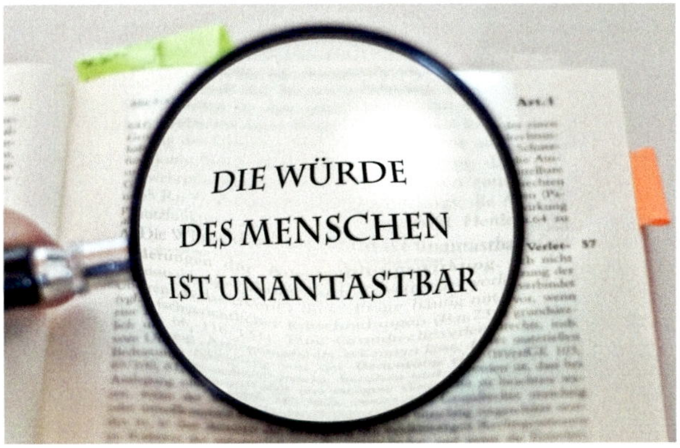

Würde hat keinen Preis

Die Bedingung, dass jeder Mensch verlangen kann, wie ein Mitmensch von den anderen behandelt zu werden, ohne Rücksicht auf sein Geschlecht, seine Hautfarbe, seine Ideen oder seinen Geschmack, nennt man *Würde*. Aber das Merkwürdige ist: Auch wenn die Würde allen Menschen gemeinsam ist, dient genau sie dazu, jeden Einzelnen als einzigartig und unwiederholbar anzuerkennen. Sachen können „ausgetauscht“ werden, man kann sie durch ähnliche oder bessere „ersetzen“, sie haben ihren „Preis“. Das Geld dient gewöhnlich dazu, diesen Tausch zu ermöglichen, indem man alles über einen Kamm schert. [...] Also, jeder Mensch besitzt Würde, er ist unbezahlbar, d.h. er kann nicht ersetzt werden und man darf ihn auch nicht schlecht behandeln, um einen anderen zu begünstigen. Wenn ich sage, er kann nicht ersetzt werden, meine ich damit nicht die Funktion, die er ausübt (ein Schreiner kann in seiner Arbeit einen anderen Schreiner ersetzen), sondern seine Persönlichkeit, das, was er wirklich ist.

(Fernando Savater: Ethik für die Erwachsenen von morgen, übers. von Wilfried Hof, Campus, Frankfurt/M. 1995, S. 136 f.)

3 Erläutert anhand des Textes von Fernando Savater den Satz „Würde hat keinen Preis“.

Würde und Wert
Das Fundament der Menschenwürde ist der Respekt vor dem Eigenwert jeder Person – dem Wert also, der jeder Person als Person zukommt und den ihr niemand nehmen kann.

4 Erläutert mit eigenen Worten diesen Satz. – Inwiefern kann man sagen, dass die Unantastbarkeit der Würde den Grund- und Freiheitsrechten zugrunde liegt?

5 Erkundigt euch bei Amnesty International (www.amnesty-international.de) nach Menschenrechtsverletzungen und nach Mitteln und Wegen, dagegen vorzugehen.

6 Veranstaltet gemeinsam mit anderen Fächern (z. B. Geschichte, Politik, Deutsch, Kunst) einen Menschenrechts-Projekttag. Vorschläge:
a) Gestaltet Plakate zu einzelnen Menschenrechtsverletzungen.
b) Malt Protestpostkarten.
c) Schreibt einen Bericht für die Schülerzeitung.
d) Veröffentlicht eure Ergebnisse als Ausstellung, z. B. in der Stadtbücherei oder Stadtsparkasse ...

Was du weißt und kannst

1. Glück um jeden Preis?

Huxley wusste schon 1932 von einer scheinbar perfekten Welt zu berichten. Jene Welt ist schön, sie ist neu, sie ist stabil. Das klingt zugegebenermaßen gut, schließlich wünschen wir uns alle, glücklich zu sein. Doch Glück um jeden Preis? Glück für den Verlust von Freiheit, Kunst, Geschichte und Literatur? Glück, welches bloß auf Jugend, Gesundheit, Sex und Konsum ausgerichtet ist? Kann das Glück sein?

a) Bezieht kritisch Stellung zu diesem Urteil über Huxleys Roman „Schöne neue Welt".

b) Erläutert, warum ein Leben in jener „schönen neuen Welt" ein Leben in Un-freiheit ist.

2. Ein Zukunftsszenario

Tina S. geht bereits auf die 70 zu. Aber wie die meisten älteren Menschen im Jahr 2020 ist sie ständig unterwegs: Sie trifft Freunde, treibt Sport und geht in Konzerte. Zum Glück unterstützt James ihren Alltag. Der virtuelle Butler erinnert sie an Verabredungen, stellt Video-Telefonate mit der Enkelin durch und liest ihr abends vor, was gleich im Fernseher kommt. Er weiß sogar, dass Tina Angst vor Spinnen hat, und würde ihr niemals den Horrorfilm „Arachnophobia" vorschlagen.

Einige Ideen der Zukunftsszenarios sind heutzutage bereits realisiert oder stehen kurz vor der Anwendung. Forscher in Berlin etwa konzipieren – Tinas Butler vergleichbar – sprechende Türen, die Besucher beim Eintreten begrüßen oder auf das Steckenlassen des Schlüssels aufmerksam machen. Ein intelligenter Garderobenspiegel gleicht die Kleidung mit den klimatischen Gegebenheiten ab und weist darauf hin, wenn Temperatur und Kleidung nicht übereinstimmen. Auch in der Küche sind, genau wie im Flur, intelligente Geräte eingebaut: Sie liefern Rezeptvorschläge, regen Varianten von Mahlzeiten an und schlagen Alarm, bevor der Reis anbrennt oder die Milch überkocht.

(nach: Carola Hoffmeister: Tina, der Butler und das Internet der Dinge, www.zeit.de [06.04.2016])

a) Sind die Menschen im Jahr 2020 schon auf dem Weg in eine „schöne neue Welt"?

b) Macht die im Text erwähnte Technik die Menschen frei oder un-frei? – Schreibt einen fiktiven Brief an die Forscher in Berlin, in dem ihr eure Meinung formuliert.

3. Werden wir total manipuliert?

Der aus Südkorea stammende Byung-Chul Han (geb. 1959) ist Professor für Philosophie und Kulturwissenschaft in Berlin.

ZEIT: Wie schätzen Sie den Nutzen des Smartphones ein?

HAN: Das ist eine Ausbeutung der Kommunikation. Wir kommunizieren miteinander, und fühlen uns dabei frei. Die Anbieter schlagen Kapital aus dieser Kommunikation. Und Geheimdienste überwachen sie. Dieses System ist extrem effizient. Es gibt keinen Protest dagegen, weil wir in einem System leben, das die Freiheit ausbeutet.

ZEIT: Welche Rolle spielen die Big-Data-Technologien?

HAN: Eine wichtige, weil Big Data nicht nur für die Überwachung eingesetzt wird, sondern vor allem für die Steuerung des menschlichen Verhaltens. Und wenn das menschliche Verhalten gesteuert wird, wenn die Entscheidungen, die wir treffen, in dem Gefühl, frei zu sein, total manipuliert sind, ist unser freier Wille gefährdet. Das heißt, Big Data stellt unseren freien Willen infrage.

(nach: Nils Boeing u. Andreas Lebert: Byung-Chul Han: Tut mir leid, aber das sind Tatsachen, 07.09.2014, www.zeit.de [23.03.2016])

a) Stellt Big Data unseren freien Willen infrage? – Was meint Professor Han dazu?

b) Bezieht kritisch Stellung zu seiner Meinung.

c) Was können wir tun, um trotz der Benutzung von Smartphones nicht manipuliert zu werden?

4. Quelle aller Freiheit

„Die Quelle aller Freiheit, die Menschen haben, besteht im Vermögen, die Ausübung und Befriedigung ihrer Wünsche ‚suspendieren' (aussetzen, einklammern) zu können, um sie zu prüfen und zu beurteilen, inwieweit sie als gut anzusehen sind."

(John Locke, englischer Philosoph im §48 des Kap. 21 aus seinem 1690 erschienenen „Essay on Human Understanding", eigene Übersetzung)

a) Erläutert den Satz des Philosophen John Locke.

b) Findet ihr seinen Begriff von der menschlichen Freiheit überzeugend? Inwieweit ja, inwieweit nein? Begründet euer Urteil.

5. Menschenrechte

a) Nennt und charakterisiert die in der folgenden Abbildung angesprochenen Verletzungen der Menschenwürde.

b) Findet aktuelle Beispiele dafür.

c) Die Menschenrechte sind Garanten der menschlichen Freiheit! – Diskutiert darüber.

Blick zurück

- Welche zu Beginn des Kapitels von euch formulierten Fragen sind behandelt oder angesprochen worden? Welche nicht?
- Was hast du in dem Kapitel gelernt?
- Was hat dich zum Nachdenken gebracht?
- Mit welchen Fragen würdest du dich gerne noch beschäftigen?

Leib und Seele

„Suche Stunden der Sammlung, damit die Seele zu dir sprechen kann."

(Albert Schweitzer, dt.-franz. Arzt u. Theologe, 1875–1965)

1 Findet eine passende Überschrift zu dem Bild und überlegt, inwiefern auch das Zitat von Albert Schweitzer dazu passt.

Die folgenden Fragen können euch dabei helfen:
- Wie fühlt sich das Mädchen?
- „Sich sammeln und auf sich hören" – Was heißt das?
- Wie könnte die Seele zu euch sprechen?
- Was machst du, wenn du dich sammeln und auf dich hören willst?

2 „Leib und Seele" – Was haben sie miteinander zu tun? Denkt dabei auch an Beobachtungen bei euch selbst.

„Tue deinem Leib etwas Gutes, damit deine Seele Lust hat, darin zu wohnen.“

(Theresa von Ávila, kath. Heilige und Kirchenlehrerin, 1515–1582)

„Den Leib können sie töten, die Seele nicht.“

(Ulrich Zwingli, Züricher Reformator, 1484–1531)

Die hl. Theresa von Ávila (Gemälde von Peter Paul Rubens, um 1615)

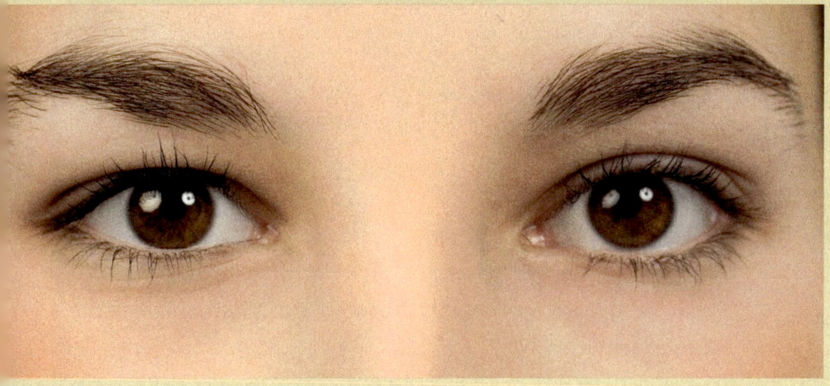

„Die Augen sind der Spiegel der Seele.“

(Japanisches Sprichwort)

3 Die drei Aussagen auf dieser Seite betrachten unterschiedliche Zusammenhänge zwischen Leib und Seele.
Beschreibt mit eigenen Worten, wie ihr die einzelnen Aussagen versteht.

4 „Wohnung der Seele“, „Narben der Seele“, „Spiegel der Seele“ – Warum verwendet man oft diese Bildersprache, um über die Seele zu sprechen? Was sagt das jeweils über die Seele aus?

5 Vermutet, was die abgebildeten Augen widerspiegeln könnten. Was kann ein Blick in die Augen verraten?

6 Schreibt Fragen auf, die euch zum Thema „Leib und Seele“ beschäftigen oder euch interessant erscheinen, und tauscht euch darüber aus.

1| Mit Leib und Seele

Redensarten über Leib und Seele

100 Jahre alt – und immer noch Kleingärtner **„mit Leib und Seele"**. Seit 75 Jahren gießt er liebevoll seine Pflanzen.

1. Erklärt für dieses Beispiel die Redensart „mit Leib und Seele".
2. Habt ihr auch etwas, was ihr „mit Leib und Seele" macht? Erzählt davon.
3. „Fußballer mit Leib und Seele", „Politiker mit Leib und Seele", „... mit Leib und Seele" – Findet selbst weitere Beispiele und fasst zusammen, was sie gemeinsam haben.
4. Können Leib und Seele sich gegenseitig beeinflussen und wie könnte sich das auswirken? Tauscht eure Vermutungen dazu aus.

Nach dem Ausscheiden von Silke Spiegelburg im Stabhochsprung bei den Olympischen Sommerspielen 2012 in London war der Kommentar zu diesem Foto: **„Sie weint sich die Seele aus dem Leib."**

5. Beschreibt, was in diesem Moment in der Sportlerin vorgeht und wie sie darauf reagiert.
6. Kann es hilfreich sein, sich „die Seele aus dem Leib zu weinen"? Wie denkt ihr darüber?

Dieses Urlaubsfoto hat den Kommentar: **„Die Seele baumeln lassen“**.

7 Beschreibt, was ihr auf dem Bild seht. Wäre „Die Beine baumeln lassen“ nicht die genauere Überschrift? Begründet eure Einschätzung.

Weitverbreitet ist das Sprichwort: **„Essen und Trinken hält Leib und Seele zusammen.“**

8 Was wäre für dich ein Essen, das nicht nur deinen Körper sättigt, sondern auch deine Seele nährt? Überlege dazu:
- Wer müsste dabei sein?
- Was müsste es zu essen und zu trinken geben?
- Wo müsste es stattfinden?
- Wie müsste es ablaufen?

Tauscht eure Vorstellungen aus.

9 Fasst noch einmal zusammen, was diese vier Redensarten über Leib und Seele aussagen.

10 Kennt ihr noch weitere Redensarten über Leib und Seele? Schreibt sie auf und stellt sie euch gegenseitig vor. Ihr könnt euch auch selbst eine Redensart ausdenken.

Erkläre es mir – Leib und Seele

Der Begriff „Leib“ bezeichnet bei Lebewesen alles, was stofflicher Natur, also Materie ist. Er umfasst das Körperliche mit Eigenschaften, die man z. B. messen, wiegen oder vergleichen kann. Zur Materie des Menschen rechnet man alle Stoffe, die den Körper zusammensetzen. Dazu gehören auch die Neuronen, die Bausteine unseres Denkens, die Informationen aufnehmen, weiterleiten und verarbeiten. Dazu gehört ebenfalls die dabei entstehende elektrische Aktivität, die man messen und erforschen kann. Alle diese Vorgänge nennt man auch physische (körperliche) Prozesse.
Der Begriff „Seele“ bezeichnet alles, was nicht an Körper, Stoff und Materie gebunden ist. Zu dieser psychischen Welt gehören z. B. das Bewusstsein, das Denken und unsere Gefühle.

2| Wie geht es der Seele?

Was die Seele verletzt

❶ Setzt euch in kleineren Gruppen zusammen und sprecht über das Foto.

❷ Warum sind Äußerungen wie die folgenden verletzend?

- „Ich liebe dich nicht, aber wir können gute Freunde bleiben."
- „Das lernst du nie!"
- „Du bist nicht mehr meine Freundin."
- „Neben dir will sowieso keiner sitzen."
- „Du triffst doch sowieso keinen Ball!"

Laura sieht unterwegs ihre Freundin Lea in Begleitung zweier anderer Mädchen. Laura winkt und will auf die Gruppe zugehen, aber Lea dreht den Kopf zur Seite und tut so, als ob sie Laura überhaupt nicht kennen würde.

❸ Wie geht es Laura in diesem Moment?

Die Ausdrücke „jemanden schneiden", „keines Blickes würdigen", „auf einmal nicht mehr kennen", „wie Luft behandeln" usw. beschreiben Kränkungen, die besonders wehtun.

❹ Warum ist das so und wie fühlen sich die Betroffenen nach so einer Kränkung?

❺ „Kränkungen machen krank." – Beschreibt an Beispielen, inwiefern diese Feststellung zutrifft.

❻ Besonders schwer verletzen Kränkungen, die uns von Menschen zugefügt werden, die uns sehr nahestehen. Erklärt an Beispielen, warum das so ist.

❼ Wie reagieren Menschen, wenn sie gekränkt worden sind?

❽ Was können sie tun, damit ihre Verletzungen wieder heilen? Bildet Kleingruppen und sprecht darüber.

Erkläre es mir – Seelische Verletzungen

Zu den besonders schweren seelischen Verletzungen, die man auch Traumata (Trauma = Wunde) nennt, gehören z. B. Misshandlungen, sexuelle Gewalt, schwere Unfälle, Überfälle, Einbrüche, plötzliche Todesfälle usw. Psychologische Betreuung und vor allem eine Psychotherapie kann helfen, die seelischen Wunden zu heilen. Es gibt aber auch viele seelische Verletzungen, denen man im täglichen Leben ausgesetzt ist. Das sind z. B. Kränkungen, Ablehnungen, Verlassenwerden, Mobbing jeder Art usw.

Was der Seele gut tut

9 Verteilt die einzelnen „Speisen“ der nebenstehenden „Speisekarte für die Seele“ auf kleinere Arbeitsgruppen und untersucht sie unter folgenden Gesichtspunkten:
- Wie können sie beeinflussen, wie es einem gerade geht?
- Welche Auswirkungen haben sie jeweils auf den Menschen?
- Warum tun sie der Seele gut?
- Was geht allein? Wo brauche ich ein Gegenüber?

Tauscht euch über eure Ergebnisse aus.

10 Was tut eurer Seele gut? Fertigt dazu eine Collage an und stellt sie euch gegenseitig vor.

11 Was macht ihr selbst, um euch seelisch umzustimmen, wenn es euch nicht gut geht? Gelingt euch das allein oder braucht ihr andere dazu?

3| Das Leib-Seele-Problem in der Philosophie

Über Leib und Seele nachdenken

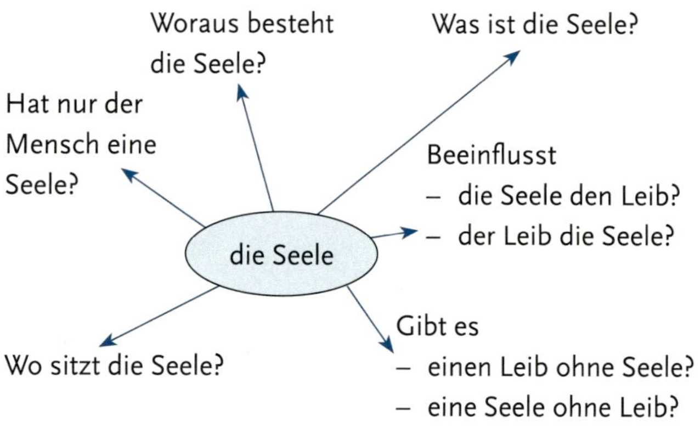

1 Vielleicht habt ihr euch mit solchen Fragen auch schon beschäftigt. Tauscht euch darüber aus.

Was unterscheidet das Lebende vom Toten?

Der griechische Philosoph Platon (427–347 v. Chr.) war Schüler von Sokrates, der in Athen lehrte und der zum Tod durch einen Gifttrank verurteilt wurde, weil man ihm vorwarf, die Jugend zu verderben. Sokrates führte mit seinen Freunden philosophische Gespräche auch über seinen nahen Tod, seinen Leib und seine Seele.

Platon berichtet, wie Sokrates dabei einem seiner Freunde erklärt, warum der Tod für ihn nichts Schreckliches ist:

KRITON: Aber auf welche Weise sollen wir dich begraben?

SOKRATES: Wie ihr wollt. [...] Diesen Kriton, ihr Männer, überzeuge ich nicht, dass ich dieser Sokrates bin, der jetzt mit euch redet [...], sondern er glaubt, ich sei jener, den er nun bald tot sehen wird, und fragt mich deshalb, wie er mich begraben soll. Dass ich aber [...], wenn ich den Trank genommen habe, nicht länger bei euch bleiben, sondern fortgehen werde zu irgendwelchen Herrlichkeiten der Seligen, das, meint er wohl, sage ich alles nur so, um euch zu beruhigen und mich mit.

(Phaidon, 115c2–115d5; in: Platon: Sämtliche Werke, Bd. 3, in der Übers. v. Friedrich Schleiermacher, Reinbek bei Hamburg 1958)

2 Wie versucht Sokrates, seine Freunde zu überzeugen, dass es nicht „er" ist, den sie begraben?

3 Stimmt ihr seiner Argumentation zu?

Seinem Schüler Kebes erklärt Sokrates:

SOKRATES: Und was den Tod nie annimmt, wie nennen wir das?

KEBES: Unsterblich.

SOKRATES: Und die Seele nimmt doch den Tod nie an?

KEBES: Nein!

SOKRATES: Unsterblich ist also die Seele?

KEBES: Unsterblich!

SOKRATES: Wollen wir also sagen, dies sei erwiesen, oder wie dünkt dich?

KEBES: Und zwar vollständig, o Sokrates.

(Phaidon, 105e1–105e5; ebd.)

4 Untersucht, wie Sokrates argumentiert:
→ 1. Voraussetzung: ...
→ 2. Voraussetzung: ...
→ Schlussfolgerung: ...
Seid ihr auch der Meinung von Kebes, dass damit die Unsterblichkeit der Seele vollständig bewiesen ist? Begründet eure Antwort.

An anderer Stelle dieses Dialoges sagt Sokrates:
„Wohin immer die Seele kommt, dort bringt sie Leben mit."

5 Inwiefern gilt also für Platon der Grundsatz „Die Seele ist das Prinzip des Lebens"?

Wie unterscheiden sich Leib und Seele?

Für den französischen Philosophen Descartes (1596–1650) sind Seele und Leib (Körper und Geist) völlig verschiedene Dinge. Sie bestehen aus zwei unterschiedlichen Substanzen, die aber miteinander in Verbindung treten und gegenseitig aufeinander einwirken können. Das große und bis heute ungelöste Problem seiner Theorie ist aber die Frage, wie man sich diese Wechselwirkung vorstellen kann:

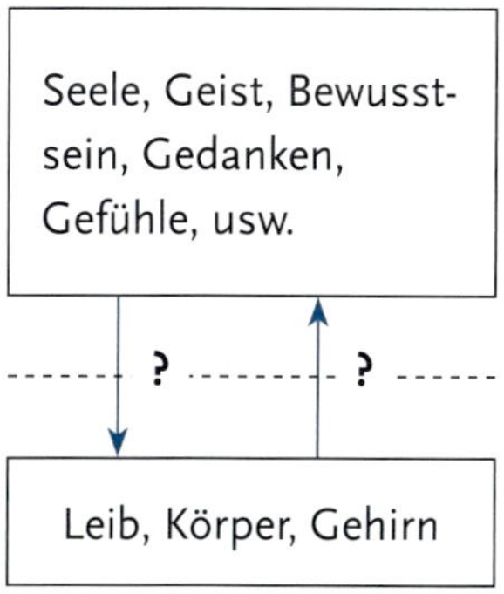

Die zentralen Fragen:
→ Wie soll das möglich sein, wenn die Substanzen, aus der die beiden Welten bestehen, völlig verschieden sind?
→ Gibt es einen Ort, wo Leib und Seele (Geist und Gehirn) zusammentreffen und sich wechselseitig beeinflussen?

Descartes versuchte, das Problem so zu lösen:

Im Gehirn befindet sich die Zirbeldrüse. Hier treffen sich Geist und Körper und beeinflussen sich gegenseitig. Diese Idee wurde aber schnell widerlegt und bis heute hat man keinen solchen Ort gefunden.

6 Erklärt für das dargestellte Beispiel, was für Descartes Leib und Seele (Körper und Geist) sind und wie er sich die Wechselwirkung vorstellte.

Leib und Seele beeinflussen sich gegenseitig

Nach Aristoteles (griechischer Philosoph, 384–322 v. Chr.) kann man die menschliche Psyche nur verstehen, wenn man auch den menschlichen Körper berücksichtigt. Will man einen kranken Körper heilen, muss man auch die Psyche berücksichtigen.

Aristoteles:
„Ändert sich der Zustand der Seele, so ändert sich auch das Aussehen des Körpers und umgekehrt: Ändert sich das Aussehen des Körpers, so ändert sich auch der Zustand der Seele."

7 Könnt ihr dieser Feststellung zustimmen? Beschreibt Beispiele dazu.

Psychosomatische Wechselwirkungen

Das griechische Wort „soma" heißt Körper oder Leib. Das Zusammenwirken von Psyche und Körper spürt man auch im Alltag, wenn
→ „plötzlich das Herz bis zum Halse schlägt."
→ „man vor Angst erstarrt."
→ „man vor einer schweren Prüfung nicht einschlafen kann."
→ …

8 Welche Körperfunktionen werden in den Beispielen durch Emotionen beeinflusst? Ergänzt durch weitere Beispiele.

9 Informiert euch über „psychosomatische Erkrankungen", z. B. bei „Planet Wissen", notiert Beispiele und tragt sie vor.

Aufgaben zur Auswahl

a) Der Arzt erklärt einem 16-Jährigen, der unter ständigen Kopfschmerzen leidet: „Organisch ist alles in Ordnung." Was bedeutet diese Aussage und wie könnte der Arzt helfen?
b) Was will die Seele in diesem Beispiel dem 16-Jährigen sagen? Notiere verschiedene Möglichkeiten.
c) Jemand trainiert im Fitnessstudio, um seine Figur zu verbessern. Hat das auch Einfluss auf seine Seele? Berücksichtige dabei auch das Zitat von Aristoteles und fasse deine Überlegungen kurz zusammen.

4| Leben nach dem Tod?

Nahtoderfahrungen

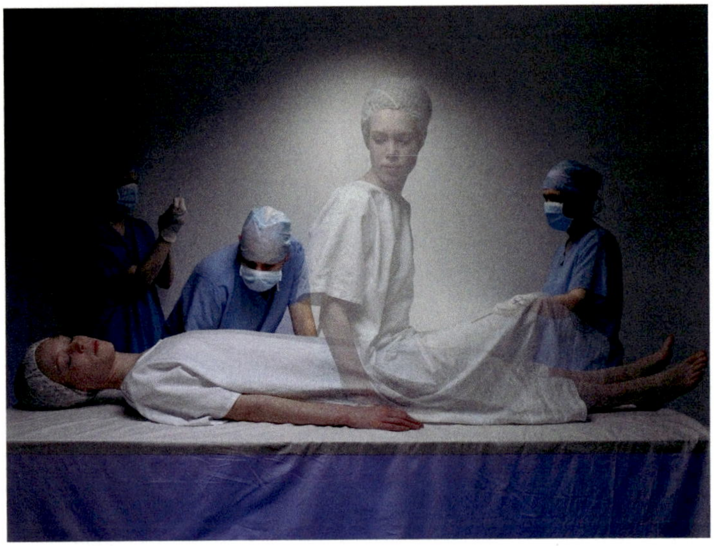

1 Beschreibt das Bild und versucht zu erklären, was auf der Darstellung gerade geschieht.

2 Welche Vorstellungen von Leib und Seele könnt ihr aus dem Bildgeschehen ableiten?

Die Nahtodesforschung

Die Fortschritte im Bereich der Medizin ermöglichen es immer mehr, Menschen, die bereits für tot erklärt wurden, wieder ins Leben zurückzuholen. Die Protokolle der persönlichen Sterbeerfahrungen solcher Menschen sind die Grundlage der Nahtodesforschung.

Der amerikanische Forscher Raymond A. Moody hat vor rund 40 Jahren etwa 150 solcher Fälle gesammelt, miteinander verglichen und seine Forschungsergebnisse in seinem Buch „Leben nach dem Tod" erstmals veröffentlicht. Besonders interessant war für ihn die Entdeckung, dass in allen Erfahrungen immer wieder die gleichen Erlebnisse vorkommen. Seitdem wird in vielen Ländern auf diesem Gebiet weitergeforscht. Allein in Deutschland wurden fast vier Millionen Fälle protokolliert. Der folgende Abschnitt fasst Parallelerfahrungen zusammen:

Ein Mensch liegt im Sterben. Er hört, wie der Arzt ihn für tot erklärt, und zugleich hat er das Gefühl, dass er sich sehr rasch durch einen langen, dunklen Tunnel bewegt.

Danach befindet er sich plötzlich außerhalb seines Körpers, blickt auf einen eigenen Körper herab und beobachtet die Wiederbelebungsversuche.

Wie er entdeckt, besitzt er noch immer einen Körper, der sich jedoch sowohl seiner Beschaffenheit als auch seinen Fähigkeiten nach wesentlich von dem physischen Körper, den er zurückgelassen hat, unterscheidet. Bald kommt es zu neuen Ereignissen.

Er erblickt die Geistwesen bereits verstorbener Verwandter und Freunde, und ein Liebe und Wärme ausstrahlendes Wesen, wie er es noch nie gesehen hat, ein Lichtwesen, erscheint vor ihm. Es bewegt ihn dazu, sein Leben als Ganzes zu bewerten, und lässt das Panorama der wichtigsten Stationen seines Lebens in einer blitzschnellen Rückschau an ihm vorüberziehen.

Einmal scheint es dem Sterbenden, als ob er sich einer Art Schranke oder Grenze näherte, die offenbar die Scheidelinie zwischen dem irdischen und dem folgenden Leben darstellt. Doch ihm wird klar, dass er zur Erde zurückkehren muss, da der Zeitpunkt seines Todes noch nicht gekommen ist. Er sträubt sich dagegen, möchte nicht mehr umkehren, aber trotz seines inneren Widerstandes – und ohne zu wissen, wie – vereinigt er sich dennoch wieder mit seinem physischen Körper und lebt weiter. [...]

(gekürzt nach: Raymond A. Moody: Leben nach dem Tod, Rowohlt Verlag, Reinbek 1977, S. 27 f.)

3 Notiert die Parallelerfahrungen stichwortartig in der geschilderten Reihenfolge und fasst mit eigenen Worten zusammen, was man unter einer Nahtoderfahrung versteht.

Kann das Bewusstsein oder die Seele den Körper verlassen?

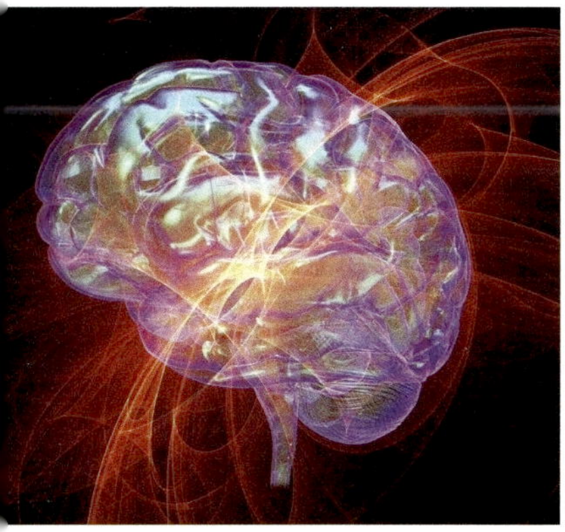

Die Religionen geben den gläubigen Menschen die Hoffnung, dass ihr Leben nach dem Tod noch weitergeht. Kann die Erforschung der Nahtodeserfahrungen die Menschen in ihrem Glauben an eine unsterbliche Seele bestärken?

Die großen Fortschritte der Gehirnforschung in den letzten 20 Jahren führten dazu, dass man nach natürlichen Erklärungen für die Nahtoderfahrungen sucht.

Z. B.:

→ Nahtoderfahrungen sind nur Einbildungen, die durch Sauerstoffmangel oder erhöhte CO_2-Konzentration hervorgerufen werden.

→ Körpereigene Hormone, z. B. Endorphine, werden durch den „Todesstress" vermehrt ausgeschüttet und verändern das Bewusstsein.

→ Kurz vor seinem Tod ist das Gehirn überaktiv. Die Medien berichteten 2013, dass Forscher jetzt Nahtoderfahrungen erklären können, weil sie bewiesen haben, dass bei Ratten nach einem Herzstillstand die Gehirnfunktionen stark anstiegen, solange das Gehirn noch tätig war.

Alle Erklärungsversuche betreffen aber immer nur Teilaspekte. Dass es die „Reise ins Jenseits" in Wirklichkeit nicht gibt, sondern dass sie nur im Gehirn stattfindet, konnten die Wissenschaftler bis jetzt noch nicht beweisen.

4 Welche Vorstellungen von Leib und Seele haben Wissenschaftler, wenn sie überzeugt sind, dass Nahtoderfahrungen ausschließlich Leistungen des Gehirns sind?

5 Ist es nur noch eine Frage der Zeit, bis die Wissenschaftler diese bis jetzt noch rätselhaften Erfahrungen erklären können? Wie denkt ihr darüber?

Kann man beweisen, dass es ein Bewusstsein außerhalb des Gehirns gibt?

Im Herbst wurden die Ergebnisse einer Studie veröffentlicht, die 2060 Patienten mit Herzstillstand erfasste. Das Besondere war, dass man in den OP-Sälen Objekte befestigte, die man nur sehen konnte, wenn man von oben herabschaute.

330 Patienten überlebten den Herzstillstand, etwa 140 konnten ein Interview geben, von denen etwa 9 % typische Nahtoderfahrungen hatten. Etwa 2 % konnten davon berichten, was sie bei ihrer Wiederbelebung gesehen oder gehört hatten.

Normalerweise hört das Gehirn etwa 20 bis 30 Sekunden nach dem Herzstillstand auf zu arbeiten und fängt erst nach der Wiederbelebung wieder damit an. Deshalb war der Bericht eines Patienten, der erst nach mehreren Minuten wiederbelebt werden konnte, für die Forscher besonders wichtig, weil er von Wahrnehmungen während einer Phase des Hirnstillstandes[1] erzählte:

Der Patient berichtet, er habe seinen Körper verlassen und aus der Ecke des Raumes seiner Wiederbelebung zugesehen. Er beschrieb alles, was im Raum passiert war, und er hörte zwei Pieptöne einer Maschine, die diese Geräusche in einem Drei-Minuten-Intervall macht und damit nachweislich während des Hirnstillstandes.

---

[1] Im Gegensatz zum Hirntod kann nach einem Hirnstillstand das Gehirn wieder anfangen zu arbeiten, wenn das Herz wieder schlägt.

6 Warum war gerade dieses eine Beispiel für die Wissenschaftler so interessant?

7 Genügt ein wissenschaftlich belegtes Beispiel als Beweis für die Existenz eines Bewusstseins außerhalb des Gehirns? Begründet eure Meinung dazu.

8 Ein Weiterleben der Seele außerhalb des Körpers? Welche Vorstellungen gibt es dazu bei den Menschen?

- Siehe dazu auch S. 214 f., 217.

Was du weißt und kannst

1. Mit Leib und Seele

a) Habt ihr diesen „Sitz“ auch schon einmal versucht? Erzählt davon.

b) Ein Ratgeber für Gesundheit empfiehlt: „Fastenwandern mit Leib und Seele“.
Was erwarten die Teilnehmer davon?

c) „Sie war eine gute Seele.“
„Er war die Seele des Vereins.“
– Schildere Menschen, die man so charakterisieren könnte.
– Welche Bedeutung bekommt hier der Begriff „Seele“?

„Ein Herz und eine Seele machten sich auf den Weg. Als sie sich trafen, da wurden sie *ein* Herz und eine Seele!“

(Helga Schäferling, dt. Sozialpädagogin, geb. 1957)

d) Denkt euch eine Geschichte zu dem Zitat aus und erzählt sie.

e) „Leib und Seele“:
– Wie unterscheiden sie sich?
– An welche Eigenschaften und Fähigkeiten des Menschen denkt man, wenn man die Begriffe „physisch“ oder „psychisch“ verwendet?

2. Wie geht es der Seele?

Es gibt verschiedene Möglichkeiten, um einen Menschen zu identifizieren: ein Passfoto, einen Fingerabdruck oder – ein Blick in die Augen. Auf dem Foto bezahlt eine englische Schülerin ihr Mittagessen in der Mensa mit einem Blick in den Augen-Scanner. Er stellt aus der Beschaffenheit ihrer Iris (Regenbogenhaut) fest, wer sie ist und ob sie zu den reichen Schülern gehört, dann werden die Kosten abgebucht, oder zu den armen Schülern, dann ist das Essen gratis.

a) Wie bewertet ihr diese Einrichtung?

b) Wenn man den Augen-Scanner so weiterentwickeln und programmieren könnte, dass er auch ablesen und weitergeben könnte, ob es dir gerade gut geht oder nicht, wie würdest du das empfinden und beurteilen?

„Die Macht der Seele kann man in den Augen der Menschen sehen. Die Augen des Menschen sind nämlich die Fenster der Seele.“

(Hildegard von Bingen, Benediktinerin u. Gelehrte, 1098–1179)

c) Stimmt ihr Hildegard von Bingen zu? Verraten die Augen nicht nur, wer wir sind, sondern auch, wie es uns gerade geht? Bildet Kleingruppen und diskutiert darüber.

„Die Seele ernährt sich von dem, worüber sie sich freut.“

(Augustinus Aurelius, Philosoph, 354–430)

d) Stimmt dieser Satz? Belegt eure Argumente durch Beispiele.

e) „Kränkungen machen krank.“ – Erläutert diesen Satz anhand von Beispielen.

3. Das Leib-Seele-Problem in der Philosophie

„Ich habe so viele Leichen seziert und nie eine Seele gefunden."

(Rudolf Virchow, dt. Arzt, 1821–1902)

a) Nachdenken über Leib und Seele – Schreibt Fragen dazu auf.
b) Wie versuchte Sokrates, seinen Freunden zu erklären, dass sie sich um seinen baldigen Tod keine Sorgen machen müssen?
c) Fasst zusammen, was der griechische Philosoph Platon unter „Seele" verstand.
d) Wie hängen Leib und Seele zusammen?
   - *Welche Theorie hat dazu der französische Philosoph Descartes entwickelt?*
   - *Beschreibt das zentrale Problem seiner Theorie.*
   - *Wie hat Descartes versucht, das Problem zu lösen?*

e) Leib und Seele beeinflussen sich gegenseitig. Was sagt der griechische Philosoph Aristoteles dazu?
f) Was versteht man unter „psychosomatisch"?
g) Schildere einige psychosomatische Wechselwirkungen, die wir im alltäglichen Leben wahrnehmen.

„Denken: Das Selbstgespräch der Seele."

(Platon, 427–347 v. Chr.)

„Das Träumen ist der Sonntag des Denkens."

(Henri Frédéric Amiel, schweiz. Schriftsteller u. Philosoph, 1821–1881)

h) Bildet Kleingruppen und sprecht darüber, wie ihr die Zitate versteht, wie ihr sie bewertet und ob sie auch etwas mit euch zu tun haben.

4. Nahtoderlebnisse

a) Was versteht man unter „Nahtodforschung"? Fasse dies mit einigen Sätzen schriftlich zusammen.

Das Gemälde (Ausschnitt) stammt von dem niederländischen Maler Hieronymus Bosch (1450–1516) und trägt den Titel: „Aufstieg in das himmlische Paradies".

b) Beschreibt das Bild und versucht zu erklären, was im rechten Bildbereich dargestellt ist.
c) Welche Bildelemente findet ihr auch in den Schilderungen von Nahtoderfahrungen wieder?
d) Warum war es für Raymond A. Moody besonders interessant, dass er in den Schilderungen in fast allen Fällen immer wieder vergleichbare Erlebnisse feststellen konnte?

Blick zurück

- *Was hast du Neues erfahren? Was war besonders interessant?*
- *Hat sich dein eigenes Verständnis von Leib und Seele verändert?*
- *Womit würdest du dich gerne noch weiter beschäftigen?*

Rollen und Gruppen

1. Beschreibt und deutet die Karikatur. Welchen Titel würdet ihr ihr geben?
2. In welcher Situation befindet sich der Junge? Was empfindet, was denkt er?
3. Habt ihr ähnliche Situationen erlebt? Tauscht euch mit eurer Nachbarin/eurem Nachbarn darüber aus.

> ***„Ich finde, das Leben ist ein wundervoller Film und wir spielen darin die Hauptrolle. Jeder kann selbst entscheiden, welche Rolle für ihn die richtige ist."***
>
> (Unbekannter Autor)

4. Erläutert das Zitat und bezieht Stellung dazu. – Vergleicht es mit der Karikatur: Wo seht ihr Ähnlichkeiten, wo Unterschiede?

Der Einzelgänger

5 Das Leben in einer Gruppe kann angenehm, aber auch schwierig sein: Welche Erfahrungen hast du gemacht? – Tauscht euch aus und diskutiert darüber.

6 Was fällt euch spontan zu dem Bild ein? – Was könnte es mit dem Thema „Rollen- und Gruppenverhalten" zu tun haben?

7 Mit welchen Fragen zum Thema „Rollen- und Gruppenverhalten" würdet ihr euch gerne beschäftigen? Schreibt sie auf und sprecht darüber, auch z. B. über ihre Wichtigkeit oder die Reihenfolge ihrer Besprechung.

1| Spielen wir alle nur Theater?

William Shakespeare
Wie es euch gefällt

Die ganze Welt ist Bühne
Und alle Fraun und Männer bloße Spieler.
Sie treten auf und gehen wieder ab,
Sein Leben lang spielt einer manche Rollen
[...]

(William Shakespeare: Wie es euch gefällt, II,7, in: Anselm Schlösser (Hg.): Sämtliche Werke, Dt. v. Ludwig Tieck und Friedrich Schlegel, Bd. 1, Aufbau, Berlin, 1975, S. 373 f.)

1. Warum vergleicht der englische Dichter Shakespeare die Welt mit einer Bühne?
2. Nennt und beschreibt Situationen, in denen ihr euch als Spieler einer Rolle fühlt. – In welchen Situationen ist dies nicht der Fall?
3. „Eine Rolle spielen“: Was bedeutet das? – Führt dazu ein Schreibgespräch.
4. Übertragt das Schema unten in euer Heft und ergänzt weitere Rollenerwartungen an Lukas.
5. Erstelle für dich selbst ein ähnliches Schema, mit dem du die unterschiedlichen Rollenerwartungen an dich zeigen kannst.
6. In welche Rollen wirst du hineingeboren? Welche kannst du auswählen?

Was wollen die alle von mir?

Fallbeispiel „Lukas“

Lukas ist 16 Jahre alt. Er geht in eine 10. Klasse. Seine Eltern sind seit einem Jahr geschieden.

LUKAS

Lukas als Sohn
– Familienrolle
Was von ihm erwartet wird:
➔ hilfsbereit
...

Lukas als Schüler
– Schülerrolle
Was von ihm erwartet wird:
➔ fleißig
...

Lukas als Mitschüler
– Gruppenrolle
Was von ihm erwartet wird:
➔ solidarisch
...

Lukas als Mitglied der SMV
– Schulrolle
Was von ihm erwartet wird:
➔ verantwortlich
...

Rollenkonflikte

Es ist nicht immer leicht, die an die jeweilige Rolle geknüpften Erwartungen zu befriedigen. Die Rollenerwartungen widersprechen sich häufig. Es kommt dann zu Rollenkonflikten.

7 Beschreibt mögliche Rollenkonflikte, in die Lukas oder in die ihr selbst mit euren eigenen Rollen geraten könnt oder schon geraten seid.

8 Wie habt ihr versucht, den Konflikt zu lösen? Tauscht euch darüber aus.

Je älter ihr werdet, desto zahlreicher sind die Rollen, in die ihr hineinschlüpft. Man könnte diese Rollen auch mit Kleidern oder Kostümen vergleichen: Manche sind zu weit, passen nicht so recht, und andere wiederum sind zu eng. Wir bekommen kaum noch Luft zum Atmen. Sie schnüren uns ein.

9 In welchen Rollen fühlst du dich wohl und warum? Welche Rollen schränken deinen Freiraum ein und belasten dich? Ergeben diese Einschränkungen in deinen Augen Sinn? Mit welchen Argumenten lassen sie sich rechtfertigen? – Tauscht euch aus und diskutiert darüber.

Aufgaben zur Auswahl

a) Musst du als Freund auch eine Rolle spielen? – Formuliere deine Meinung in einem Beitrag für eure Schulzeitung.

b) Veranschauliche die Rolle, die du am liebsten spielst, oder jene, die du ungern spielst, mit einer Zeichnung oder einem Bild.

c) Schreibe einen Tagebucheintrag, in dem du dein Verhältnis zu deinen Rollen zusammenfassend beschreibst.

Erkläre es mir – Rollen

Der Begriff „Rolle“ kommt aus dem Theater. Schauspieler haben eine bestimmte Rolle. Sie spielen eine von einem Schriftsteller bzw. einem Regisseur festgelegte Figur. Unter einer sozialen Rolle versteht man ein Verhalten, das von Menschen erwartet wird, wenn sie in der Gesellschaft eine bestimmte Stellung einnehmen und eine der Position entsprechende Funktion ausüben. Je nachdem, welche Stellung wir gegenüber anderen einnehmen – ob wir Tochter, Freund, Mutter, Lehrer ..., sind –, unterscheiden sich die Erwartungen an uns. Diese Erwartungen nennt man Rollenerwartungen. Unser ganzes Leben lang „spielen“ wir viele unterschiedliche und immer wieder neue soziale Rollen. Dabei kommt es nicht selten zu Rollenkonflikten. So z. B. wenn unsere Eltern ein anderes Verhalten von uns erwarten als unsere Freunde.

2| Aus der Rolle fallen …

Wir schlüpfen täglich in verschiedene Rollen: zu Hause, in der Schule oder auf dem Sportplatz. Wir spielen: Den großen Bruder. Die kleine Schwester. Den lieben Sohn. Die freche Tochter. Den artigen Schüler. Den Fußballer. Die Tänzerin. Den zuverlässigen Freund oder die gute Freundin. Auch Eltern spielen Rollen: Zu Hause sind sie Vater und Mutter. Bei der Arbeit eine Krankenschwester, ein Ingenieur, ein Mechaniker, eine Verkäuferin oder ein Lehrer.

1. Zwei Mädchen begrüßen sich so, als seien sie Jungen, und zwei Jungen begrüßen sich, als seien sie Mädchen. Wodurch unterscheidet sich das Verhalten der Mädchen von dem Verhalten der Jungen? – Durch welches Verhalten würden Mädchen und Jungen „aus der Rolle fallen“?

2. Erfindet Szenen, in denen jemand „aus der Rolle fällt“, und spielt sie. – Wie beurteilt ihr das „Aus-der-Rolle-Fallen“? Was findet ihr gut daran und was eher bedenklich? Nennt jeweils eure Gründe. Bezieht bei eurer Antwort auch die Abbildung mit ein.

3. Erkläre das Zitat in der Abbildung. Wann kann eine Rolle eine Falle sein?

Die Lehrerrolle

4. Passt das Verhalten des Lehrers auf dem Foto zu seiner Rolle als Lehrer? Was ist eure Meinung? Wann fällt in euren Augen ein Lehrer aus der Rolle? – Nennt Beispiele und begründet eure Meinung.

5. Welche sind die wesentlichen Eckpunkte der Lehrerrolle? Welche Pflichten, welche Rechte hat der Lehrer? Verfasst einen allgemeinen Steckbrief „Der ideale Lehrer“.

Rollen und Werte*

Miriam, Aischa und Achmet haben nach dem Unterricht noch ein paar Fragen an ihre Lehrerin:

Miriam: Was wir gegen Ende der Stunde besprochen haben, hat mir noch nicht so recht eingeleuchtet. Was haben soziale Rollen mit Werten zu tun?

Lehrerin: Gut, dass du fragst! Ich will versuchen, euch den Zusammenhang zwischen Rollen und Werten zu zeigen.

Jede Gesellschaft hat bestimmte Werte, man könnte sie auch als Grundwerte bezeichnen. Damit ein Zusammenleben der in dieser großen Gruppe lebenden Menschen funktioniert, müssen diese Grundregeln eingehalten werden.

Aischa: Schon gut, aber an welche allgemeinen Grundwerte denken Sie denn?

Lehrerin: Ich denke vor allem an Freiheit oder Gerechtigkeit oder Gesundheit und – worum es uns hier in der Schule geht – an Bildung.

Achmet: Ich sehe aber noch gar nicht, was diese Werte mit den sozialen Rollen, über die wir im Unterricht gesprochen haben, zu tun haben.

Lehrerin: In einem nächsten Schritt kann ich euch das deutlich machen. Um diese Werte verwirklichen zu können, gibt es in jeder Gesellschaft bestimmte Organisationen und Einrichtungen. So gibt es z. B., um den Wert Gesundheit zu realisieren, Ärzte, Krankenhäuser und Gesundheitsämter. Und jetzt kommt der entscheidende Punkt: Werte sind – wie ihr richtig gesehen habt – nur ganz allgemein gefasst. Um für den Einzelnen umsetzbar zu sein, müssen diese Werte konkretisiert werden, d. h. jeder muss genau wissen, was er zu tun hat, um den Wert verwirklichen zu können. Und diesem Zweck wiederum dienen die Normen. Normen sind Verhaltensweisen, die in bestimmten Situationen von einer Person erwartet werden.

Miriam: Okay! Jetzt leuchtet mir das schon eher ein: Von den Ärzten wird erwartet, dass sie ihre Rolle als Arzt gut spielen, indem sie ihre Patienten gut behandeln, und von einem Richter wird allgemein erwartet, dass er die Gesetze kennt und sie richtig anwendet – also die Gerechtigkeit umsetzt.

Aischa: Ja! Und von einem Lehrer wird erwartet, dass er seinen Schülerinnen und Schülern Wissen und Können, also den Wert Bildung vermittelt.

Lehrerin: Super! Ihr habt den wesentlichen Punkt verstanden. Ein letzter Schritt fehlt uns allerdings noch. Damit die Normen, die für das Funktionieren einer Gesellschaft so wichtig sind, eingehalten werden, drohen jenen, die „aus der Rolle fallen“, Strafen, sogenannte Sanktionen. Jede Gesellschaft bestimmt Personen oder Einrichtungen, die die Macht besitzen, Sanktionen auszuüben. Und wer ist das in unserer Gesellschaft?

Miriam: Ja, das sind die Polizei, die Gerichte oder auch gewisse Ämter. Aber jetzt würde mich noch interessieren, wie in der Schule darüber gewacht wird, dass kein Lehrer „aus der Rolle“ fällt. Das können Sie uns doch sicherlich sagen!

Lehrerin: Das könnt ihr euch schon beinahe selbst denken: Das ist zunächst die Schulleitung, dann sind es die Schulämter. – Und wer hat ein Auge darauf, dass ihr eure Schülerrolle gut spielt?

Aischa: Oh, das ist zum Schluss noch eine recht kniffelige Frage! Wir denken darüber nach und berichten Ihnen das nächste Mal. Vielen Dank für das Gespräch und tschüss …

6 Wie würdet ihr die abschließende Frage der Lehrerin beantworten?

7 Erklärt eurer Nachbarin/eurem Nachbarn mit eigenen Worten den Zusammenhang zwischen Rollen und Werten. Benutzt dazu auch das folgende Schema.

Gesellschaft und Rollen – Ein Schema

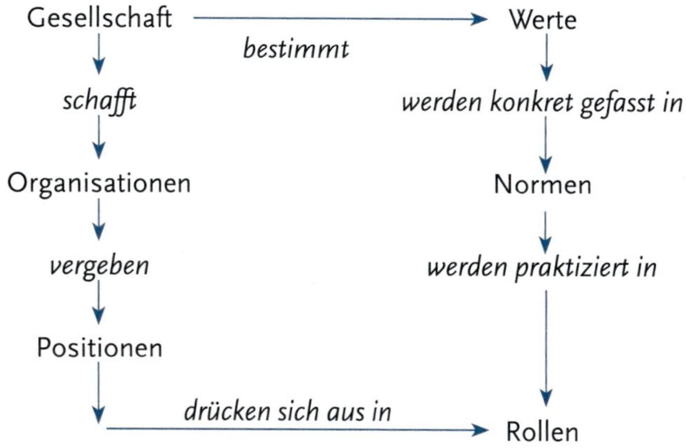

8 Verfasst für ein Schülerlexikon oder das Internet einen zusammenfassenden Artikel zum Thema „Soziale Rollen – Was sind sie? Wozu brauchen wir sie?“.

3| Frauenrollen – Männerrollen?

1 Was empfindet, was denkt ihr auf Anhieb, wenn ihr die Bilder anschaut?

2 Stimmen die Bilder mit euren Vorstellungen von „Mannsein“/„Frausein“ überein? Diskutiert darüber und erläutert eure Ansichten.

Männerrollen

MICHAEL (32): „Wie sollen wir auch sonst auf allen vier Fahrspuren des Lebens vorankommen? Für die Kinder da sein, am Wickeltisch, auf dem Spielplatz, beim Hüpfen auf dem Sofa. Die Beziehung pflegen, als verständnisvoller Zuhörer, zupackender Helfer im Haushalt, romantischer Begleiter bei Kerzenschein. Selbst nicht verwahrlosen, Sport treiben, Zeitung lesen, die Hemden bügeln und täglich duschen. Und dann auch noch die Karriere antreiben, pünktlich zum morgendlichen Meeting in der Firma sein, ein Projekt nach dem anderen stemmen, um des lieben Netzwerks willen wenigstens jedes dritte Feierabendbier mittrinken.“

(nach: Sebastian Balzter, 08.06.2015, www.faz.net [06.04.2016])

Frauenrollen

LARETTA (27) – Hausfrau und Mutter – postet: „Ich erledige gerne den Haushalt. Abends, wenn dann mein Mann von der Arbeit kommt, ist alles geputzt, gewaschen, gebügelt, Einkauf erledigt, gekocht und was sonst noch alles anfällt. Und natürlich verbringe ich auch Zeit mit dem Kleinen. Und wenn der Spatz abends schlafen geht, haben mein Mann und ich richtig Zeit für uns, alles ist erledigt.“

CORNELIA (31): „Manchmal bin ich regelrecht froh, wenn ich zur Arbeit gehen kann. Wenn ich erwachsene Menschen treffe, mich über erwachsene Themen unterhalten kann und alles so gut durchgeplant ist. Vor Kurzem gab es bei uns ein Projekt zu vergeben, das wäre wie für mich zugeschnitten gewesen. Aber ich hätte viel reisen müssen, unter anderem auch in die USA, und das geht einfach nicht mit drei kleinen Kindern. Wie hätten wir das organisieren sollen? Mein Mann muss ja auch arbeiten. Dass diesen Job jetzt jemand hat, der gar nicht so qualifiziert ist wie ich, das wurmt mich schon ein bisschen. Denn die große Karriere kann ich mir wohl abschminken. Das Gefühl jedoch, aus dem Haus zu gehen, um zu arbeiten, und ein krankes Kind der Oma oder sonstwem zu überlassen, das ist wirklich ätzend. Man fühlt sich wie eine Rabenmutter. Noch dazu wie eine sehr müde Rabenmutter, denn nachts bin ich ja trotzdem gefragt. Da beneide ich schon manchmal die Freundinnen, die nicht arbeiten gehen und sich dann vormittags mit dem Kind noch mal hinlegen können. Aber ich finde es beruhigend, dass ich immer in der Lage sein werde, für mich selbst zu sorgen, und von niemandem abhängig bin. Außerdem ist es cool, mein eigenes Geld zu verdienen und mir damit auch mal was Besonderes zu leisten – ohne schlechtes Gewissen."

(Simone Blaß, 08.09.2014, www.t-online.de [06.04.2016])

3 Wie sehen Michael, Laretta und Cornelia ihre Rollen? – Welche Rollenkonflikte werden angesprochen?

4 Wie bewertet ihr das, was sie jeweils zu ihrer Rolle sagen? Was findet ihr gut daran, was weniger? Nennt eure Gründe.

5 Stellt euch vor, ihr hättet eine Gelegenheit, euch mit Michael, Laretta oder Cornelia zu unterhalten: Was würdet ihr sie fragen? Was würdet ihr ihnen raten, ihre Rollenkonflikte zu lösen?

Was Frauen an modernen Vätern schätzen

In einer Umfrage äußern sich Frauen zu den Eigenschaften eines modernen Vaters:

→ Verantwortung übernehmen 78 %
→ Partnerschaftlichkeit 72 %
→ Emotionalität/Sensibilität 55 %
→ Durchsetzungsvermögen 28 %
→ Strenge 7 %

(www.betreut.de [25.03.2016])

6 Erläutert die Umfrage. – Warum stehen die Werte „Verantwortung", „Partnerschaft" und „Gefühle" ganz oben?

Durch eine andere Brille sehen

Welche Eigenschaften würden Männer an modernen Müttern bevorzugen? Was vermutet ihr?

Projektvorschlag – Das Frauenbild in den letzten 50 Jahren

Was hat sich für Frauen in den letzten 50 Jahren verändert? Recherchiert in der Literatur, befragt eure Mütter und Großmütter zu folgenden Aspekten: Ausbildung, Beruf, Karriere, Ehe, Familie, Gleichberechtigung, Lebensformen.
Findet heraus, was heute anders oder noch gleich ist. Tragt eure Informationen zusammen, bewertet sie und stellt sie in der Schule oder auf der Homepage eurer Schule aus.

4| Ich in der Gruppe: Sinn, Folgen und Gefahren

1. Beschreibe, wie diese vier Mädchen auf dich wirken.
2. Überlege, ob du selbst zu dieser Gruppe gehören möchtest. Begründe deine Entscheidung.
3. Gruppen, zu denen ihr gehört: Nennt einige davon, beschreibt, wie ihr in diesen Gruppen miteinander umgeht, was ihr unternehmt und was euch wichtig daran ist. Notiert eure Antworten in Form einer Mindmap mit „Meine Gruppen“ als zentralem Begriff, den verschiedenen Gruppen, in denen ihr seid, als Hauptzweige sowie den Unterzweigen mit allen weiteren Punkten.
4. Vervollständige jeweils die Sätze:

   Eine Gruppe ist ...
   Eine Gruppe bietet ...
   Es gibt Gruppen für/gegen ...
5. Vergleicht eure Sätze. Schreibt die drei Satzanfänge an die Tafel, notiert die Ergänzungen, die euch wichtig sind, auf Karten, heftet sie dann an die Sätze, sodass ihr das Ergebnis der ganzen Klasse vor euch habt.
6. Untersucht, welche Gemeinsamkeiten oder Unterschiede ihr bei euren Antworten feststellt. Diskutiert die Bedeutung eurer Sätze.
7. Zu einer Gruppe zu gehören hat manchmal auch negative Auswirkungen. Welche?

Projektvorschlag – Gruppenverhalten

- Wählt in Kleingruppen eines der beiden Bilder im Rahmen auf S. 44 aus, beschreibt es genau und überlegt, welche Art von Gruppenverhalten ihr in ihm erkennen könnt.
- Tragt eure Ergebnisse zusammen und diskutiert, wie ihr die Gruppenbilder gedeutet habt.
- Sammelt weitere Verhaltensweisen, die sich aus Gruppen ergeben können.
- Zeichnet selbst Gummibärchenbilder oder erstellt eine Bilderserie zu „Gummibärchen in der Gruppe". Dazu braucht ihr: eine Tüte Gummibärchen, ein weißes Tuch, einen Fotoapparat. Ihr könnt nun die Gummibärchen so gruppieren, dass sie verschiedene Arten von Gruppenverhalten zum Ausdruck bringen. Fotografiert die Gummibärchen.
- Kommentiert danach eure Bilder, welche Gefahren oder Vorteile ihr in dem Gruppenverhalten seht und Ähnliches.
- Diskutiert und bewertet eure Ergebnisse schließlich in der Klasse.

Was Gruppenzwang bewirken kann

Soll ich ... soll ich nicht?

Pascal fragt im Internet: Hallo, ich bin 15 und naja, sagen wir mal, nicht sehr angesagt. Ich habe nicht viele Freunde ... Kenne zwar viele, aber ... Nun ist es so: Alle rauchen in meinem Jahrgang und viele von meinen Freunden haben auch angefangen. Und jetzt frage ich mich, ob ich einfach auch anfangen soll, sonst bin ich später ganz allein ...

Stephanie antwortet: Ja, ich verstehe es, es ist nicht einfach, wenn man kaum Freunde hat. Aber anscheinend hast du welche! GUTE Freunde akzeptieren dich, wie du bist. Sie

mögen dich, weil du eben so bist, wie du bist, und nicht weil du jetzt zu rauchen anfängst! Wenn sie dich nur deshalb mögen, halte dich fern von ihnen. Denn wenn das ein Freundschaftskriterium ist, was folgt als Nächstes? Würdest du auch aus dem Fenster springen, um beliebt zu sein? Du findest schon noch Freunde ... Man muss nicht immer mittendrin sein!

8 Wie findet ihr Stephanies Antwort? – Was hättet ihr Pascal geantwortet?

Dem Gruppenzwang entkommen – Ein paar Tipps

1. Vertrete klar und deutlich deine Meinung!
2. Gib der Gruppe nicht das Gefühl, dass es „cool" ist, was sie machen. Du kannst ruhig das Gegenteil behaupten (z. B. „Rauchen ist doch total out ...")!
3. Orientiere dich an den Menschen, mit denen du dieselbe Meinung teilst, die dir helfen und die auch ein Vorbild für dich sind!

9 Nennt Beispiele von Gruppenzwang und überlegt, ob die oben genannten Tipps helfen können.

10 Überlegt weitere Lösungsmöglichkeiten, wie ihr dem Gruppenzwang entgehen könnt. – Verfasst einen kleinen Ratgeber, den ihr ins Netz stellt.

5| Mobbing? – Ohne mich!

Keiner mag mich!

Krissi ist neu in der Klasse. Obwohl von Natur aus etwas schüchtern, hat sie doch gleich am ersten Tag ein Mädchen kennengelernt, das schon bald ihre beste Freundin werden sollte, die Klassenbeste. Sie war etwas laut, dafür sehr hübsch. Die anderen wurden links liegen gelassen. „Mit denen sind wir nicht mehr befreundet", so sprach Kissi recht häufig in einem leicht abschätzigen Ton. Dann gibt es Probleme. Krissi kommt immer öfter niedergeschlagen nach Hause, streitet ohne Anlass und ist nur noch beleidigt. In der Schule reden ein paar Mädchen schlecht über sie, berichtet sie nach langem Zögern ihren Eltern. Und dann geht alles sehr schnell. Sie wird nicht mehr eingeladen, gemeine Botschaften und Fotos werden verschickt, Freundschaftssticker werden hinter ihrem Rücken verteilt, im Bus sitzt sie alleine. „Keiner mag mich. Weißt du, wie das ist, wenn man keine Freunde hat?", so klagt sie gegenüber der Mutter. Eines jedoch ist ganz klar: Die Eltern dürfen sich auf keinen Fall einmischen. Sie will unbedingt aus purer Angst die Sache alleine durchstehen. Die Eltern sehen die Angst ihrer Tochter und wollen sich nicht länger zurückhalten. Ein Gespräch mit der Direktorin bringt es an den Tag:

Die beste Freundin hat hinter dem Rücken von Krissi Gehässigkeiten und Lügen in alle Richtungen gepostet. Ihr Motiv: wahrscheinlich Neid, weil Krissi – so fürchtet sie – mit ihrer ansteckenden Fröhlichkeit in der Klasse zu beliebt geworden wäre. Obwohl Eltern und Schule helfen, die harte Arbeit bleibt bei Krissi. Sie muss da ganz alleine durch. Noch eine Weile verteidigt sie ihre Freundin, wider besseres Wissen und den Rest der Welt. Eines Tages jedoch kommt sie nach Hause und sagt: „Die und die ist eigentlich auch ganz nett ..."

Erkläre es mir – Was heißt Mobbing?

„Mobbing" kommt vom englischen „mob" für Meute, randalierender Haufen; „to mob" heißt pöbeln. Mobbing steht für alle böswilligen Handlungen, die kein anderes Ziel haben, als eine Mitschülerin oder einen Mitschüler fertigzumachen.

Man unterscheidet zwischen Mobbing durch körperliche Gewalt (z. B. Verprügeln), verbalem Mobbing (z. B. Hänseln wegen des Aussehens oder Verhaltens) und dem stummen Mobbing (z. B. Ignorieren, jemanden links liegen lassen).

1 Untersucht, welcher Art von Mobbing Krissi ausgesetzt ist.

2 Welche Gründe für das Mobbing gegen Krissi werden angesprochen?

3. Wie beurteilt ihr die Reaktion von Krissi und ihren Eltern?

4. Berichtet über andere Beispiele von Mobbing und schreibt einen von euch beobachteten Fall auf. Wie hat er sich entwickelt? Wie kam es zu einer Lösung?

Antimobbing-Vereinbarung

Schule: ...
Klasse: ...
Diese Vereinbarung gilt für alle Schüler der Klasse.
Wir sind uns einig, dass niemandem wegen seiner Abstammung, seiner Nationalität, seiner Religion, seiner Herkunft, seines Geschlechtes, seines Alters, seiner persönlichen Eigenheiten Nachteile entstehen dürfen.
Dazu gehört, dass:

→ niemand in seinen Möglichkeiten, sich zu äußern, eingeschränkt wird,
→ niemand in seinen Möglichkeiten, Freundschaften aufrechtzuerhalten, behindert wird,
→ niemand durch Worte, Gesten oder Handlungen sexuell belästigt wird,
→ niemand durch die ihm zugewiesenen Arbeitsaufgaben benachteiligt oder gedemütigt wird,
→ niemand körperlicher oder seelischer Gewalt ausgesetzt wird.

Es gibt Ansprechpartner, an die sich Mitschüler wenden können, wenn sie sich belästigt oder benachteiligt fühlen. Diese Ansprechpartner werden von der Klasse und dem Lehrer gemeinsam benannt. Die Ansprechpartner haben folgende Rechte:

→ Gespräche zwischen zwei Konfliktgegnern einzuberufen und zu leiten,
→ Gespräche mit Lehrern und den Beteiligten zu führen, um einen Konflikt zu klären,
→ in der Mobbing-Angelegenheit zu beraten und Lösungen vorzuschlagen.

Datum: ...
Unterschrift Klassensprecher: ...
Unterschrift Lehrer: ...

5. Diskutiert, ob dieser Vertrag helfen kann, gegen das Mobbing in eurer Schule vorzugehen.

6. Welche anderen Möglichkeiten erscheinen euch auch sinnvoll?

7. Ladet Streitschlichter in den Unterricht ein und überlegt mit ihnen gemeinsam, was ihr, Lehrer, Eltern u. a. gegen Mobbing unternehmen könnt.

Wie wehre ich mich gegen Mobbing?

→ Rede darüber!
Wenn du es alleine versuchst, ist es sehr schwer, aus einer Mobbing-Situation herauszukommen. Erzähl deinen Eltern, deinen Lehrern, was in der Schule passiert.

→ Suche die Schuld nicht bei dir!
Auch wenn andere dir immer wieder sagen, dass es an dir liegt und du gemobbt wirst, weil du dies und jenes tust, bist oder nicht tust, glaube ihnen nicht und beharre darauf, dass niemand so behandelt werden darf.

→ Schreibe ein Mobbing-Tagebuch!
Oft ist es schwer, mit anderen darüber zu reden. Deshalb tut es gut, aufzuschreiben, was dir passiert und wie du dich dabei fühlst.

8. Diskutiert abschließend, was der Einzelne, seine Mitschüler, Lehrer oder Eltern tun können und auch tun sollen, um Mobbing in der Schule zu verhindern.

9. Ihr könnt eure Vorschläge auf der Homepage eurer Schule veröffentlichen.

Mobbing-Hotline: 0800 777 66 65 (gebührenfrei)
Internetadressen:
www.schuelermobbing.de (Seite von Jugendlichen für Jugendliche)
www.kindernetz.de (Seite mit vielen praktischen Tipps)

Was du weißt und kannst

1. Schülerrollen und Rollenkonflikte

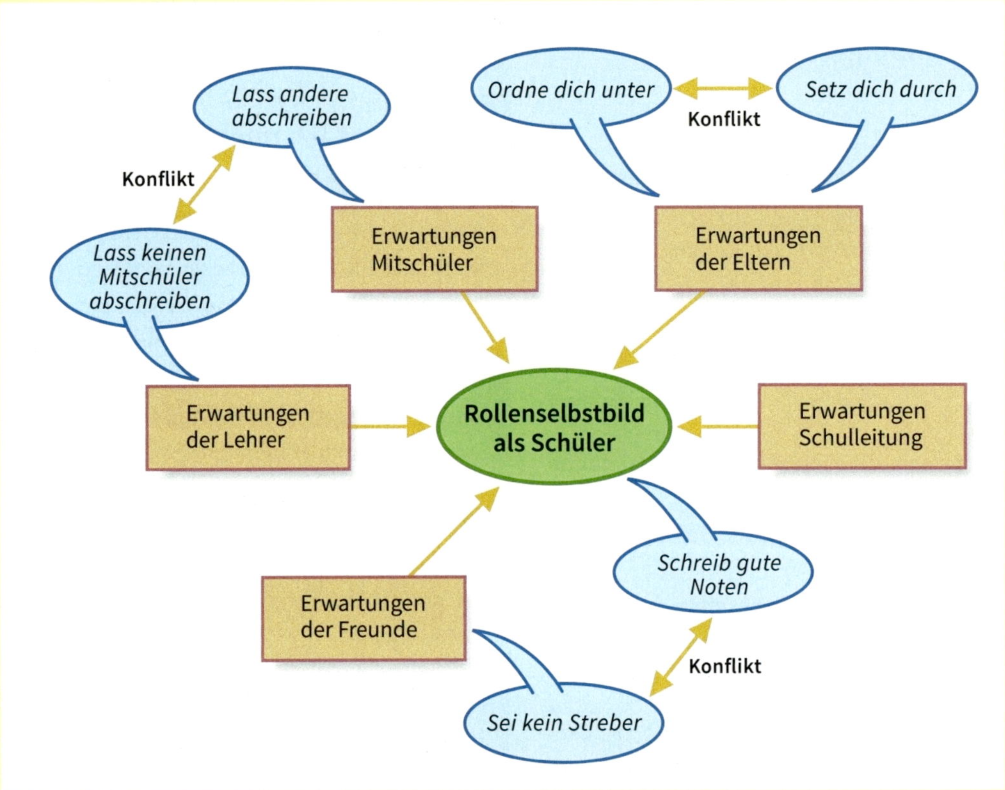

a) Erläutert das Schema: Welche Erwartungen werden an Schüler gestellt? Welche Konflikte können auftreten?

b) Welche Konflikte sind aus welchen Gründen besonders schwer zu lösen?

c) Schreibe auf, wie du persönlich mit Rollenkonflikten umgehst. Ihr könnt – freiwillig – euch darüber austauschen und diskutieren.

d) Welche Erwartungen habt ihr an die anderen? Welche Konflikte können daraus entstehen?

2. Gruppen

a) Vervollständige den Satz: „Gruppen sind ein Segen, weil …“

b) Ergänze die Sätze mit passenden Begriffen.

Gruppen bedeuten …

Gruppen geben …

Gruppen gefährden …

Gruppen schützen …

Gruppen verführen zu …

Gruppen …

3. Mobbing

a) Welche unterschiedlichen Arten von Mobbing kennt ihr?
b) Wie könnt ihr euch gegen Mobbing wehren?
c) Wodurch unterscheidet sich Mobbing vom Streiten?
d) Wer sind die „Möglichmacher"?
e) Entwerft ein Anti-Mobbing-Plakat.

4. Geschlechterrollen

a) Welche Rollenzwänge werden in den beiden Karikaturen angesprochen?
b) Was würdet ihr der Frau oder dem Mann raten, um die Rollenkonflikte zu lösen?
c) Schreibt für die Schülerzeitung oder fürs Internet einen Artikel, in dem ihr die heutigen Frauen- und Männerrollen charakterisiert und dazu Stellung bezieht.

Blick zurück

- *Welche zu Beginn des Kapitels von euch formulierten Fragen sind angesprochen oder behandelt worden? Welche nicht?*
- *Was hast du in dem Kapitel gelernt?*
- *Was hat dich zum Nachdenken gebracht?*
- *Mit welchen Fragen würdest du dich gerne noch beschäftigen?*

Das Fremde und das Eigene

1 Beschreibe, was du auf dem Bild siehst. – Was könnten die verschiedenen Figuren voneinander denken? Vergleicht und diskutiert eure Vermutungen.

Franz Kafka
Gemeinschaft

Wir sind fünf Freunde, wir sind einmal hintereinander aus einem Haus gekommen, zuerst kam der Eine und stellte sich neben das Tor, dann kam oder vielmehr glitt so leicht, wie ein Quecksilberkügelchen gleitet, der Zweite aus dem Tor und stellte sich unweit vom Ersten auf, dann der Dritte, dann der Vierte, dann der Fünfte. Schließlich standen wir alle in einer Reihe. Die Leute wurden auf uns aufmerksam, zeigten auf uns und sagten: Die fünf sind jetzt aus diesem Haus gekommen. Seitdem leben wir zusammen, es wäre ein friedliches Leben, wenn sich nicht immerfort ein Sechster einmischen würde. Er tut uns nichts, aber er ist uns lästig, das ist genug getan; warum drängt er sich ein, wo man ihn nicht haben will. Wir kennen ihn nicht und wollen ihn nicht bei uns aufnehmen. Wir fünf haben zwar früher einander auch nicht gekannt, und wenn man will, kennen wir einander auch jetzt nicht, aber was bei uns fünf möglich ist und geduldet wird, ist bei jenem Sechsten nicht möglich und wird nicht geduldet. Außerdem sind wir fünf und wir wollen nicht sechs sein. Und was soll überhaupt dieses fortwährende Beisammensein für einen Sinn haben, auch bei uns fünf hat es keinen Sinn, aber nun sind wir schon beisammen und bleiben es, aber eine neue Vereinigung wollen wir nicht, eben aufgrund unserer Erfahrungen. Wie soll man aber das alles dem Sechsten beibringen, lange Erklärungen würden schon fast eine Aufnahme in unsern Kreis bedeuten, wir erklären lieber nichts und nehmen ihn nicht auf. Mag er noch so sehr die Lippen aufwerfen, wir stoßen ihn mit dem Ellenbogen weg, aber mögen wir ihn noch so sehr wegstoßen, er kommt wieder.

(Franz Kafka: Sämtliche Erzählungen, Fischer Taschenbuch Verlag, Frankfurt/M. 1975, S. 308 f.)

2 Nenne die Gründe, warum die fünf Freunde den Sechsten nicht in ihren Kreis aufnehmen wollen. – Finde weitere Gründe, warum jemand nicht in eine Gemeinschaft aufgenommen wird.

3 Prüfe und bewerte diese Gründe. Welche kannst du gut verstehen, welche weniger?

4 Schreibt die Geschichte so um, dass der Sechste in die Gemeinschaft aufgenommen wird, und denkt darüber nach, was dies für die Beteiligten bedeuten könnte.

Michael Najjar, „Berührungsängste?“ (ein Motiv aus der achtteiligen Foto-Serie „Annäherung“), 1999

5 Gib wieder, welchen Eindruck das Bild auf dich macht und welche Gefühle es in dir auslöst.

6 Begegnung mit Fremden und Fremdem: Notiert euch Fragen zu diesem Thema, die euch interessieren und mit denen ihr euch gerne beschäftigen wollt.

1| Miteinander – Füreinander

José F. A. Oliver
Fremd

von außen
suche ich Verständnis
für das Fremde
ohne
mich zu erinnern
an das Fremde im
Innern

(José F. A. Oliver: Auf-Bruch. Das Arabische Buch, Verlag Hans Schiler, Berlin 1989, S. 13)

1. Tragt das Gedicht vor und tauscht euch über den Eindruck aus, den das Gedicht bei euch hinterlässt.
2. Was bedeutet „fremd von außen“ und was „das Fremde im Innern“?
3. Der Dichter und Autor José Oliver ist spanischer Herkunft, wurde in Hausach im Schwarzwald geboren, wuchs dort auf und lebt auch heute noch dort. Diskutiert, inwieweit das Thema „fremd“ für ihn besonders wichtig ist.

Fremden Menschen begegnen ...

Wenn wir fremden Menschen und deren Kultur begegnen, sollten wir uns unserer eigenen Kultur bewusst sein. Nur dann können wir das Fremde als fremd klar wahrnehmen und uns damit vernünftig auseinandersetzen.

4. Was bedeutet Kultur für dich? – Notiere dazu spontan Stichwörter oder male ein Bild. Vergleicht eure Ergebnisse.

Aufgaben zur Auswahl

a) Denke darüber nach, wie du einer neuen Mitschülerin oder einem neuen Mitschüler, die oder der aus einem anderen Land in deine Klasse kommt, helfen kannst.

b) Als Abschlussveranstaltung eines internationalen Schülertreffens stellen die Schülerinnen und Schüler jeweils die Kultur ihres Heimatlandes vor. Wie würdest du dein Heimatland präsentieren?

c) Schreibe nach einem Auslandsaufenthalt auf, welche kulturellen Unterschiede dir begegnet sind.

Kulturelle Grenzen überschreiten ...

Heute ergießt sich ein Strom von Migranten und Flüchtlingen über nationale und kulturelle Grenzen hinweg.
Derzeit befinden sich weltweit nach Angabe der UNO-Flüchtlingshilfe rund 60 Millionen Menschen auf der Flucht. 2014 wurden 13,9 Millionen Menschen zur Flucht getrieben – viermal so viele wie noch 2010. Besonders alarmierend: Die Hälfte aller Flüchtlinge sind Kinder.
Nach Angaben des BAMF (= Bundesamt für Migration und Flüchtlinge) wurden 2014 in Deutschland 173 072 Asylanträge erfasst. Im Vergleich zum Vorjahr (109 580 Erstanträge) bedeutet dies einen erheblichen Zuwachs von 57,9 %. Im 1. Halbjahr 2015 wurden 159 927 Erstanträge gestellt.

5. Fasst die zentralen Informationen des Textes mit eigenen Worten zusammen.
6. Recherchiert zu den folgenden Begriffen (besonders auf Deutschland bezogen): Migration, Interkulturalität und Integration. Verfasst jeweils eine Definition mit erklärenden Beispielen. Präsentiert euch eure Ergebnisse, ergänzt eure Informationen mit denen eurer Mitschüler/innen.

Erkläre es mir – Kultur/Interkulturalität

Kultur: Der Begriff „Kultur“ kommt von dem lateinischen *cultura* = Pflege, Ackerbau. Zur von Menschen geschaffenen Kultur gehören die Sprache, Ideen, Werte, Gewohnheiten und Bräuche. Kultur ist wie ein Gewebe, das die Menschen ihr ganzes Leben lang prägt. Durch ihre „kulturelle Brille“ sehen und beurteilen sie Menschen und die Welt um sie herum.

Interkulturalität: von lat. *inter* = zwischen. Durch die weltweite Migration leben in den meisten Staaten Menschen aus unterschiedlichen Kulturen zusammen. Es kommt daher zu Begegnungen zwischen den Kulturen. Diese kulturellen Begegnungen und Überschneidungen zwischen dem Eigenen und Fremden, zwischen der Eigenkultur und der Fremdkultur, bezeichnet man als Interkulturalität.

Plurale Identität*

Im normalen Leben begreifen wir uns als Mitglieder einer Vielzahl von Gruppen – ihnen allen gehören wir an. Eine Person kann amerikanische Bürgerin, von karibischer Herkunft, mit afrikanischen Vorfahren, Christin, Liberale, Frau, Vegetarierin, Langstreckenläuferin, Lehrerin, Romanautorin, Feministin, Heterosexuelle, Verfechterin der Rechte von Schwulen und Lesben, Theaterliebhaberin, Umweltschützerin, Tennisfan, Jazzmusikerin und der tiefen Überzeugung sein, dass es im All intelligente Wesen gibt, mit denen man sich ganz dringend verständigen muss (vorzugsweise auf Englisch). Jede dieser Gruppen, denen allen diese Person gleichzeitig angehört, vermittelt ihr eine bestimmte Identität. Angesichts unserer unausweichlich pluralen Identität müssen wir in der jeweils gegebenen Situation entscheiden, welche Bedeutung wir unseren einzelnen Bindungen und Zugehörigkeiten zumessen.
Der Gewalt wird Vorschub geleistet, wenn wir die Ansicht hegen, wir müssten unausweichlich eine angeblich einzigartige Identität haben, die augenscheinlich weitreichende Forderungen an uns stellt. Das Auferlegen einer angeblich einzigartigen Identität kann gewalttätige Auseinandersetzungen mit anderen Identitäten und deren Art zu leben auslösen.

(nach: Amartya Sen: Die Identitätsfalle, übers. von Friedrich Griese, Verlag C.H.Beck, München 2007, S. 8 f.)

7 Warum führt es nach Amartya Sen zu Gewalt, wenn man sich nur über eine einzige Identität versteht?

8 Schreibe auf eine Karte die verschiedenen Merkmale, die zu deiner Identität gehören. Welche sind angeboren, von den Eltern übernommen oder frei gewählt? Welche sind dir besonders wichtig?
Stellt euch eure Karten nach der Kugellager-Methode vor. Beobachtet, ob eure Darstellung sich je nach dem Gegenüber verändert. Sprecht anschließend darüber.

Projektvorschlag – Rechte des Grundgesetzes

Untersucht, auf welche Rechte unseres Grundgesetzes sich Menschen aus anderen Kulturen – Migranten, Asylanten – berufen können. Arbeitet dazu vor allem mit dem Fach Gemeinschaftskunde/Politik zusammen.

2| Begegnung mit fremden Kulturen ...

1 Mit Menschen zusammenzutreffen, die von einer fremden Kultur geprägt sind, kann aufregend oder auch ein wenig anstrengend sein. Berichtet über eure Erfahrungen anhand von Beispielen.

Kulturbrillen

Es war einmal ein Mädchen namens Sonja, die lebte in dem kleinen Königreich Sonjala. Das Besondere an den Sonjalern war, dass sie schon mit einer winzigen Brille mit gelben Gläsern zur Welt kamen. Diese Brille tauchte alles in ein sattes, fröhliches Gelb, ließ sich aber nicht abnehmen. Eines Tages begab es sich nun, dass Sonja ein Austauschjahr im benachbarten Fürstentum Azuro verbringen sollte. Die Azuraner hatten auch von Geburt an eine kleine Brille auf der Nase, allerdings eine blaue! Als Sonja also nun in Azuro eintraf, sah sie natürlich alles anders als die Azuraner, nicht blau, sondern gelb. Da aber Sonja in ihrer Vorbereitung schon etwas von den unterschiedlichen Kulturen gehört und sich somit bewusst darauf eingestellt hatte, gelang es ihr im Laufe der Zeit, die blaue, azuranische Sichtweise zu übernehmen, allerdings nur in Teilen, denn als sie die blaue, azuranische Brille über ihre gelbe, sonjalische Brille setzte, sah sie plötzlich alles in GRÜN! Auch diese Brille ließ sich nun nicht mehr abnehmen. Sonja hatte jetzt sowohl ein besseres Verständnis für die azuranische Sichtweise (wenn auch nicht ganz „blauäugig") als auch eine neue Sicht auf ihre eigene sonjalische Kultur.

(nach: www.reto-wuppertal.de [10.05.2016])

2 Welche Fähigkeiten muss man als Austauschschüler besitzen, um eine fremde Kultur „mit der richtigen Brille" sehen zu können?

3 Was ist mit „richtiger Brille" gemeint? Gibt es die überhaupt? Diskutiert darüber.

4 Führt eine Beschäftigung mit einer fremden Kultur zu einem besseren Verständnis der eigenen? Was ist eure Meinung dazu?

Eine vernünftige Hausordnung?

Wenn Menschen mit unterschiedlichen „Kulturbrillen" miteinander leben wollen, ist es sinnvoll, dass sie sich eine Hausordnung zulegen. Sie soll ein menschliches Miteinander möglich machen, das beiden – den schon Ansässigen und den neu Hinzukommenden – gleichermaßen gerecht wird.
Ein Entwurf:

Regel 1:
Die Migranten befolgen die staatlichen Gesetze – auch wenn sie aus Ländern kommen, in denen andere Gesetze gelten. Den Gesetzen zu gehorchen heißt nicht, sie auch zu lieben, sondern meint nur die Verpflichtung, nicht dagegen zu verstoßen.
Regel 2:
Die Migranten sollen auch jenen ungeschriebenen Gesetzen gehorchen, ohne die ein Miteinander schwer möglich ist. Zum Beispiel den Geboten der Hygiene und der Höflichkeit. Die Bereitschaft, die Hauptverkehrssprache zu erlernen, gehört ebenfalls zu den ungeschriebenen Gesetzen.
Regel 3:
Die Sprache der umgebenden Gesellschaft zu erlernen ist eine Sache; sich mit der Literatur dieses Landes vertraut zu

machen eine andere. Ob man eine andere Sprache besser beherrscht, eine andere Form von Literatur oder Musik vorzieht, hat nichts mit der Hausordnung zu tun. Literatur, Musik, religiöse und ethnische Bräuche gehören zur Kultur und haben nichts mit den allgemeinen Regeln der Hausordnung zu tun.

Regel 4:
Respekt und Achtung den „Fremden" gegenüber ist die erste Pflicht des guten „Hausherrn". Das ist eine ethische Verpflichtung, wie es die Pflicht der Migranten ist, sich an die Regeln der Hausordnung zu halten.

(nach: Agnes Heller: Thesen zum Asylrecht; in: DIE ZEIT, 06.11.1992, S. 19; stark gekürzt)

5 Gebt die Kernpunkte dieses Entwurfs einer Hausordnung mit eigenen Worten wieder und bezieht kritisch Stellung dazu: Welche Punkte haltet ihr für sinnvoll, welche weniger? Welche würdet ihr noch ergänzen?

Durch eine andere Brille sehen

Versetzt euch in die Lage eines Migranten: Würde es ihm schwerfallen, die Hausordnung zu akzeptieren? Welche Einwände könnte er haben?

Rassismus* im Alltag

Der Alltagsrassismus hat viele Gesichter. Es ist die Frage nach der – vermeintlichen – Herkunft, obwohl man in Rostock geboren wurde. Es sind die abwertenden Blicke im Bus, die rassistischen Rufe im Stadion oder auch die Zurückweisung an der Discotür. Der mit zweierlei Maß messende Ausbilder oder Lehrer oder die diskriminierenden Darstellungen in Büchern, Zeitungen und Filmen. Vermeintliche Komplimente wie „Du sprichst aber gut Deutsch" oder lobend gemeinte Verallgemeinerungen wie „asiatische SchülerInnen sind immer so fleißig" sind weitere Beispiele für Alltagsrassismus.

(nach: Toan Quoc Nguyen, 06.11.2014, www.bpb.de [25.03.2016])

6 Welches Gesicht des Alltagsrassismus habt ihr schon beobachtet bzw. erfahren?

7 Wie erklärt ihr euch die im Text erwähnten Vorurteile gegen Fremde?

8 Schreibt einen Brief an einen „Rassisten", in dem ihr versucht, ihn mit Argumenten über seine Vorurteile aufzuklären.

• Zum Thema „Vorurteile" siehe das Kapitel „Vorurteil – Urteil – Wissen", S. 168 ff.

Wir neuen Deutschen?

Özlem Topcu, Alice Bota und Khue Pham stammen aus Einwandererfamilien aus der Türkei, aus Polen und Vietnam. Heute arbeiten die drei als Redakteurinnen. Sie haben ein Buch geschrieben: „Wir neuen Deutschen. Wer wir sind, was wir wollen". Sie träumen von einem Deutschland, in dem das Wort Migrationshintergrund nicht mehr vorkomme und in dem es einfach nur Deutsche gebe. „Wir sind Teil des Ganzen, auch wenn wir anders sind", sagt Alice Bota, die mit neun Jahren mit ihren Eltern aus Polen nach Deutschland kam.

(nach: Susanne von Schenck/kap, 30.09.2012, www.dw.com [25.03.2016])

9 Was meint Alice mit dem Satz: „Wir sind Teil des Ganzen, auch wenn wir anders sind"?

10 Was könnt ihr, was können Einwanderer, Schulen, die Medien, die Gesellschaft und die Politik tun für eine gelungene Integration und für ein friedliches und menschliches interkulturelles Miteinander? – Sammelt und ordnet die Vorschläge und Ideen. Veröffentlicht sie in einem Beitrag für eure Schulzeitung oder im Internet.

3| Anders sein – Okay!

1 Was drückt das Bild in deinen Augen aus? – Welchen Titel würdet ihr ihm geben?

Interkulturelle Identität – Leben zwischen zwei Kulturen

Die – anonyme – Autorin dieses Textes ist aus der Türkei nach Deutschland ausgewandert.

Da ich selbst Ausländerin bin in dem Land, in dem ich nun seit sieben Jahren lebe, möchte ich mal ein wenig sagen, wie ich Integration sehe. [...] Für mich hat Integration etwas mit Verwurzelung zu tun, mit „Heimisch werden", zu Hause sein – den einen gelingt das besser und schneller, den anderen weniger. Und natürlich hat das auch mit der Gesellschaft/der Kultur zu tun, in der man lebt. Wenn diese einem immer wieder zu verstehen gibt, dass man eine Ausländerin ist, nur geduldet, ein Fremder, wenn diese einem mit Vorurteilen und Rassismus und mit eigener Ab- und Ausgrenzung begegnet, wie soll man sich denn da wohlfühlen, verwurzeln, motiviert werden, sich zu integrieren. Ich bin inzwischen hier verwurzelt, aber es hat lange gedauert. Ich glaube auch, dass sich Integration nicht auf- oder erzwingen lässt. Es ist ein innerer Prozess, ein Einlassen auf die andere Kultur, das immer wieder aber auch ein Abgrenzen dieser gegenüber erfordert. Aus meiner Sicht ist es nicht möglich, diese eigene Geschichte und „Prägung" aufzugeben oder zu verleugnen und in einer anderen Kultur vollständig „aufzugehen". Das wäre ein bedenklicher Prozess. Und, was mich sehr stört, ist, dass dauernd Leute den Begriff der Integration im Munde führen, die nie in einer anderen Kultur gelebt haben und überhaupt nicht wissen, was das heißt.

(nach: http://community.zeit.de, 18.10.2010 [18.03.2016])

2 Fasst zusammen, wie die Autorin des Textes Integration sieht. Welche Schwierigkeiten kann ein Leben zwischen den Kulturen bedeuten?

3 Welche Chancen bietet eurer Meinung nach dieses interkulturelle Leben?

Worauf können wir uns berufen?

Es ist nicht leicht, Kriterien auszumachen, die uns vorgeben, wie wir mit dem Anderssein umgehen sollen. Wir können jedoch auf moralische Grundsätze wie etwa die Goldene Regel* zurückgreifen, die wir allgemein auf Situationen, in denen wir Zweifel haben, ob wir gut oder schlecht handeln, anwenden.

- Zum Thema „Goldene Regel" siehe auch S. 15.

Eine Grundregel der Fairness!

Worum es bei der Goldenen Regel geht, erläutert der Bibliothekar Herr Ibarra den Jugendlichen Manuel, Gloria, Sebastian und Alvaro in einem längeren Gespräch:
„Jedes Mal, wenn du dich fragst, ob du gerade gut oder schlecht handelst, musst du dich fragen, was die anderen in deiner Lage tun sollten, was du von ihnen erwarten würdest, so als ob es eine allgemeine Regel für diese besondere Situation geben würde."

„Das ist mir ehrlich gesagt zu hoch, Herr Ibarra.“
„Um zu klären, ob du gut oder schlecht handelst, musst du dich fragen, wie du selbst behandelt werden möchtest; dann wirst du zugeben, dass du nicht bestohlen werden willst, dass die Versprechen gehalten werden sollen, die man dir gibt, dass dir geholfen werden soll, wenn du Hilfe brauchst, und so weiter. Und wenn du all das für dich selbst beanspruchst und du dir zugleich klar machen kannst, dass es allen anderen genauso geht, dann heißt das, dass du auch willst, dass so zu handeln eine allgemeine Regel sei.“

(Ernst Tugendhat/Celso López/Ana María Vicuña: Wie sollen wir handeln? Schülergespräche über Moral, Reclam, Stuttgart 2000, S. 89 f.)

4 Erläutert, warum die Goldene Regel als eine Grundregel für faires Handeln gelten kann.

5 Untersucht, inwieweit die Goldene Regel euch auch Anhaltspunkte für das Umgehen mit Anderssein geben kann. Erfindet Situationen mit interkulturellem Zusammenhang, spielt und kommentiert sie.

Warum eigentlich?

Warum ist es so schwer, die Goldene Regel umzusetzen?

Erkläre es mir – Die Goldene Regel

Die Goldene Regel ist eine Grundregel für das moralisch richtige Verhalten. Da die Goldene Regel in der chinesischen, jüdischen, christlichen und islamischen Ethik erscheint, kann man in ihr eine fundamentale Übereinstimmung der Menschen über das moralisch Richtige sehen. Die Goldene Regel wird sowohl positiv als auch negativ formuliert (Was du nicht willst, das man dir tut, das füg auch keinem anderen zu. – Behandle andere so, wie du auch von ihnen behandelt werden willst.). In beiden Fällen fordert sie dazu auf, sich in einem Gedankenexperiment auf den Standpunkt des anderen zu stellen.

Projektvorschlag – „Leroy räumt auf“

„Leroy räumt auf“ ist ein Kurzfilm (18 Minuten) des Regisseurs und Produzenten Armin Völcker, der beim „Time to Live Film Festival“ in Sankt Petersburg im April 2006 den ersten Preis als bester Kurzfilm gewonnen hat. Leroy ist ein afrodeutscher Junge, der mit notorischem Pech und einer nationalen Identitätskrise zu kämpfen hat. Leroy ist kultiviert und gut erzogen und in einem positiven Sinne deutscher als viele Deutsche – aber seine Hautfarbe und sein Afro erinnern ihn jeden Tag daran, dass das nicht alle Deutschen so sehen wie er. Soll er nun sein Deutschsein verleugnen, wie viele Deutsche das tun, die dafür Schwarze „cool“ finden – oder soll er nun erst recht deutsch sein, um die Deutschen vor ihrem eigenen Minderwertigkeitskomplex zu retten?

Schaut euch diesen interessanten und witzigen Film, der aus dem Internet herunterzuladen ist, an und bearbeitet die folgenden Aufgaben:

- Äußert eure begründete Meinung zu diesem Film.
- Nennt die Klischees und Vorurteile, die in diesem Film thematisiert werden.
- Diskutiert und nehmt kritisch Stellung, ob Vorurteile und Stereotype so dargestellt werden dürfen wie in diesem Film.
- Denkt darüber nach, was ein Film wie „Leroy räumt auf“ bewirken kann.

4| Toleranz leben

1. Äußert, was das Logo für euch zum Ausdruck bringt.
2. Diskutiert, ob Bilder die Einstellung von Menschen beeinflussen können.
3. Gestaltet selbst ein Logo zu „Toleranz leben“.

Die Erklärung von Prinzipien der Toleranz*

Verabschiedet auf der 28. Generalkonferenz (Paris, 25. Oktober bis 16. November 1995) von den Mitgliedstaaten der UNESCO:

Entschlossen, alle positiven Schritte zu unternehmen, die notwendig sind, um den Gedanken der Toleranz in unseren Gesellschaften zu verbreiten – denn Toleranz ist nicht nur ein hoch geschätztes Prinzip, sondern eine notwendige Voraussetzung für den Frieden und für die wirtschaftliche und soziale Entwicklung aller Völker, erklären wir:

Artikel 1: Bedeutung von „Toleranz“

1.1 Toleranz bedeutet Respekt, Akzeptanz und Anerkennung der Kulturen unserer Welt, unserer Ausdrucksformen und Gestaltungsweisen unseres Menschseins in all ihrem Reichtum und ihrer Vielfalt. [...] Toleranz ist Harmonie über Unterschiede hinweg. Sie [...] ist eine Tugend, die den Frieden ermöglicht, und trägt dazu bei, den Kult des Krieges durch eine Kultur des Friedens zu überwinden.

1.2 Toleranz ist nicht gleichbedeutend mit Nachgeben, Herablassung oder Nachsicht. Toleranz ist vor allem eine aktive Einstellung, die sich stützt auf die Anerkennung der allgemeingültigen Menschenrechte und Grundfreiheiten anderer. Keinesfalls darf sie dazu missbraucht werden, irgendwelche Einschränkungen dieser Grundwerte zu rechtfertigen. Toleranz muss geübt werden von Einzelnen, von Gruppen und von Staaten.

1.3 In Übereinstimmung mit der Achtung der Menschenrechte bedeutet praktizierte Toleranz weder das Tolerieren sozialen Unrechts noch die Aufgabe oder Schwächung der eigenen Überzeugungen. Sie bedeutet für jeden Einzelnen Freiheit der Wahl seiner Überzeugungen, aber gleichzeitig auch Anerkennung der gleichen Wahlfreiheit für die anderen. Toleranz bedeutet die Anerkennung der Tatsache, dass alle Menschen das Recht haben, in Frieden zu leben und so zu bleiben, wie sie sind. Dazu gehört auch, dass die eigenen Ansichten anderen nicht aufgezwungen werden dürfen.

(nach: www.unesco.de)

4. Was bedeutet im Artikel der UNESCO-Erklärung der Begriff „Toleranz“ und welche Funktion und Bedeutung für das Zusammenleben der Menschen wird ihm zugesprochen? – Gliedert eure Antwort nach folgendem Schema:

   Toleranz bedeutet:
   – Respekt und Anerkennung der Kulturen
   Toleranz bedeutet nicht:
   – Nachgeben, Herablassung oder Nachsicht

5. Wo werden heute die Grenzen der Toleranz überschritten? – Nennt Beispiele und diskutiert darüber.

Islamunterricht an deutschen Schulen

Im März 2008 wurde von der Islam-Konferenz der Beschluss gefasst, dass an deutschen Schulen islamischer Religionsunterricht eingeführt werden soll. Der Beschluss setzt vo-

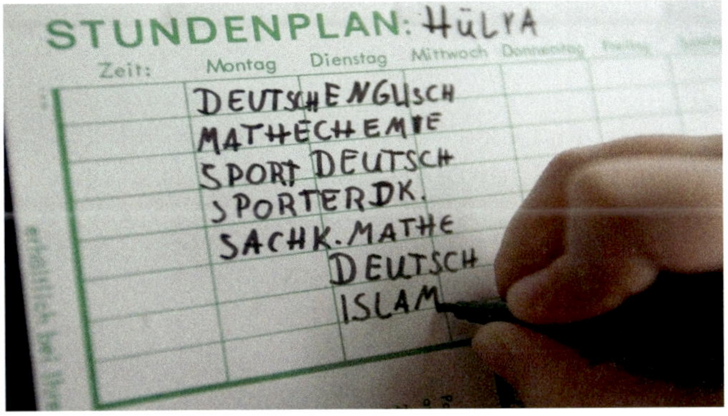

raus, dass die in Deutschland lebenden Muslime die deutsche Rechtsordnung und das Grundgesetz, die Gleichberechtigung von Mann und Frau vor dem Gesetz und Gott anerkennen und auch Werte annehmen, die über das Grundgesetz hinausgehen.
Was nun auf Bundesebene beschlossen wurde, gibt es auf Landesebene schon seit einigen Jahren als Projekt in Nordrhein-Westfalen und Bayern. Der Unterricht wird von ausgebildeten Grundschullehrern/-lehrerinnen erteilt und findet in deutscher Sprache statt.
Hessen führte zum Schuljahr 2013/2014 den islamischen Religionsunterricht als reguläres Unterrichtsfach ein.

6 Diskutiert, ob der Islamunterricht an deutschen Schulen als ein Beispiel für Toleranz betrachtet werden kann.

7 Sucht nach weiteren Beispielen, diskutiert und bewertet sie.

Bedingung von Toleranz

Was kann aber die Basis der Toleranz zwischen Angehörigen unterschiedlicher Kulturen und Völker, Religionen und Weltanschauungen bilden, wenn es nicht mehr die Überzeugung von der gleichen rationalen Natur aller Menschen sein soll? Mir scheint, dass es zwei Eigenschaften sind, die alle Menschen, welcher Kultur sie auch angehören mögen, dennoch miteinander verbinden: die Fähigkeit, über die Sprache miteinander zu kommunizieren, und das Bewusstsein der eigenen Endlichkeit und Unvollkommenheit. [...]
Der Reichtum der Weltkulturen besteht nicht in deren Gleichförmigkeit, sondern in der Vielfalt unterschiedlicher Kulturen und Sprachen. [...]
Auf der Fähigkeit zu sprachlicher Kommunikation beruht die Tatsache, dass alle Menschen sich auf verbindliche Regeln friedlichen Zusammenlebens und gegenseitiger Duldung einigen können.

(nach: Irving Fetscher: Toleranz, Radius, Stuttgart 1990, S. 90 f.)

8 Erarbeitet aus dem Text, was Fetscher als die wichtigste Grundlage für Toleranz betrachtet.

9 Was können nach Fetscher tolerante Menschen besonders gut? – Was würdest du noch ergänzen?

Ich kann mich irren ...

Wer tolerant ist, weiß, dass es außer der eigenen noch andere Meinungen und Sichtweisen geben kann, die ebenso wahr sein können.

10 Erläutert diesen Satz. Deckt er sich mit euren Erfahrungen? Tauscht euch aus und diskutiert darüber.

Erkläre es mir – Toleranz

Toleranz (lat.: *tolerare* = erdulden, ertragen) bedeutet Duldung von anderen Meinungen und Lebensweisen. Sie ist jedoch kein gleichgültiges Akzeptieren nach dem Motto: „Sollen die doch leben, wie sie wollen; ist mir ganz egal." Tolerantes Verhalten verzichtet auf Gewalt. Es gründet in der Einsicht, dass niemand absolut fehlerfrei ist, es also keine einzige Wahrheit* gibt, der sich alle ausnahmslos zu unterwerfen hätten. Toleranz weiß auch um den Reichtum anderer, fremder Lebensweisen. Sich auf sie einzulassen, sich mit ihnen vorurteilsfrei zu beschäftigen, ist für den toleranten Menschen ein Gewinn. Der wichtigste Punkt aber ist: In der Toleranz steckt die Anerkennung, der Respekt vor dem anderen als einer ebenbürtigen Person, der die unverletzliche Menschenwürde* zukommt.

5| Toleranz – und ihre Grenzen

1 Sammelt und diskutiert anhand von Beispielen Möglichkeiten und Grenzen der Toleranz: Müssen wir alles tolerieren? Wo endet Toleranz?

Die Grenzen der Toleranz

Bei dem genannten Beispiel der Demonstration von Rechtsextremen wird auch die Grenze vom Tolerierbaren zum Nichttolerierbaren berührt. Ich sehe sie in erster Linie bei der Verletzung von Grundrechten, allen voran die Menschenwürde. Handlungen, welche das Leben, die Freiheit, die körperliche Unversehrtheit oder die Gleichberechtigung der Menschen verletzen oder gefährden, halte ich nicht für tolerierbar. Eine Demonstration etwa gegen die Gleichberechtigung der Geschlechter, gegen die Freiheit, seine Meinung sagen zu dürfen, übersteigt meine persönliche Grenze der Toleranz.

(nach: Rainer Erlinger: Passt schon?; in: SZ-Magazin, Heft 10/2011, S. 2; http://sz-magazin.sueddeutsche.de [05.04.2016])

2 Welche Handlungen sind nach Meinung des Philosophen Erlinger nicht mehr tolerierbar? – Findet ihr seine Argumentation überzeugend?

3 Warum wohl läuft der Mann mit dem Koffer weg? – Was denkt er sich? Sprecht darüber.

Wo ist eine Grenze zu ziehen?

Toleranz hat mit einem Punkt zu tun, bis zu dem man gewisse Dinge mitmacht und danach nicht mehr. Nicht mehr tolerierbar sind z. B. feindselige und abwertende Äußerungen über Flüchtlinge, Ausländer, Muslime, Juden, Obdachlose oder Arbeitslose.

4 Begründet, warum das Verhalten in den oben genannten Beispielen nicht mehr toleriert werden kann. Findet weitere ähnliche Beispiele.

Ist das okay?

Sharif (17) ist seit Kurzem in Deutschland. Er verweigert in seinem Wohnheim das Essen, weil es von einer Frau gereicht wird.

5 Wie denkt ihr darüber? Muss sein Verhalten toleriert werden?
- Gegen welches Menschen- und Grundrecht verstößt sein Verhalten?
- Jemanden zu verstehen heißt nicht, dass man mit allem einverstanden ist: Diskutiert darüber, ob und inwieweit dieser Satz auf den Fall von Sharif angewendet werden kann.

Meinungsfreiheit

Ich bin gar nicht deiner Meinung, aber ich würde alles dafür tun, dass du sie sagen darfst.

6 Erläutert diese Aussage und bezieht kritisch Stellung dazu: Wo endet die Meinungsfreiheit? Wie lässt sich dieses Ende begründen?

Um tolerant zu sein, müssen wir zu einem offenen Gespräch bereit sein und uns in die Welt der anderen hineinversetzen.

Toleranz als „erweiterte Denkungsart“ bei Hannah Arendt

Das moralische Prinzip der erweiterten Denkungsart nötigt uns, jeden Menschen als jemanden zu betrachten, dessen Standpunkt wir aus der Achtung vor seiner moralischen Würde, die wir ihm schulden, in unsere Überlegungen einzubeziehen haben. Je eher wir imstande sind, den Standpunkt anderer einzunehmen, umso lebhafter werden wir uns die Geschichte anderer vorstellen können. Um moralische Urteile fällen zu können, müssen wir die Fähigkeit der „erweiterten Denkungsart“ (Arendt) haben. „Aus der Perspektive eines jeden anderen“ denken heißt „zuhören können“, dem zuhören können, was andere zu sagen haben, oder, wenn diese anderen stumm bleiben, sich einen Dialog mit ihnen vorstellen zu können.

(nach: Seyla Benhabib: Selbst im Kontext, Suhrkamp, Frankfurt/M. 1995, S. 152 f.)

7 Stelle die Fähigkeit der „erweiterten Denkungsart“ nach Arendt mit eigenen Worten dar. Welche Voraussetzungen dazu müssen bei einer Person vorhanden sein?

8 Führt eine Übung zum Perspektivenwechsel nach der Methode „Leerer Stuhl“ durch. Mögliche Themen:
- Sollen an unserer Schule Handys verboten werden?
- Regelmäßige Vokabelarbeiten – ja oder nein?
- Soll ein soziales Jahr für alle verpflichtend sein?

Gelingendes Gespräch

Jedes Gespräch setzt eine gemeinsame Sprache voraus, oder besser: Es bildet eine gemeinsame Sprache heraus. [...] Verständigung im Gespräch ist nicht ein bloßes Durchsetzen des eigenen Standpunktes, sondern ein Sicheinigen auf etwas Gemeinsames.

(Hans-Georg Gadamer: Wahrheit und Methode, J. C. B. Mohr (Paul Siebeck), Tübingen 1990, S. 384)

9 Erarbeitet die Kernaussagen Gadamers zum gelingenden Gespräch und bezieht Stellung dazu.

10 Sprecht mit eurer Nachbarin/eurem Nachbarn über Schwierigkeiten und Möglichkeiten, mit einem Gesprächspartner eine gemeinsame Sprache zu finden. Schaut euch dazu folgende Redewendungen an: „sich austauschen“ – „sich auf andere einlassen“ – „aneinander vorbeireden“ – „jemandem etwas vermitteln“.

Aufgaben zur Auswahl

„Toleranz muss schwerfallen. Toleranz, die leichtfällt, ist keine.“

(Heiner Hastedt: Toleranz, Reclam, Stuttgart 2012, S. 14)

a) *Was hältst du von diesem Satz? Trage deine begründete Meinung der Klasse vor.*
b) *Schreibe ein Gespräch mit dem Muslim Sharif. – Was würdest du ihn fragen, was ihm sagen wollen?*

So geht es – „Leerer Stuhl“

Bildet Gruppen zu beispielsweise drei Teilnehmern/-nehmerinnen. In jeder Gruppe befindet sich ein leerer Stuhl. Eine(r) beginnt nun, ein Argument für die eigene Position vorzutragen. Danach nimmt er/sie auf dem freien Stuhl Platz, überlegt ein Argument für die Gegenposition und trägt es vor. Nach einigen Minuten wird gewechselt.

6 | Der Streit um ein Stück Stoff

1 Sollten Lehrerinnen das Recht haben, im Unterricht ein Kopftuch zu tragen? – Erstellt ein erstes Meinungsbild in eurer Klasse: Wer sagt ja und mit welchen Gründen? Wer sagt aus welchen Gründen nein? Dokumentiert eure spontan geäußerten Urteile übersichtlich auf einem großen Plakat und sprecht darüber.

2 Wie begründet das Bundesverfassungsgericht, dass Lehrerinnen im Unterricht ein Kopftuch tragen dürfen? – Sammelt die einzelnen Argumente jeweils auf einer Karte, z. B.:
Argument 1: Ein Verbot verstößt gegen die Glaubensfreiheit.
Argument 2: ...

Das Urteil

Zwei Lehrerinnen, denen das Tragen eines Kopftuchs im Unterricht untersagt worden war, klagten vor dem Bundesverfassungsgericht. Sie fühlten sich in ihrem Grundrecht auf Glaubensfreiheit eingeschränkt.
Der Erste Senat des Bundesverfassungsgerichts hat am 27. Januar 2015 entschieden, dass ein allgemeines Verbot für Lehrerinnen im Unterricht ein Kopftuch zu tragen mit deren Glaubens- und Bekenntnisfreiheit (Art. 4 Grundgesetz) nicht vereinbar ist. Nur wenn durch das Tragen eines Kopftuchs an einer Schule der Schulfrieden gestört ist, wäre ein Verbot zu rechtfertigen. Die dem Staat gebotene weltanschaulich-religiöse Neutralität bedeutet, dass er sich für die Glaubensfreiheit aller religiösen Bekenntnisse gleichermaßen einsetzt. Es ist gerade die Aufgabe der Schulen, den Schülerinnen und Schülern Toleranz auch gegenüber anderen Religionen und Weltanschauungen zu vermitteln. Dieses Ideal muss gelebt werden dürfen, auch durch das Tragen von Bekleidung, die mit Religionen in Verbindung gebracht wird, wie neben dem Kopftuch etwa die jüdische Kippa, das Nonnen-Habit oder auch Symbole, wie das sichtbar getragene Kreuz. Allein das Tragen eines islamischen Kopftuchs begründet keine konkrete Gefahr für den Schulfrieden. Vom Tragen eines islamischen Kopftuchs geht noch kein werbender oder gar missionierender Effekt aus.

(nach: Pressemitteilung Nr. 14/2015 vom 13. März 2015 des Bundesverfassungsgerichts; stark gekürzt und vereinfacht)

Kritik am Urteil

Das Urteil des Bundesverfassungsgerichts ist unterschiedlich aufgenommen worden. Es gab Befürworter und Kritiker. Der folgende Text ist eine Zusammenfassung der häufig geäußerten Kritik.

→ Der soziale Frieden wird weniger durch Stammtische und Demonstrationen, sondern durch solche Urteile gestört. Dies gilt auch für den Schulfrieden.
→ Nach den Lehrerinnen werden auch Polizistinnen, Richterinnen und Justizvollzugsbeamtinnen vorstellig werden.
→ Das Kopftuch ist eben kein modischer Schnickschnack, sondern der Ausdruck einer rückwärtsgewandten und angeblich gottgewollten Unterordnung der Frau.
→ Im Staatsdienst hat das Kopftuch einfach nichts zu suchen.
→ Mädchen stehen nun noch unter einem größeren Anpassungsdruck, wenn auch die Lehrerin Kopftuch trägt.
→ Es handelt sich hier um ein Urteil aus falsch verstandener Toleranz. In den Schulen werden die Streiter für unsere Werte immer mehr den Rückzug antreten.

3 Erläutert die einzelnen Punkte. Welche überzeugen euch und warum? Welche weniger oder gar nicht?

Mehr Kopftuch wagen

Das Kopftuch ist ein Kopftuch. Es ist nicht aus gefährlichem Stoff. Es ist klein, es wickelt nicht die ganze Frau ein; es

dient nicht der Verschleierung. Es ist ein kleines Bekenntnis, ein religiöses Symbol. Es ist nicht aggressiv, es bedroht niemanden. Das Verfassungsgericht hat richtig entschieden: Wenn eine Lehrerin Kopftuch trägt, ist das eine gute Botschaft. Diese Karlsruher Entscheidung ist eine Entscheidung gegen die Hysterie. Sie ist eine Entscheidung gegen Berufsverbote, also für Integration. Und sie ist eine Entscheidung für die Gleichbehandlung von Religionen. Es geht nicht, dass eine Ordenstracht erlaubt ist, das Kopftuch aber nicht.

(nach: Heribert Prantl: Mehr Kopftuch wagen; in: www.sz.de, 13.03.2015; stark gekürzt)

4 Wie begründet der Autor seine Pro-Haltung? Sammelt die einzelnen Punkte und gebt an, welche euch davon besonders überzeugen, welche weniger.

Um euch kritisch zu den Pro- und Kontra-Argumenten äußern zu können, sind die folgenden Informationen noch wichtig:

Erkläre es mir – Glaubens- und Bekenntnisfreiheit/weltanschauliche Neutralität

Der Begriff der **Glaubens- und Bekenntnisfreiheit** (Artikel 4 des Grundgesetzes): Hier geht es darum, dass sich jeder zu seinem Glauben bekennen darf und deswegen keine Vorteile oder Nachteile hat.

Der Begriff der **weltanschaulichen Neutralität** des Staates: Der Staat muss gegenüber den Religionen neutral bleiben. Er darf keine zugunsten einer anderen benachteiligen. Er muss sie alle gleich behandeln.

Das Kopftuch

In der Diskussion spielt die Deutung des Kopftuchs eine große Rolle: Ist es ein Zeichen (Symbol) für eine freie und persönliche religiöse Entscheidung oder wird es als ein Zeichen der Unterdrückung gesehen?

Durch eine andere Brille sehen

Mein Kopftuch

Die Schülerin Aischa (17) sagt, warum sie ein Kopftuch trägt: „Das Kopftuch ist für mich ein Ausdruck meines Glaubens. Es ist einfach ein Zeichen für meine persönliche Freiheit. Es gibt mir Schutz vor den Blicken anderer, da ich meine Schönheit nur meinem zukünftigen Mann zeigen will. Es ist meine Pflicht als Muslimin. Ich fühle mich schön mit dem Kopftuch, ich trage es mit Stolz. Es gehört zu mir und ist Teil meiner Identität. Ich bin Deutsche. Ich bin Muslimin. Und ja: Das lässt sich gut miteinander vereinen.“

Was bedeutet das Kopftuch für Aischa? Welche Fragen würdet ihr ihr noch stellen?

5 Veranstaltet nun eine Pro- und Kontra-Diskussion:
- Bildet zwei Meinungslager (Pro/Kontra). Aus jedem Lager trägt ein Teilnehmer die jeweiligen Argumente vor.
- Die Gruppen bringen die einzelnen Argumente in eine Rangfolge.
- In einem Schlagabtausch tragen Teilnehmer aus den beiden Lagern ihre besten Argumente vor.
- Die Argumente der Gegenseite sollen dann eingeschätzt werden: Welche haben besonders überzeugt, welche weniger oder gar nicht?
- Schlussabstimmung und Blick zurück: Was habe ich in der Diskussion gelernt? Wie hat sich meine anfängliche Meinung zum Kopftuchstreit geändert?

6 Schreibt einen Artikel für eure Schülerzeitung oder das Internet, in dem ihr über eure Diskussion und die Ergebnisse berichtet.

Warum eigentlich?

Warum tun sich junge Menschen leichter damit, dass Lehrerinnen das Recht haben sollten, im Unterricht ein Kopftuch zu tragen?

Was du weißt und kannst

1. Fremden begegnen

Ich bin mit dem Fahrrad unterwegs. Ein Auto überholt mich plötzlich sehr knapp und drängt mich ganz nach außen. Ich pralle gegen einen Leitpfosten und stürze. An meinem Bein blutet eine breite Schürfwunde. Hilfe suchend schaue ich zur Straße. Viele Autos fahren achtlos vorbei. Eines mit ausländischem Kennzeichen hält schließlich. Der Fahrer hat meine Verletzung bemerkt und steigt mit seinem Erste-Hilfe-Koffer aus. Sorgfältig verbindet er meine Wunde. Dann redet er mir aufmunternd zu. Seine Sprache verstehe ich nicht. Sein Lächeln verstehe ich nicht.

(Frankfurter Allgemeine Zeitung, 05.04.1994, S. 11)

a) Benennt, welches Verhältnis zwischen Fremden in dieser Situation zum Ausdruck kommt.

b) Erfindet und spielt eine Gesprächssituation, in der Fremde sich begegnen, die verschiedene Sprachen sprechen, z. B. den gleichen Autor in verschiedenen Sprachen lesen, eine entlaufene Katze einfangen oder Ähnliches.

2. Bedeutung von Toleranz

a) Formuliere dein Verständnis von Toleranz.

b) Nimm Stellung zu den folgenden Zitaten:

„Toleranz sollte eigentlich nur eine vorübergehende Gesinnung sein: Sie muss zur Anerkennung führen. Dulden heißt beleidigen."

(J.W. Goethe, dt. Dichter, 1749–1832)

„Toleranz wird zum Verbrechen, wenn sie dem Bösen gilt."

(Redensart)

3. Eine neue Hausordnung

Migranten und „Einheimische" geben sich eine neue Hausordnung.

a) Welche Pflichten hat der „Hausherr" und welche Pflichten sollten die neuen „Hausbewohner" beachten?

b) Gliedert eure Antwort nach folgendem Schema:

Pflichten der „Einheimischen"	Pflichten der neuen „Hausbewohner"
...	...

4. „Bridge the Gap" – Ein Berliner Projekt

Dayana blickt auf, ihre Augen schweifen über den langen Tisch, an dem neben ihr noch 18 weitere Jugendliche an solchen Collagen basteln. Seit zwei Monaten kommt die Gruppe aus afghanischen, tschetschenischen, syrischen und deutschen Jugendlichen regelmäßig im Projekt „Bridge the Gap" zusammen. Die Jugendlichen beschäftigen sich mit Themen wie „Heimat“, „Herkunft“ und „Familie“. Sie erkunden Berliner Viertel, überlegen und schießen dabei Selbstporträts mit Spiegelung, Licht und Schatten. Durch das gemeinsame Erkunden setzen sie sich mit Fragen von „Wer bin ich und was interessiert mich?“ bis hin zu „Woher komme ich und wohin will ich?“ auseinander. Sie verwerten die Bilder und basteln Collagen, die zeigen, wo sie sich selbst in diesen Aufnahmen sehen. Am anderen Ende des Tisches erklärt Murwarid Basir – sie ist vor Jahren aus Afghanistan geflohen – verschiedene Schnitt- und Klebetechniken. Dabei verfällt sie immer wieder in ihre Muttersprache Afghanisch. „Zu Beginn waren alle sehr schüchtern“, erinnert sich Basir. „Nun haben sich die Jugendlichen angenähert, tauschen sich mit den deutschen Jugendlichen mit Händen und Füßen über ihre unterschiedlichen Lebenserfahrungen aus und entdecken jenseits aller kulturellen Grenzen Gemeinsamkeiten.“ Das bestätigt auch die 13-jährige Frida: „Ich habe in meinem Alltag keinen Kontakt zu Menschen, die aus einem anderen Land fliehen mussten. Ich finde es aber wichtig, nicht die Augen zu verschließen und sich mit dem Thema auseinanderzusetzen. In den letzten Wochen habe ich viele der Jugendlichen gut kennengelernt und Geschichten gehört, die für mich sehr fremd sind. Es ist erschreckend, wie unterschiedlich wir alle aufgewachsen sind. Und trotzdem sind wir alle gleich und verstehen uns super, wenn wir gemeinsam im Kiez unterwegs sind.“

(www.buendnisse-fuer-bildung.de)

a) Wie beurteilt ihr das Berliner Projekt? Was findet ihr aus welchen Gründen gut daran?

b) Passt der Titel – „Bridge the Gap“ – zu dem Projekt? Wie denkt ihr darüber?

c) Habt ihr von ähnlichen Projekten schon gehört oder daran mitgewirkt? Tauscht euch darüber aus.

d) Welchen Titel würdet ihr dem Bild links geben?

5. Toleranz gegenüber Intoleranz?

These:
Eine intolerante Sekte hat kein Recht, sich über Intoleranz zu beklagen. Ihre Freiheit ist aber nur dann einzuschränken, wenn die Toleranten mit guten Gründen glauben, ihre eigene Sicherheit und die der freien Gesellschaft sei in Gefahr. Nur dann dürfen die Toleranten den Intoleranten Einschränkungen auferlegen. Die Gerechtigkeit verlangt nicht, dass die Menschen untätig zusehen, wenn ihre Existenzgrundlage von anderen zerstört wird.

(John Rawls: Eine Theorie der Gerechtigkeit, Suhrkamp, Frankfurt/M. 1979, S. 250)

a) Warum hat eine intolerante Sekte kein Recht, sich über Intoleranz zu beklagen? Wie begründet der amerikanische Philosoph John Rawls seine These?

b) Der Text stammt aus dem Jahr 1979. Überprüft, ob er heute noch aktuell ist, und diskutiert anhand von Beispielen darüber.

Blick zurück

- *Sind die Fragen, die du auf der Auftaktseite dieses Kapitels formuliert hast, behandelt und beantwortet worden?*
- *Welches Thema hat dir besonders Spaß gemacht?*
- *Was hat dich in dem Kapitel „Das Fremde und das Eigene“ besonders beeindruckt – und warum?*
- *Mit welchen Fragen würdest du dich gerne weiterbeschäftigen?*

Entscheidung und Gewissen

„An den Scheidewegen des Lebens ... stehen keine Hinweisschilder."
(Charlie Chaplin, brit. Komiker, 1889–1977)

„Ein gutes Gewissen ist wie ein sanftes Ruhekissen."
(Sprichwort)

„Gewissen und Feigheit sind dieselben Dinge. Gewissen ist der Handelsname der Firma. Das ist alles."
(Oscar Wilde, irischer Schriftsteller, 1854–1900)

1. Erläutert in Gruppen die Zitate und bezieht kritisch Stellung dazu.
2. Untersucht, welches Bild besonders gut zu welchem Zitat passt.
3. Formuliert Fragen zum Kapitel „Entscheidung und Gewissen", mit denen ihr euch beschäftigen wollt. Notiert sie an der Tafel oder auf einem Plakat.

1| Die Stimme des Gewissens

1 Wann hattest du ein schlechtes Gewissen?
- Schreibe ein Beispiel auf, an das du dich besonders gut erinnern kannst, und berichte darüber.
- Besprecht in der Klasse die Beispiele: Welche Gemeinsamkeiten fallen euch dabei auf?

Die innere Stimme

Ralf (16) hatte genau gesehen, dass sein Freund Peter (16) mit seinem Mofa die Straße überquerte, als die Ampel schon „ROT“ anzeigte. Dabei streifte er eine Frau, die zu Boden stürzte und sich verletzte. Peter bat Ralf, er möge bei der Polizei für ihn als Zeugen aussagen, dass die Ampel noch „GRÜN“ war, als die Frau anfuhr. Einen Augenblick zögerte Ralf. Aber dann wusste er, was er tun sollte ...

Durch eine andere Brille sehen

Warum zögerte Ralf für einen Moment? Was ging ihm dabei durch den Kopf? Woher wusste er, was er tun sollte?

Gedankensplitter zum Thema „Gewissen“

- Wo Tränen sind, da ist noch Gewissen.
- Böses Gewissen verraten die Augen.
- Das Gewissen gleicht einem Nest, in dem alles Gute ausgebrütet wird.
- Das sogenannte böse Gewissen sollte eigentlich das gute Gewissen heißen, weil es ehrlich die Wahrheit sagt.
- Das Gewissen ist eine Uhr, die immer richtig geht. Nur wir gehen manchmal falsch.
- Ich habe festgestellt, dass ich kein Gewissen habe! Wo ist es? Ich kann es nirgendwo finden. Gibt es vielleicht irgendwo eine Gewissen-Datenbank?

2 Entscheide dich für einen der Gedankensplitter, dem du spontan zustimmen kannst.

3 Setzt euch in Kleingruppen zusammen: Jeder stellt seinen „Splitter“ vor. Versucht, euch auf einen zu einigen, der alle überzeugt und den ihr anschließend der Klasse vorstellt und erläutert.

Bertolt Brecht
Fahrend in einem bequemen Wagen

Fahrend in einem bequemen Wagen
Auf einer regnerischen Landstraße
Sahen wir einen zerlumpten Menschen bei Nachtanbruch
Der uns winkte, ihn mitzunehmen, sich tief verbeugend.
Wir hatten ein Dach und wir hatten Platz und wir fuhren vorüber
Und wir hörten mich sagen, mit einer grämlichen Stimme: Nein
Wir können niemand mitnehmen.
Wir waren schon weit voraus, einen Tagesmarsch vielleicht
Als ich plötzlich erschrak über diese meine Stimme
Dies mein Verhalten und diese
Ganze Welt.

(Bertolt Brecht: Gedichte; in: Werke, Bd. 9, Suhrkamp, Frankfurt/M. 1967, S. 586)

4 Erläutert den Schluss des Gedichts: „Als ich plötzlich erschrak ... Ganze Welt.“ (Z. 9 – 11).

5 Beschreibt und untersucht alltägliche Situationen, in denen ihr über das, was ihr getan oder nicht getan habt, auf ähnliche Weise erschrocken seid.

Das Gewissen in der Klemme – Finjas Dilemma

Finja – 17 Jahre alt – hat keine Ausbildung und findet keine Anstellung, von der sie leben könnte. Sie hat schon viele Bewerbungen losgeschickt. Ihre Eltern sind ebenfalls arbeitslos. Die jüngeren Geschwister gehen noch zur Schule. Eines Tages erfährt sie, dass ein großer Chemiekonzern Embryonen für seine Forschungen an ganz neuen Heilungsmethoden braucht. Es werden junge Frauen gesucht, die sich verpflichten, sich künstlich befruchten zu lassen und den Embryo dem Konzern zu geben. Das Geld, das Finja dafür angeboten wird, ist so reichlich, dass sie damit auch ihre Familie ernähren könnte.

6 Wie soll sich Finja in dieser Situation entscheiden? Führt dazu eine Dilemmadiskussion.

7 Findet eigene Dilemmageschichten und diskutiert sie.

8 Veranschaulicht mit einer Zeichnung eine von euch erlebte Dilemmasituation.

Erkläre es mir – Was ist ein Dilemma?

Ein Dilemma ist eine Zwickmühle, in der es schwerfällt, sich zu entscheiden.

Der logische Kern eines Dilemmas (*griechisch:* „zweiteilige Annahme"):

Ich soll **a** tun. → ← Ich soll **b** gleichzeitig tun.

Ich kann aber nicht a und b tun,
muss mich also mit möglichst
guten Gründen für a oder b entscheiden.

So geht es – Eine Dilemmadiskussion führen

- Äußert zunächst spontan eure Meinungen zu dem Fall.
- Arbeitet dann den dem Dilemma zugrunde liegenden Gewissenskonflikt (Wertekonflikt) heraus. Ihr könnt ihn mit einer Konfliktskizze veranschaulichen. (Beispiel: FREIHEIT gegen LEBEN)
- Macht nun eine Probeabstimmung (Erstellen eines vorläufigen Meinungsbildes).
- Jeder von euch formuliert seine persönlichen Gründe für die eigene Meinung schriftlich.
- Diskutiert in kleinen Gruppen:
  - Tauscht Gründe miteinander aus und klärt sie.
  - Unterscheidet zwischen guten und weniger guten Gründen.
  - Notiert zentrale Argumente, z. B. auf Kärtchen.
- Diskutiert in der Klasse:
  - Pro- und Kontra-Argumente festhalten (Tafel/ Overhead)
  - Gruppensprecher tragen die jeweils besten Argumente vor.
  - „Schlagabtausch": Ihr könnt euch gegenseitig aufrufen und die entscheidenden Argumente erläutern lassen.
  - Schlussabstimmung
- Metagespräch:
  - Überdenkt eure ursprüngliche Position und stellt fest, wo und warum ihr eure Position geändert bzw. daran festgehalten habt.
  - Äußert euch kritisch zu der Art und Weise der Dilemmadiskussion.
- Formuliere abschließend und begründe – eventuell als Hausaufgabe – dein persönliches Urteil.

2| Deutungen des Gewissens

Ein inneres Zwiegespräch ...

Meine Freundin Tanja liegt schon seit ein paar Tagen im Krankenhaus. Es geht ihr nicht gut. Ich habe ihr versprochen, sie heute Nachmittag zu besuchen. Auf dem Weg dorthin treffe ich meine Clique. Sie gehen ins Schwimmbad, es ist heute das ideale Wetter dafür.

„Ellen, stell dich nicht so an und komm mit, das wird 'ne tolle Sache!", rufen sie mir zu. Ich komme ins Grübeln: Ehrlich, viel lieber als in dieses triste Krankenhaus würde ich schwimmen gehen ...

1. Was geht Ellen in dieser Situation durch den Kopf? – Füllt in eurem Heft weitere Sprechblasen mit dem, was die unterschiedlichen Stimmen Ellen sagen.

2. Zu welcher Entscheidung würdet ihr Ellen raten?

3. Erfindet oder berichtet von anderen Situationen, in denen es nicht einfach war, mit dem eigenen Gewissen herauszufinden, was richtig oder falsch ist. Entwerft dazu die passenden inneren Zwiegespräche.

Das Gewissen als Virenscanner

Das Wort Gewissen* bedeutet eigentlich „Mit-Wissen" (lat. conscientia). Es verfolgt alle unsere Handlungen und sagt uns, ob sie richtig oder falsch sind. Unser Gewissen kann man mit einem Virenscanner vergleichen. Ein Virenschutzprogramm überprüft alles, was am Computer passiert. Das Wichtigste ist, dass wir unser Gewissen regelmäßig überprüfen. Es kann sich schließlich auch irren. Wir hören dann eine falsche Stimme, eben weil sie uns besser in den Kram passt. So wie wir den Virenscanner updaten, so müssen wir immer genau in uns hineinhören und darüber nachdenken, welches nun in einer bestimmten Situation die richtige Handlung ist.

4. Gibt es noch weitere Ähnlichkeiten zwischen dem Gewissen und einem Virenscanner?

5. „Tu, was dein Gewissen sagt!" – Erläutert, warum es nicht einfach ist, diese Regel in die Tat umzusetzen.

Was ist das Gewissen?

Über die innere Stimme des Gewissens haben schon viele Denker – Philosophen und Theologen – sich den Kopf zerbrochen. Wir wollen uns hier mit drei Deutungen beschäftigen.

Thomas von Aquin (1225 – 1274) – Gewissen als die Stimme Gottes

Das äußere, außer und über dem Menschen stehende Prinzip der moralischen Handlungen ist Gott. [...] Den Abdruck des ewigen Gesetzes im Menschen, dieses ins Menschenherz geschriebene Gottesgesetz nennt

man das natürliche Sittengesetz. Der Mensch erkennt mit Leichtigkeit die obersten Prinzipien des sittlichen Handelns, die sich auf den Satz: Tue Gutes, meide das Böse, zurückführen lassen. Das Gewissen bringt die sittlichen Grundsätze auf die einzelnen Handlungen zur Anwendung.

(nach: Martin Grabmann: Thomas v. Aquin, Kösel, München 1949, S. 45)

Immanuel Kant (1724–1804) – Das Gewissen als innerer Gerichtshof

Jeder Mensch hat ein Gewissen in sich und findet sich durch einen inneren Richter beobachtet. Er folgt ihm wie sein Schatten, wenn er zu entfliehen gedenkt. Er kann sich zwar durch Gelüste und Zerstreuungen betäuben oder in Schlaf bringen, aber nicht vermeiden, dann und wann zu sich selbst zu kommen oder zu erwachen, wo er alsbald die furchtbare Stimme desselben vernimmt. Es ist eine Pflicht des Menschen, sein Gewissen zu kultivieren, die Aufmerksamkeit auf die Stimme des inneren Richters zu schärfen und alle Mittel anzuwenden, um ihm Gehör zu verschaffen.

(nach: Immanuel Kant: Metaphysik der Sitten; in: Werke, Bd. 6, Akademie Ausgabe, Berlin 1969 ff., S. 400 f.)

Friedrich Nietzsche (1844–1900) – Es menschelt doch sehr …

Der Inhalt unseres Gewissens ist alles, was in den Jahren der Kindheit von uns ohne Grund regelmäßig gefordert wurde durch Personen, die wir verehrten oder fürchteten. Vom Gewissen aus wird also jenes Gefühl des Wesens erregt („dieses muss ich tun, dieses lassen"), welches nicht fragt, warum muss ich? Der Glaube an Autoritäten ist die Quelle des Gewissens. Es ist also nicht die Stimme Gottes in der Brust des Menschen, sondern die Stimme eines Menschen im Menschen.

(nach: Friedrich Nietzsche: Menschliches, Allzumenschliches, Kröner, Stuttgart 1972, S. 88)

So geht es – Ein Gruppenpuzzle durchführen

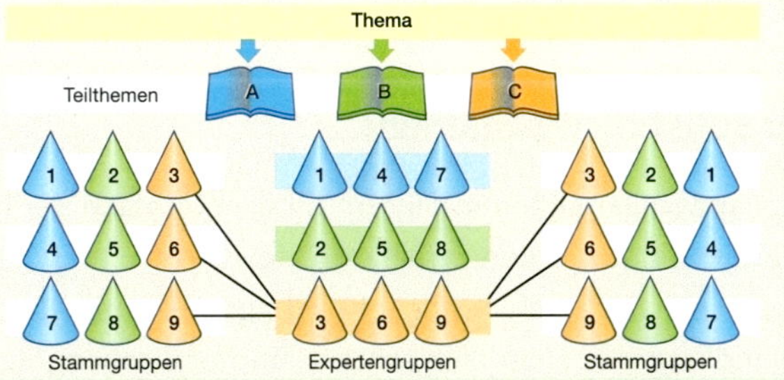

Ein Gruppenpuzzle ist eine Form der Gruppenarbeit, in der jedes Gruppenmitglied sich zu einer Expertin/einem Experten für eine bestimmte Aufgabe oder ein Thema macht und sein Wissen an die Gruppe weitergibt. Das Gruppenpuzzle verläuft in verschiedenen Phasen, nachdem die Gesamtaufgabe und das Vorgehen für alle erklärt wurden:

1. Schritt: Bildet Kleingruppen. (A, B, C, D pro Gruppe)

2. Schritt: Bildet Expertengruppen, in denen ihr jeweils eine bestimmte Aufgabe bearbeitet. (Gruppen AAAA, BBBB etc.)

3. Schritt: Die Expertinnen und Experten gehen wieder zurück in ihre Kleingruppe aus Schritt 1 und geben ihr Wissen an die anderen in der Gruppe weiter.

4. Schritt: Die Kleingruppe erstellt ein Plakat oder einen Text, mit denen die Ergebnisse aus den verschiedenen Expertengruppen zusammengefasst werden.

6 Lest und bearbeitet die Texte in einem Gruppenpuzzle.

7 Stellt die wesentlichen Punkte der jeweiligen Deutung des Gewissens auf Plakaten anschaulich dar. – Wo liegen die Unterschiede, wo gibt es Gemeinsamkeiten?

8 Führt aus, welche Deutung euch besonders überzeugt hat. Begründet euer Urteil.

9 Ihr habt die Texte in einem Gruppenpuzzle bearbeitet. Was hat euch an dieser Methode gut gefallen, was fandet ihr weniger gut? Warum?

3 | Wer entscheidet: Gefühle oder der Verstand?

„Du sollst dich schämen!“

Ein paar Schüler sitzen mit ihrem Ethiklehrer nach der letzten Ethikstunde vor den Ferien im Café:

SVEN: Ich habe mich schon oft gefragt: Was macht eine Handlung zu einer schlechten, unmoralischen Handlung? Woran erkennt man sie, hat sie vielleicht ein eindeutiges Merkmal? Mir ist das gar nicht klar.

LEHRER: Eines steht doch fest: Die anderen Menschen nehmen eine solche Tat immer mit Empörung auf, und der Täter selbst hat Scham- und Schuldgefühle dabei. Reicht dir das?

SEBASTIAN: Ja schon, aber die Sache mit den Schuldgefühlen funktioniert nicht immer. Ich kenne Typen, die alles Mögliche versprechen, es aber mit der größten Selbstverständlichkeit nicht halten und sich dabei ganz prima fühlen.

LEHRER: Eben weil sie kein Schamgefühl haben, nennt man sie „scham-los“ oder „un-verschämt“, und man will nichts mit ihnen zu tun haben. Aber sonst reagieren wir, wenn unser Anstandsgefühl entwickelt ist, doch alle mit dem gleichen Gefühl der Empörung, wenn jemand unmoralisch handelt.

(Keiner der Schüler reagiert; sie denken nach ...)

DER LEHRER *(fährt leiser fort)*: Und wenn uns klar ist, dass wir schlecht gehandelt haben, werden wir uns ein wenig verachten. Ich glaube nicht, dass man mit einem solchen Gefühl sich auf die Dauer wohlfühlt.

SASKIA *(mit etwas aufgeregter Stimme)*: Aber wenn mir nun einmal dieses ganze Moralgerede völlig egal wäre?

LEHRER: Dann, meine ich, würdest du dich außerhalb der moralischen Gemeinschaft stellen. Man wird dich dann eben als schamlos ansehen. Dazu kommt noch, dass du dich ab sofort nicht mehr über das Verhalten anderer empören könntest.

1. Erläutert und überprüft die Thesen des Lehrers zur Rolle des Schamgefühls.
2. Ist ein schamloser Mensch auch ein gewissenloser Mensch?

Warum eigentlich?

Warum schämen wir uns?
Beantwortet die Frage anhand von Beispielen.

Erkläre es mir – Warum erröten wir, wenn wir uns schämen?

Bei Menschen, die sich schämen, weiten sich die Blutgefäße im Gesicht. Ihr Schamgefühl lässt sie erröten. Der Blick wird gesenkt, der Kopf nach vorne geneigt. Sich schämen bedeutet, dass wir gegen Regeln verstoßen haben, die allgemein für wichtig gehalten werden und an die sich die meisten Menschen halten. Wenn ich mich also schäme, bringe ich damit zum Ausdruck, dass auch für mich jene Regeln verbindlich sind.

Schwierige Entscheidungen ...

Es gibt eine Menge unterschiedlicher Gründe dafür, dass es uns schwerfällt, uns zu entscheiden. Beispielsweise, weil

- wir Angst haben, das Falsche zu tun,
- wir nicht genau wissen, was wir wollen,
- wir Angst vor den Konsequenzen unserer Entscheidung haben,
- wir nicht genug Selbstvertrauen haben,
- wir nicht spüren können, was unser Bauchgefühl uns rät,
- wir das Gefühl haben, wir brauchen noch mehr Informationen,
- wir mit der Entscheidung jemand anderen enttäuschen/verletzen/verärgern könnten,
- unser Bauch etwas anderes sagt als unser Verstand ...

3 Welche der genannten Schwierigkeiten hast du schon erfahren? – Setzt euch in Gruppen zusammen und tauscht euch aus.

4 Welche Rolle spielen bei deinen Entscheidungen der Verstand und die Gefühle? Erläutere deine Meinung anhand von alltäglichen Beispielen.

Auf die Gefühle kommt es an!

Der amerikanische Erfinder Benjamin Franklin (1706–1790) wurde von einem jungen Mann, der sich nicht zwischen zwei Freundinnen entscheiden konnte, um Rat gefragt. Franklin empfahl ihm, auf einem Blatt Papier jeweils die Vorteile und die Nachteile der einen wie der anderen Frau zu notieren. Dann solle er zählen und jene Frau nehmen, auf deren Positiv-Seite mehr Punkte stehen. Der junge Mann tat es. Als die Siegerin feststand, wurde ihm aber schnell klar: Er wollte eigentlich die andere Frau. Die nahm er dann auch. Der Verstand hatte nicht gesiegt, aber dem Gefühl auf die Sprünge geholfen.

(nach: Christian Heinrich u.a.: Die Kunst der Entscheidung, ZEIT Wissen, Nr. 6/2011, www.zeit.de)

5 Was bedeutet der Satz „Der Verstand hatte nicht gesiegt, aber dem Gefühl auf die Sprünge geholfen"?

Verstand braucht Gefühl

Ein außergewöhnlicher Patient saß 1982 im Wartezimmer des portugiesischen Neurologen Antonio Damasio. Er hieß Elliot, einige Monate zuvor war ihm ein Tumor aus dem Gehirn operiert worden, gleich hinter der Stirn. Der Tumor war klein, doch die Folgen waren tragisch. Elliot hatte keine Gefühle mehr – keine Freude, keine Traurigkeit, keine Ungeduld, keinen Frust. Er konnte sich nicht mehr entscheiden, weil alles sich gleich anfühlte. Damasio kam schließlich zu dem Schluss: Ohne Gefühl ist der Verstand hilflos. Von der Antike bis ins 20. Jahrhundert war die herrschende Meinung gewesen: Menschen entscheiden vor allem mit dem Verstand. Jetzt wurde die Rolle der Gefühle bei den Entscheidungen der Menschen entdeckt. (nach ebd.)

6 „Ohne Gefühl ist der Verstand hilflos." – Wie wird dieser Satz im Text begründet? Bezieht kritisch Stellung dazu.

7 Wie geht es Leuten, die sich nicht entscheiden können? Beziehe das Bild mit ein.

Gedanken-experiment

Wie würde dein Tag aussehen, wenn du dich nicht entscheiden könntest?

Aufgaben zur Auswahl

a) *„Bauchgefühl oder Verstand? Wie treffe ich meine Entscheidungen?" – Schreibe dazu einen Brief an deinen Freund, deine Freundin, in dem du deine persönliche Sicht begründet darlegst.*

b) *Schreibe anhand einer Entscheidung einen Dialog zwischen Gefühl und Verstand.*

4| Gewissen und Gehorsam

Mauerschützen vor Gericht

Die Angeklagten waren als Angehörige der Grenztruppen der DDR an der Berliner Mauer eingesetzt. Dort haben sie am 1. Dezember 1984 um 3.15 Uhr auf den 20 Jahre alten, aus der DDR stammenden S. geschossen, der die Mauer vom Stadtbezirk Pankow aus in Richtung auf den Bezirk Wedding übersteigen wollte. S. wurde, während er auf einer an die Mauer gelehnten Leiter hochstieg, von Geschossen aus den automatischen Infanteriegewehren der Angeklagten getroffen. S. wurde erst kurz vor 5.30 Uhr in das Krankenhaus der Volkspolizei eingeliefert, wo er um 6.20 Uhr starb. Er wäre bei unverzüglicher ärztlicher Hilfe gerettet worden. Bei den Schüssen, die S. getroffen haben, waren die Gewehre der beiden Angeklagten auf „Dauerfeuer“ eingestellt. Beide Angeklagten wollten S., den sie nicht für einen Spion, Saboteur oder „Kriminellen“ hielten, nicht töten. Sie erkannten aber die Möglichkeit eines tödlichen Treffers. Auch um diesen Preis wollten sie gemäß des Schießbefehls, den sie für bindend hielten, das Gelingen der Flucht unbedingt verhindern.

Das Grenzgesetz § 27 aus dem Jahre 1982

Die Anwendung der Schusswaffe ist gerechtfertigt, um die unmittelbar bevorstehende Ausführung einer Straftat zu verhindern, die sich den Umständen nach als ein Verbrechen darstellt. Mauerflucht galt nach § 213 des Strafgesetzbuches der DDR als ungesetzlicher Grenzübertritt und als Verbrechen.

Streitgespräch zwischen Verteidiger und Richter

V.: Die Angeklagten müssen freigesprochen werden. Das ergibt sich klar aus den Paragrafen 27 Grenzgesetz und 213 Strafgesetzbuch.

DDR-Soldat an der innerdeutschen Grenze. Zwischen 1949 und 1989 starben 226 Menschen auf der Flucht.

R.: Eine Rechtfertigung tödlicher Schüsse durch das Grenzgesetz ist nicht möglich. Entscheidend für mich ist, dass die Angeklagten die allgemeingültigen Grund- und Menschenrechte missachtet haben. Dies können Sie wohl kaum bestreiten.

V.: Leuchtet mir nicht ein. Können Sie mir das erläutern?

R.: Eines der wichtigsten Menschenrechte ist das Recht auf Leben. Und dagegen ist in diesem Fall eindeutig verstoßen worden. Hätten die Angeklagten nur auf die Beine geschossen, sähe die Sache ganz anders aus.

V.: Aber für mich ist entscheidend, dass das Grenzgesetz auch tödliche Schüsse erlaubt!

R.: Sie meinen offenbar: „Was damals Recht war, kann heute nicht Unrecht sein.“ Dies würde bedeuten, dass man z. B. die nationalsozialistischen Täter in den Nürnberger Prozessen nicht hätte bestrafen dürfen, soweit sie sich an ihre eigenen Gesetze gehalten haben.

V.: Gesetz ist Gesetz. Wo kommen wir denn hin, wenn jeder

glaubt, sich über bestehende Gesetze hinwegsetzen zu können, nur weil es ihm so passt. Am Ende haben wir ein vollständiges Chaos. Keiner weiß mehr, wo oben und unten ist, was richtig und was falsch ist.

R.: Aber Gesetze können auch Unrecht sein. Vor allem dann, wenn sie gegen die wichtigeren allgemeinen Menschenrechte verstoßen. Die Angeklagten hätten nur ihr Gewissen genügend anspannen müssen. Wir können es heute nicht mehr durchgehen lassen, dass sich jemand in blindem Gehorsam vor der Obrigkeit darauf beruft, dass ein Gesetz seine Taten rechtfertigt. Viele Menschen in der DDR haben doch die Mauer, wenn auch hinter vorgehaltener Hand, als unmenschlich bezeichnet. Dass das alles nicht mit rechten Dingen zuging, war doch offenkundig.

V.: Ja, heute wissen wir das alles besser. Fest steht allerdings auch, dass die Angeklagten ihre strikten Anweisungen täglich bekamen, und sie hatten Angst vor dem berüchtigten Militärgefängnis in Bautzen.

1 Erstellt eine Argumentationsskizze des Streitgesprächs.

Gewissen verweigert Gehorsam

Interview mit Professor Klug

REPORTER: Herr Prof. Klug, Sie haben wiederholt gesagt, dass Mauerschützen auf jeden Fall hinter Gitter gehören. Was sind Ihre Gründe dafür?

PROF. KLUG: Da gibt es mehrere Dinge zu bedenken. So einfach ist die Sache natürlich nicht. Zum Ersten meine ich, dass Menschen grundsätzlich jederzeit ein Recht dazu haben, ihr Land zu verlassen, also auszuwandern. Wenn also ein Soldat auf Menschen lebensgefährliche Schüsse abgibt, um sie daran zu hindern, lediglich das Gebiet der ehemaligen DDR zu verlassen, verstößt er ganz einfach gegen dieses Grundrecht.

REPORTER: Sie hängen dieses Grundrecht aber sehr hoch.

PROF. KLUG: Da haben Sie recht. Ich bin tatsächlich der Meinung, dass es sich dabei um ein ganz wichtiges Freiheitsrecht handelt. Wird dies den Menschen genommen, so sind sie wie Gefangene.

REPORTER: Da kann ich Ihnen nicht widersprechen. Aber sollten Sie nicht auch Folgendes berücksichtigen? Jene jungen Soldaten, die an der Grenze ihren Dienst taten, haben schon im Kindergarten, in der Schule, in den Betrieben eingetrichtert bekommen, dass die Partei immer recht hat und man die Anordnungen des Staates stets auszuführen habe.

PROF. KLUG: Wenn es aber um Menschenleben geht, ist blinder Gehorsam fehl am Platz.

REPORTER: Auch dann, wenn für einen jungen Menschen, der damals in der DDR Nein sagte, seine Karriere und sein Studium gefährdet waren?

PROF. KLUG: Ich meine, ja. Eine Karriere, die auf Unmenschlichkeit gebaut ist, scheint mir doch höchst fragwürdig. Ich bleibe dabei: Tödliche Schüsse an der ehemaligen DDR-Grenze sind ein so krasses Unrecht und widersprechen ganz klar den allgemein anerkannten Grundregeln von Recht und Gerechtigkeit. Dies hätte ein einigermaßen waches Gewissen erkennen müssen. Und bedenken Sie vor allem noch das Folgende: Wenn es um das Töten von Menschen im Interesse eines Staates geht, darf man gerade heute sein Gewissen nicht so schnell abschalten.

2 Gebt die Hauptgedanken von Prof. Klug mit eigenen Worten wieder.

3 Findet ihr sie überzeugend? Welche kritischen Rückfragen würdet ihr ihm stellen?

Aufgaben zur Auswahl

a) Informiere dich über den Ausgang der Mauerschützenprozesse.

b) Schreibe einen Leserbrief, in dem du dein Urteil zu den Mauerschützenprozessen begründet formulierst.

5| Befehl und Gewissen – ein Experiment

Das Milgram-Experiment

Der amerikanische Psychologe Stanley Milgram wollte herausfinden, ob bei ganz normalen Menschen, denen von bestimmten Personen Befehle erteilt werden, das persönliche Gewissen zum Schweigen gebracht werden kann. Dazu dachte er sich ein Experiment aus: das nach ihm benannte Milgram-Experiment.

Ablauf:
Zahlreiche Studenten hatten sich zu diesem Experiment gemeldet. Ihnen wurde erzählt, es gehe darum, zu untersuchen, inwieweit Bestrafung das Lernen beeinflusst. Jeweils zwei Personen wurden in einen Raum gerufen, um auszulosen, wer dabei Schüler und Lehrer ist. Dabei wurde die Auslosung manipuliert, sodass der Studienteilnehmer immer Lehrer wurde und der andere, der Schauspieler war und in das Experiment eingeweiht war, immer Schüler wurde. Der Schüler wurde nun in einen Nebenraum gebracht und auf einen elektrischen Stuhl gesetzt. Der Lehrer sollte unter Aufsicht des Versuchsleiters Wortpaare wiederholen, die sich der Schüler merken sollte. Machte er einen Fehler, sollte der Lehrer ihm mit einem Gerät einen elektrischen Schock versetzen. Dieser wurde jedoch nur von dem Schauspieler simuliert und nicht wirklich erteilt. Die Geräte waren jedoch täuschend echt und keine der Versuchspersonen stellte infrage, dass sie funktionieren würden. Bei jeder falschen Antwort sollte sich die Stromstärke um 15 Volt erhöhen. Wenn die Versuchsperson zweifelte oder innehielt, bekam sie vom Versuchsleiter folgende Anweisungen:
Satz 1: „Bitte fahren Sie fort!“ Oder: „Bitte machen Sie weiter!“
Satz 2: „Das Experiment erfordert, dass Sie weitermachen!“
Satz 3: „Ob es dem Schüler gefällt oder nicht, Sie müssen weitermachen, bis er alle Wortpaare korrekt gelernt hat. Sie müssen unbedingt weitermachen!“
Satz 4: „Die Schocks mögen zwar schmerzvoll sein, sie hinterlassen aber keine bleibenden Schäden. Sie haben keine Wahl, Sie müssen weitermachen!“

Die Reaktionen des „Schülers“:
75 Volt: leichtes Stöhnen
120 Volt: erste Schmerzensschreie
150 Volt: Er sagt, dass er an dem Experiment nicht mehr teilnehmen will.
200 Volt: laute Schmerzensschreie
300 Volt: Er gibt keine Antwort mehr.
über 330 Volt: Stille

Variationen:
Für das Experiment war wichtig, wie nahe der „Lehrer“ seinem „Schüler“ war:
(1) Entweder konnte die Versuchsperson den „Schüler“ weder sehen noch hören. Sie nahm lediglich einen Schlag an der Wand wahr, als die 300 Volt erreicht waren.
(2) Oder der „Lehrer“ hörte die Reaktionen seines „Schülers“ über einen Lautsprecher.
(3) Oder „Lehrer“ und „Schüler“ saßen in einem Raum.

(4) Oder der „Lehrer" hatte direkten Kontakt mit seinem „Schüler"; er musste, geschützt durch einen Handschuh, die Hand des „Schülers" auf eine Metallplatte drücken.

Ebenso ausschlaggebend für das Experiment war, wo sich der Leiter des Versuchs aufhielt:
→ Entweder hielt er sich direkt im Raum auf
→ oder er war nur durch Telefon zu erreichen
→ oder er war gar nicht zu erreichen.

1 Welche Variation des Versuchs ist in dem Bild dargestellt?

2 Was wollte Milgram durch seine Versuchsvariationen herausfinden?

Ergebnisse:
Beim Versuch (1) waren 65 % der Versuchspersonen bereit, ihren „Schüler" mit einem Stromschlag bis zu 450 Volt zu „bestrafen". Viele von ihnen gerieten dabei in einen heftigen Gewissenskonflikt. Kein „Lehrer" brach das Experiment ab, bevor die 300-Volt-Grenze erreicht war. Bei der Variation (2) zeigten noch 62,5 % der Versuchspersonen Gehorsam bis zum „Ende". Bei der Variation (3) waren es noch 40 %. In der 4. Versuchsanordnung war die Zahl der Versuchspersonen, die bis zur Endstufe (450 Volt) gingen, am niedrigsten (30 %). Die Abwesenheit des Versuchsleiters bewirkte, dass der „Gehorsam" dreimal niedriger ausfiel als in der Versuchsanordnung mit seiner Anwesenheit.

3 Fasse die Ergebnisse mit deinen eigenen Worten zusammen.

Ein „Lehrer" stoppte das Experiment bei 225 Volt und reagierte auf die Aufforderung des Versuchsleiters „Sie haben keine Wahl, Sie müssen weitermachen!" mit folgenden Worten:

„Natürlich habe ich die Wahl, ich bin freiwillig hergekommen und ich entscheide ebenso frei und nach meinem Gewissen, wann hier Schluss ist!"

4 Beschreibt den Gewissenskonflikt, in dem sich die „Lehrer" befanden. Stellt diesen Konflikt in einem Zwiegespräch szenisch dar:
Ihr braucht dazu zwei Stühle: Wechselt jeweils den Stuhl, wenn ihr die „andere Seite" des Konflikts zum Ausdruck bringen wollt.

5 Welche Eigenschaften braucht ein Mensch, um den Gehorsam verweigern zu können? Diskutiert darüber.

Gehorsam gegenüber Autoritäten?

Milgram sagte zu den Ergebnissen seines Experiments:
„Ich habe ein einfaches Experiment an der Yale-Universität durchgeführt, um herauszufinden, wie viel Schmerz ein gewöhnlicher Mitbürger einem anderen zufügen würde, einfach weil ihn ein Wissenschaftler dazu aufforderte. [...] [O]bwohl den Testpersonen die Schmerzensschreie der Opfer in den Ohren klangen, gewann in der Mehrzahl der Fälle die Autorität. Die extreme Bereitschaft von erwachsenen Menschen, einer Autorität fast beliebig weit zu folgen, ist das Hauptergebnis der Studie, und eine Tatsache, die dringendster Erklärung bedarf."

(http://de.wikipedia.org [11.05.2016])

6 Wie erklärst du dir, dass Menschen gegen ihr Gewissen Befehle ausführen? Mache dir Notizen dazu. Tausche deine Notizen mit deiner Nachbarin/deinem Nachbarn aus: Worin seid ihr euch einig, wo seid ihr unterschiedlicher Meinung?

7 Was würdest du grundsätzlich an dem von Milgram ausgedachten Experiment kritisieren? Lässt sich die Art, wie er mit den Versuchspersonen („Lehrern") umgegangen ist, rechtfertigen?

Medientipp:
Auf YouTube kannst du dir den Film „Das Milgramexperiment" ansehen.

6| Aufstand des Gewissens

In der Mitte: Sophie Scholl, links davon ihr Bruder Hans, rechts Christoph Probst

Die „Weiße Rose“

Die „Weiße Rose“, eine Widerstandsgruppe um die Geschwister Hans und Sophie Scholl, druckte heimlich Flugblätter gegen die Nazi-Diktatur und verschickte diese in ganz Deutschland. Am Abend des 3. Februars 1943 saß Sophie in ihrem Zimmer und wartete mit steigender Unruhe auf ihren Bruder. Erst spät in der Nacht kam Hans schließlich nach Hause. Was er mit ein paar Freunden in der Nacht getan hatte, sprang Sophie am anderen Morgen auf ihrem Weg zur Universität in die Augen. An den Wänden öffentlicher Gebäude, auf Gehwegen und Plakatsäulen standen die ungeheuerlichen Parolen: „NIEDER MIT HITLER!“ und „HITLER DER MASSENMÖRDER!“. Überall waren die Hakenkreuze mit einem großen roten X durchgestrichen. Neben dem Portal der Uni war in Riesenlettern das Wort „FREIHEIT!“ zu lesen.
Überall waren schon Putzkolonnen eifrig dabei, die einen Meter großen Buchstaben zu entfernen. Oft vergeblich. Die Täter haben die Teerfarbe sehr dick aufgetragen. Ein älterer Mann sagte: „Wer das geschrieben hat, dem sollen die Hände verdorren!“ Ein vorbeieilender Student: „Diese Schweinehunde!“ Eine junge, gut gekleidete Frau: „Der Führer wird sie schon erwischen!“ Die meisten Menschen jedoch standen stumm da, bis sie durch die Polizei in einem klaren Befehlston zum Weitergehen aufgefordert wurden.
Am Vormittag des 18. Februars 1943 legten Hans und Sophie ihre Flugblätter in der Münchner Uni aus. Sophie lässt einen ganzen Stapel hinunter in den Lichthof regnen. Der Hausmeister war zufällig zur Stelle und verständigt sofort die Polizei. Am 22. Februar wurden Hans, Sophie und ihr engster Freund Christoph Probst zum Tode verurteilt und auf dem Schafott hingerichtet.

(nach: Siegfried Fischer-Fabian: Die Macht des Gewissens, Droemer Knaur, München 1992, S. 363)

1. Wie schätzt ihr das Handeln von Hans und Sophie Scholl ein?
2. Worum ging es ihnen vor allem?
3. Informiert euch über die „Weiße Rose“.

Aus den Flugblättern:

Widerstand gegen unmenschliche Gewalt

[...] Nur als Beispiel wollen wir die Tatsache kurz anführen, dass seit der Eroberung Polens dreihunderttausend Juden in diesem Land auf bestialischste Art ermordet worden sind. Hier sehen wir das fürchterlichste Verbrechen an der Würde des Menschen, ein Verbrechen, dem sich kein ähnliches in der ganzen Menschengeschichte an die Seite stellen kann. Auch die Juden sind doch Menschen – man mag sich zur Judenfrage stellen, wie man will –, und an Menschen wurde solches verübt [...].
Warum verhält sich das deutsche Volk angesichts all dieser scheußlichsten, menschenunwürdigsten Verbrechen so apathisch[1]? Kaum jemand macht sich Gedanken darüber. Die Tatsache wird als solche hingenommen [...].

---

[1] apathisch: teilnahmslos

Und wieder schläft das deutsche Volk in seinem stumpfen, blöden Schlaf weiter und gibt diesen faschistischen Verbrechern Mut und Gelegenheit, weiterzutöten – und diese tun es. Sollte dies ein Zeichen dafür sein, dass die Deutschen in ihren primitivsten menschlichen Gefühlen verroht sind, dass keine Saite in ihnen schrill aufschreit im Angesicht solcher Taten, dass sie in einen tödlichen Schlaf versunken sind, aus dem es kein Erwachen mehr gibt, nie, niemals? Es scheint so und ist es bestimmt, wenn der Deutsche nicht endlich aus dieser Dumpfheit auffährt, wenn er nicht protestiert, wo immer er nur kann, gegen diese Verbrecherclique, wenn er mit diesen Hunderttausenden von Opfern nicht mitleidet. Und nicht nur Mitleid muss er empfinden, nein, noch viel mehr: Mitschuld. Denn er gibt durch sein apathisches Verhalten diesen dunklen Menschen erst die Möglichkeit, so zu handeln, er leidet[2] diese „Regierung“, die eine so unendliche Schuld auf sich geladen hat, ja, er ist doch selbst schuld daran, dass sie überhaupt entstehen konnte! […]
(Flugblatt II)

[…] Sabotage[3] in Rüstungs- und kriegswichtigen Betrieben, Sabotage in allen Versammlungen, Kundgebungen, Festlichkeiten, Organisationen, die durch die nationalsozialistische Partei ins Leben gerufen werden. Verhinderung des reibungslosen Ablaufs der Kriegsmaschine […].
(Flugblatt III)

(nach: www.bpb.de/Die letzten Tage.htm)

---

[2] leidet: hier: duldet [3] Sabotage: Zerstörung, Widerstand

4 Wogegen wenden sich Hans und Sophie Scholl?

5 Wie sollen – ihrer Meinung nach – die Deutschen Widerstand leisten?

6 Welches sind für sie die wichtigsten Gründe, ihr Leben gegen das Nazi-Regime aufs Spiel zu setzen?

7 Stellt euch vor, ihr sitzt den Geschwistern Scholl gegenüber: Welche Fragen würdet ihr ihnen stellen?

So geht es – Filmanalyse

„Sophie Scholl – Die letzten Tage“

Im Mittelpunkt des Films stehen die Flugblatt-Aktionen der „Weißen Rose“, die Verhaftung, die langen Verhöre und die Hinrichtung.

→ Schaut euch dann den ganzen Film an.

→ Untersucht ihn anhand folgender Fragen – in Partner- oder Gruppenarbeit:

a) Fasst zunächst den Inhalt des Films mit euren eigenen Worten zusammen.

b) Äußert dann eure begründete Meinung zu dem Film: Was hat euch besonders beeindruckt? Was findet ihr weniger gut?

c) Konzentriert euch dann auf die Gründe und Motive der Hauptpersonen:
Welches sind die ausschlaggebenden Gründe für sie, Widerstand zu leisten und ihr Leben aufs Spiel zu setzen? Schaut euch dazu wichtige Stellen und Szenen des Films noch einmal an:
– Was wird gesprochen?
– Welche Musik oder Töne sind im Hintergrund zu hören?
– Wo befindet sich die Kamera: Welcher Blickwinkel wird dem Zuschauer geboten?

d) Euer abschließendes Urteil: Wie denkt ihr über die Hauptfiguren? Könnte man sie als „Helden“ bezeichnen? Begründet jeweils eure Meinung.

e) Denkt darüber nach, was ein Film wie dieser bewirken kann.

f) Ihr könnt eure Meinungen in einem Internetbeitrag oder einem Brief veröffentlichen.

Weitere Informationen zu dem Film findet ihr im Internet unter www.sophiescholl-derfilm.de.

7 | Heikle Gewissensentscheidungen

a) Britta und ihre beste Freundin Leni gehen einkaufen. Leni sieht eine Bluse, die ihr besonders gut gefällt. Sie probiert sie an. Kurze Zeit später kommt sie aus der Kabine, wirft Britta einen vielsagenden Blick zu und schaut auf die Bluse unter ihrem Mantel. Ohne ein Wort zu sagen, verlässt sie das Geschäft und ist wie vom Erdboden verschluckt. Ein Sicherheitsbeamter taucht plötzlich vor Britta auf und fordert von ihr, den Namen ihrer Freundin zu sagen.
Britta schaut sich Hilfe suchend um. Von Leni ist weit und breit keine Spur zu sehen.

b) Anke hat Informatik studiert und ist seit dem Examen arbeitslos. Ihr Mann Marc ebenfalls. Da bekommt Anke endlich eine Anstellung auf Probe in einer Software-Firma. Ihr erster Auftrag besteht in der Erstellung eines Programms, das die Funktionsweise von Bordinstrumenten in Passagierflugzeugen überprüft. Anke äußert trotz der erfolgreichen Tests Bedenken: Sie hält die Erprobungsphase für zu kurz, um eventuelle Schwachstellen des Programms aufzudecken, und möchte weitere Testläufe durchführen. Sie fühlt sich bei der Sache überhaupt nicht wohl und bekommt Gewissensbisse. Da der Liefertermin schon überschritten ist und eine hohe Geldstrafe droht, drängt die Firmenchefin nun darauf, das System sofort auszuliefern. In einer solchen Situation verlange sie von ihren Mitarbeiterinnen und Mitarbeitern, dass diese in ihrem Interesse handeln. Nur solche Leute könne sie dauerhaft auch über die Probezeit hinaus beschäftigen.

c) Eine Straßenbahn ist außer Kontrolle geraten und fährt einen Abhang hinunter auf fünf Arbeiter zu, die auf dem Gleis feststecken. Du stehst als Beobachter neben dem Gleis und kannst einen Hebel betätigen, der die Weiche so umstellen würde, dass die Straßenbahn auf ein Nebengleis gelenkt wird. Auf dem Nebengleis steckt ein einzelner Arbeiter fest. Solltest du den Hebel umlegen, sodass anstelle von fünf Leuten nur eine Person stirbt?

1. Wählt einen Fall aus. Notiert, ohne lange zu überlegen, wie Britta, Anke und ihr als Beobachter entscheiden sollen.

2. Welche Gedanken könnten Britta, Anke und dem Beobachter durch den Kopf gehen?

3. Spielt einen Dialog zwischen Britta und Leni und zwischen Anke und ihrer Chefin.

Welche Schritte führen zu einer „gewissenhaften“ Entscheidung?

a) Bestimmung der Situation:	Ich frage mich: – Worum geht es in dieser Situation? – Wer ist in den Fall verwickelt?
b) Nachdenken/ Bewerten/ Entscheiden:	Ich frage mich: – Was will ich in dieser Situation? – Welche Folgen haben die verschiedenen Handlungsmöglichkeiten? – Für welche entscheide ich mich? – Aus welchen Gründen?
c) Handlung:	Ich frage mich: – Wie kann ich das, was ich als moralisch gut erkannt habe, wirksam in die Tat umsetzen?

4. Überprüft, ob diese Schrittfolge für eine „gewissenhafte“ Entscheidung in den drei Fällen hilfreich ist.

Aufgaben zur Auswahl

a) Finde oder denke dir Fälle aus, in denen es um heikle Gewissensentscheidungen geht, und schlage eine gut begründete Lösung vor.

b) Mache eine Umfrage in deiner Schule zum Fall c). Fasse die Ergebnisse zusammen, achte dabei vor allem auf die Begründungen, trage sie vor und diskutiere mit der Klasse darüber.

Dem Gewissen folgen

Manchen Menschen sagt ihr Gewissen, dass bestimmte politische Entscheidungen (z. B. Transport von Atommüll) falsch sind. Sie leisten daher Widerstand und verweigern so den Gehorsam – zu Recht?

Es war kalt und es schneite ...

Am 16. Dezember 2010 gegen 13 Uhr schiebt Sara den linken Arm in ein Rohr, das in das Gleisbett der Schienenstrecke zwischen Greifswald und Lubmin einbetoniert ist. Das Schloss, das in dem Rohr befestigt ist, rastet ein. Sara ist festgekettet. Ihr gegenüber liegt Peter, auch sein Arm steckt fest in einem Betonklotz. In den vergangenen Tagen ist Schnee gefallen. Die Höchsttemperatur an diesem Tag beträgt minus zwei Grad.

Etwa tausend Polizeibeamte aus dem ganzen Bundesgebiet sind an diesem Tag rund um das sogenannte Zwischenlager Nord bei Lubmin im Einsatz. Dort lagert in einer Halle gefährlich strahlender Atommüll. Für den 16. Dezember ist ein neuer Castortransport angekündigt [...].

Viel Zeit haben die Aktivisten von *Robin Hood* nicht, um sich über ihren Erfolg zu freuen. Nur ein paar Minuten später werden Polizisten, die entlang der Gleise Patrouille laufen, auf sie aufmerksam. Für die Befreiung aus dem Gleisbett müssen Experten und Spezialwerkzeug angefordert werden. [...] Bis der Zug seine Fahrt wieder aufnehmen kann, ist es 20 Uhr. [...]

(nach: Sieben Stunden für den Ausstieg, anke-luebbert.jetzt.de; zitiert nach: SZ, 06.06.2011, S. 47)

5 Erfindet ein Gespräch mit Sara und Peter: Was würdet ihr sie fragen?

6 Wie beurteilt ihr ihre Aktion? Nennt und erläutert die Gründe für euer Urteil.

Argumente für oder gegen den zivilen Ungehorsam

„Man kann auch mit anderen Mitteln gegen politische Entscheidungen protestieren!"

„Der zivile Ungehorsam endet in einem allgemeinen Chaos!"

„Der zivile Ungehorsam führt zu einer Schwächung der Demokratie!"

„Ziviler Ungehorsam ist, wenn er aus persönlichen Gewissensentscheidungen erfolgt, absolut vertretbar!"

„Ziviler Ungehorsam stärkt unsere Demokratie!"

7 Prüft, ob das Handeln der Robin-Hood-Aktivisten als ziviler Ungehorsam angesehen werden kann.

8 Diskutiert das Für und Wider von zivilem Ungehorsam.

9 **Projekt**: Macht zusammen mit dem Fach Gemeinschaftskunde ein → **Rollenspiel** zum Thema „Untergräbt der zivile Ungehorsam unsere Demokratie oder stärkt er sie?".
- Bestimmt die Rollenträger (Polizist, Aktivist ...).
- Schreibt passende Rollenstatements.
- Inszeniert das Rollenspiel und wertet es aus.

Erkläre es mir – Was ist ziviler Ungehorsam?

Wer allein oder mit anderen gewaltfrei gegen ein Gesetz verstößt, handelt gerechtfertigt, wenn er dadurch gegen schwerwiegendes Unrecht protestiert und sein Protest nicht übertrieben ist. Für den zivil Ungehorsamen spielen Grundwerte wie Frieden oder Erhaltung der Natur eine zentrale Rolle. Er nimmt bewusst in Kauf, für seine Aktionen bestraft zu werden.

Was du weißt und kannst

1. Was heißt Gewissen?

Ein ungeschlichteter Streit

Psychologen, Philosophen und Theologen streiten darüber, was das Gewissen sei, ob man seinen Ursprung nur im Menschen oder etwa in einer überirdischen Welt zu suchen habe. Auch im Urteil des alltäglichen Lebens schwanken die Beurteilungen des Gewissens und die Erfahrungen mit ihm beträchtlich. Der eine wird vom Gewissen geplagt; der andere pfeift darauf. Einige sind für ihr Gewissen gestorben; andere haben seinen Spruch sorglos in den Wind geschlagen. Mancher schüttelt es ab, weil es ihm unbequem ist; andere aber möchten alles eher entbehren als ihr Gewissen, das ihnen als untrügliche Richtschnur in der Verwirrung des Lebens dient. Eben diese vielfältigen Punkte machen es dringlich, nach Wesen und Wahrheit des Gewissens zu fragen.

(nach: Wilhelm Weischedel: Skeptische Ethik, Suhrkamp, Frankfurt/M. 1980, S. 157)

Formuliere deine eigene Vorstellung vom Gewissen. Ziehe dazu auch den Text von Weischedel heran.

2. Ein Gewissenskonflikt

Sven bekommt von seinen Großeltern ein Skateboard geschenkt. Er schließt sich einer Gruppe von Skateboardfahrern an, die eine Mutprobe von ihm verlangen: Er soll ein Zeichen geben, wenn ein Lkw sich nähert, damit die anderen sich auf ihren Boards daran anhängen können. Einer der Jugendlichen verunglückt dabei schwer und wird ins Krankenhaus eingeliefert, in dem der Vater eines Jungen als Arzt arbeitet. Der Anführer der Gruppe nötigt Sven das Versprechen ab zu schweigen und droht ihm andernfalls mit empfindlichen Strafen. Sven, der ein schlechtes Gewissen hat, geht zu seiner Schwester und bittet sie um Rat.

a) Beschreibt den Interessenkonflikt von Sven.
b) Schreibt einen inneren Dialog, in dem Sven mit seinem Gewissen das Für und Wider seiner Entscheidung durchspricht.
c) Welchen Rat soll ihm seine Schwester geben?

3. Woher kommen unsere Gewissensbisse?

Für mich ist das ganz klar: aus unserer Freiheit. Wenn wir nicht frei wären, könnten wir uns für nichts schuldig fühlen und hätten wohl keine Gewissensbisse. Daher versuchen wir, wenn wir wissen, dass wir etwas Falsches getan haben, uns damit zu rechtfertigen, dass wir nicht anders handeln konnten, dass wir nicht wählen konnten: „Ich habe nur die Befehle meiner Vorgesetzten ausgeführt", „Alle machen es genauso", „Ich habe den Kopf verloren", „Es ist stärker als ich", „Ich war mir nicht bewusst, was ich tat". Genauso schreit der kleine Junge weinend, wenn das Marmeladenglas, das er oben aus dem Regal holen wollte, zu Boden fällt und zerbricht: „Ich bin es nicht gewesen!" Er schreit es genau deshalb, weil er weiß, dass er es gewesen ist; wäre es nicht so, würde er sich nicht die Mühe machen, etwas zu sagen, und würde vielleicht sogar lachen. Wenn er dagegen etwas sehr Schönes gemalt hat, erklärt er sofort: „Ich habe es ganz allein gemacht, niemand hat mir geholfen!" Genauso wollen wir immer frei sein, das Verdienst für das, was wir erreicht haben, uns selbst zuzuschreiben, aber wir bekennen uns lieber als „Sklaven der Umstände", wenn unsere Handlungen nicht so toll sind.

(nach: Fernando Savater: Tu, was du willst, Campus Verlag, Berlin 1993, S. 89 f.)

„Um Gewissensbisse zu haben, müssen wir frei sein." – Erläutert diese These des Autors und diskutiert darüber.

4. Das Milgram-Experiment

Alle Versuchspersonen des Milgram-Experiments hatten Gewissenskonflikte und waren aufgeregt. Ein Beobachter beschrieb die Lage eines „Lehrers" folgendermaßen: „Ich beobachtete einen reifen und anfänglich selbstsicher auftretenden Geschäftsmann, der das Labor lächelnd und voller Selbstvertrauen betrat. Innerhalb von 20 Minuten war aus ihm ein zuckendes, stotterndes Wrack geworden, das sich rasch einem Nervenzusammenbruch näherte. Er zupfte dauernd an seinem Ohrläppchen herum und rang die Hände. An einem Punkt schlug er sich mit der Faust gegen die Stirn und murmelte: ‚Oh Gott, lass uns aufhören.' Und doch reagierte er weiterhin auf jedes Wort des Versuchsleiters und gehorchte bis zum Schluss."

(Steven Schwartz: Wie Pawlow auf den Hund kam, München 1993, S. 48)

a) Warum gehorcht der „Lehrer" bis zum Schluss?
b) Schreibe auf – fürs Internet oder dein Tagebuch –, was dir beim Milgram-Experiment besonders zu denken gegeben hat.

5. Meinungen zum Film „Die weiße Rose"

Kirsten (15) über den Sophie-Scholl-Film:

„Ich fand den Film toll. Mich haben mehrere Szenen sehr betroffen gemacht – vor allem das Gespräch von Sophie mit dem Richter. Die Werte, die in diesem Film rüberkommen, sind sehr aktuell: Gewissen und Mut sind nötig – zumal bei Entscheidungen und Aktionen, die heutzutage sicher nicht mit der Todesstrafe belegt werden. Ich glaube schon, dass viele von uns durch den Film angespornt werden, vielleicht eines Tages Gewissen und Mut zu zeigen. Das macht die Taten der Weißen Rose bis in unsere Zeit hinein wertvoll; und daher war ihr Tod nicht sinnlos."

a) Welche Szenen im Film haben dich besonders beeindruckt? Warum?
b) Wie denkt ihr über die Wirkung des Films? Kann er das Verhalten jener, die ihn gesehen haben, beeinflussen? Diskutiert darüber.

6. Gefühle und Verstand

Der Hirnforscher Gerhard Roth meint:

Verstand und Logik können Argumente für das eine oder das andere Handeln hin und her bewegen, entscheiden tun sie letztendlich nichts. Je wichtiger eine Entscheidung für einen Menschen ist, desto mehr wird er von Gefühlen geleitet. Allerdings sollte dies nicht als eine Abwertung vernünftigen, insbesondere auch logischen Denkens verstanden werden. Verstand und Vernunft sind außerordentlich wichtig, wenn es darum geht, nicht voreilig zu reagieren, sondern schwierige Situationen genau zu untersuchen und ein entsprechendes Handeln zu planen.

(nach: http://home.arcor.de [11.05.2016])

a) Fasse mit eigenen Worten die Meinung des Hirnforschers zusammen.
b) Beziehe kritisch Stellung dazu: Welche Rolle spielen Verstand und Gefühle bei deinen Entscheidungen? Argumentiere mit Beispielen.

Blick zurück

Formuliere deine persönliche Stellungnahme zum Kapitel „Entscheidung und Gewissen".
- *Was hast du Neues erfahren?*
- *Inwiefern hat sich deine eigene Einstellung verändert?*
- *Welche Fragen zum Thema hast du noch und woran würdest du noch gerne weiterarbeiten?*

Freiheit in Verantwortung

1 Schau das Bild an. Inwiefern drückt es Freiheit aus?

2 Hört ein Musikstück, das euch ein Gefühl der Freiheit gibt, gemeinsam an.
- Jeder schließt dabei die Augen und stellt sich vor zu fliegen – schwerelos.
- Jeder schreibt danach in Stichworten auf, was ihm zum Thema „Freiheit" einfällt.
- Sammelt eure Stichworte auf einem Plakat oder an der Tafel.
- Achtet auf Gemeinsamkeiten und Unterschiede und sprecht darüber.

3 Was hat dieses Bild mit Verantwortung zu tun?

4 Welche Überschrift würdest du ihm geben?

> ***„Schau in den Spiegel. Wer dich da anschaut, der hat die Verantwortung für dein Leben und Tun."***
>
> (Sprichwort)

> ***„Freiheit bedeutet Verantwortlichkeit; deshalb fürchten sich die meisten vor ihr."***
>
> (George Bernard Shaw, irischer Dichter, 1856–1950)

> ***„Wir sind nur ein kleines Teilchen eines Ganzen, aber jeder hat eine unendlich große Verantwortung."***
>
> (Konrad Lorenz, österr. Verhaltensforscher, 1903–1989)

5 Sucht euch eines der Zitate aus, erläutert es und sagt kritisch eure Meinung dazu.

6 Formuliert Fragen zum Thema „Freiheit in Verantwortung", mit denen ihr euch gerne beschäftigen wollt. – Schreibt sie auf ein Plakat oder an die Tafel.

1| Freiheit wovon? – Freiheit wozu?

Ferienbeginn

1 Betrachte das Bild und stell dir vor, es wäre der erste Tag der Sommerferien. Schreibe deine Einfälle auf und ordne sie in zwei Gruppen:
a) „Ich bin frei von …"
b) „Ich bin frei zu …"

Erkläre es mir – Freiheit im positiven und negativen Sinn

Freiheit im negativen Sinn (= Freisein von) meint **Freiheit von** dem, was Freiheit einschränkt, beispielsweise von Krankheit, Armut, Gefangenschaft, Unterdrückung. Freiheit im positiven Sinn (= Freisein zu) meint **Freiheit zu** dem, was ich wähle, was für mich wichtig ist. Sie ist also auf bestimmte Ziele und Werte gerichtet.

Freiheit gestalten …

Ein Pferd steht auf der Wiese und es gibt keinen Zaun. Das ist negative Freiheit: Das Pferd ist nicht eingeschränkt, es kann sich frei, ungehindert bewegen. Es hat viele Möglichkeiten: galoppieren, Gras fressen, in der Sonne rumlümmeln oder einfach einen dicken Haufen Pferdeäpfel ins Gras setzen. Erst, wenn das Pferd eine von den Möglichkeiten in die Tat umsetzt, ist es „positiv frei". Entscheidend ist, dass es die Möglichkeiten auch nutzt und so seinen Freiheitsraum aktiv gestaltet.

2 Welche der beiden „Freiheiten" ist schwerer zu erreichen?

3 Beschreibt Situationen, in denen ihr negative und positive Freiheit erlebt habt.

> „Sich zu befreien ist nichts. Frei zu sein ist schwer!"
> (Andre Gide, franz. Schriftsteller, 1869–1951)

4 Bezieht kritisch Stellung zu Gides Aussage.

Warum eigentlich?

Warum ist es schwierig, „positiv" frei zu sein?

Frei oder nicht frei …

> „Wer die Freiheit aufgibt, um Sicherheit zu gewinnen, wird am Ende beides verlieren."
> (Benjamin Franklin, amerik. Politiker u. Schriftsteller, 1706–1790)

> „Freiheit ist für drei Viertel der Menschheit das Recht, hungers zu sterben."
> (Henri Linguet, franz. Advokat u. Schriftsteller, 1794 hingerichtet)

„Der Mensch beherrscht die Natur, bevor er gelernt hat, sich selbst zu beherrschen."

(Albert Schweitzer, elsäss. Arzt u. Philosoph, 1875–1965)

„Die Freiheit des Menschen liegt nicht darin, dass er tun kann, was er will, sondern dass er nicht tun muss, was er nicht will."

(Jean-Jacques Rousseau, franz. Philosoph, 1712–1778)

„Freiheit ist immer nur die Freiheit des Andersdenkenden."

(Rosa Luxemburg, poln.-dt. Politikerin u. Philosophin, 1871–1919)

5 Stellt bei diesen Zitaten zu „Frei oder nicht frei ..." fest, welche Freiheit jeweils gemeint ist.

6 Auf welche Freiheiten wollt ihr auf keinen Fall verzichten? Warum?

„Die Freiheit ist ein Gefängnis, solange nur ein einziger Mensch auf Erden geknechtet ist."

(Albert Camus, franz. Schriftsteller u. Philosoph, 1913–1960)

Wenn du gewollt hättest ...

Es gibt vieles, das unsere Freiheit einschränkt: z. B. Erdbeben, Krankheiten oder Tyrannen. Wenn du mit Leuten redest, wirst du feststellen, dass den meisten das, was ihre Freiheit begrenzt, viel bewusster ist als ihre Freiheit selbst. Sie werden dir sagen: „Freiheit? Von welcher Freiheit redest du? Wie können wir frei sein, wenn das Fernsehen uns das Gehirn wäscht, wenn die Politiker uns betrügen und manipulieren, wenn die Terroristen uns bedrohen, wenn Drogen uns versklaven, und wenn mir außerdem das Geld fehlt, mir ein Motorrad zu kaufen – was ich so gerne möchte?" [...] Aber ich bin sicher, dass niemand – *niemand* – wirklich glaubt, nicht frei zu sein. Niemand akzeptiert ohne Weiteres, dass er wie ein unerbittliches Uhrwerk oder wie eine Termite funktioniert. Es mag sein, dass die freie Entscheidung für bestimmte Sachen unter bestimmten Umständen sehr schwer ist (z. B. in ein brennendes Haus zu gehen, um ein Kind zu retten, oder unbeirrt einem Tyrannen gegenüberzutreten) und dass man deshalb lieber sagt, es gibt keine Freiheit. Aber tief im Innern sagt uns etwas beharrlich: „Wenn du gewollt hättest ..."

(nach: Fernando Savater: Tu, was du willst, Campus Verlag, Frankfurt/M. 1993, S. 28 f.)

7 Wer oder was begrenzt unsere Freiheit? – Was sagt der Text dazu?

8 Erläutert die Überschrift „Wenn du gewollt hättest ...". Passt sie zum Text? Sagt eure begründete Meinung dazu.

9 Was würdest du den Leuten, die ihre Freiheit abstreiten, erwidern? Schreibt in Partnerarbeit einen Dialog und stellt ihn im → **Rollenspiel** dar.

2| Der freie Wille – eine Illusion?

1 Stell dir eine Situation vor, in der du dich „frei“ zu einem bestimmten Handeln entscheiden konntest. Bist du in jener Situation tatsächlich „frei“ gewesen oder hat dich irgendetwas oder irgendjemand zum Handeln gebracht?

Du kannst dich beim Nachdenken an folgende Fragen halten:
- Was habe ich beabsichtigt?
- Was hat mich dazu bewogen?
- Spielten dabei meine Gewohnheiten oder andere (z. B. Freunde, Eltern) eine Rolle?
- Was habe ich unternommen, um meinen Willen umzusetzen?
- Was ist schließlich dabei herausgekommen?

2 Fasse zusammen: Was spricht für, was gegen die Annahme, dass wir einen freien Willen haben? – Tauscht eure Ergebnisse aus und diskutiert darüber.

Alles determiniert?

Die Hirnforscher gehen davon aus, dass unser Handeln aufgrund von bestimmten Vorgängen im Gehirn vollständig vorherbestimmt (= determiniert) ist. Somit wäre das menschliche Verhalten nicht ein Ergebnis bewusster Entscheidungen, sondern durch Vorgänge im Gehirn gesteuert. Es wird behauptet, dass unser Gehirn macht, was es will, und nicht, was wir wollen.
Der Hirnforscher Gerhard Roth äußert sich in einem Interview zur Willensfreiheit:

SPIEGEL: Herr Roth, verfügen Brautleute über einen freien Willen, wenn sie vor dem Traualtar bekunden: „Ja, ich will“?

ROTH: Auch in einem solchen Augenblick ist der Mensch nicht wirklich frei. Womöglich wird er von starken Gefühlen beherrscht: Er ist wahnsinnig verliebt und handelt praktisch im Affekt. Es kann aber auch sein, dass er sich Fragen gestellt hat: Heirate ich Frau Müller oder doch lieber Frau Meier? Soll ich überhaupt heiraten? Dann kann es schon mal zum langwierigen, quälerischen Hin-und-her-Abwägen Hunderter Argumente kommen.

SPIEGEL: Immerhin wäre der Mensch demnach nicht nur seinen Trieben ausgeliefert. Können sich die Brautleute denn mit kühlem Kopf frei füreinander entscheiden?

ROTH: Nein, auch das nicht. Die Natur gibt einem nicht die Freiheit mit, sich für Frau Meier und gegen Frau Müller zu entscheiden. Experimente zeigen, dass jeder Entscheidung, und halten wir sie noch so sehr für unseren eigenen Willen, zuvor wichtige Vorentscheidungen in unserem Gehirn vorausgegangen sind – und zwar unbewusst. Wir bekommen davon überhaupt nichts mit. Warum sich Herr Müller für Frau Müller entscheidet, ist für Forscher im Prinzip Schritt für Schritt nachvollziehbar: Da wären zunächst einmal die Gene, die das Temperament eines Menschen weitgehend festlegen; dann prägen frühkindliche Einflüsse spätere Entscheidungen und schließlich die Erfahrungen aller Lebensjahre. In einer Hochzeitszeremonie spiegelt sich kein Wille, der bedingungslos frei wäre.

Das Gehirn hat bei der Handlungssteuerung das erste und letzte Wort. Zwischendurch kommt der große Auftritt von Verstand und Vernunft. Doch die sind nur Berater. Ausschlaggebend für Entscheidungen sind die Erfahrungen, die Gefühle, Hoffnungen, Ängste, die einen Menschen im Laufe seines Lebens geprägt haben und sein Verhalten bestimmen.

SPIEGEL: Dann wären Hirnwissenschaftler ja optimale Heiratsvermittler, wenn sie so genau nachweisen können, wer sich aus welchen Gründen für wen entscheidet.

ROTH: Nun, dafür ist das Gehirn zu komplex. Ich habe kürzlich erstmals ausrechnen können, wie viele Neuronen im Gehirn tatsächlich arbeiten, und bin auf 14 Milliarden gekommen; diese sind über fast eine Trillion Synapsen miteinander verbunden. Es wäre deshalb völlig vermessen zu behaupten, wir könnten vorhersagen, wie es in einem solchen Netzwerk zu einer Entscheidung wie einer Heirat kommt.

SPIEGEL: Machen Sie es sich da doch nicht zu einfach? Sie vereinfachen einen so komplexen Vorgang wie das Heiratsversprechen auf Gehirnprozesse, bei denen Nervenzellen elektrische Ladungen abfeuern – und behaupten dann, die Freiheit, dies oder das zu tun, sei eine bloße Illusion. Verkennen Sie da nicht die Fähigkeit des Menschen, sein Handeln an Gründen zu orientieren und Alternativen abzuwägen?

(nach: Katja Thimm/Gerald Traufetter: Das Hirn trickst das Ich aus, 20.12.2004, www.spiegel.de [06.04.2016])

3 Warum ist der Mensch nach Meinung des Hirnforschers Roth bei seiner Partnerwahl nicht frei?

4 Wie denkt ihr darüber? – Welche Fragen würdet ihr Gerhard Roth stellen?

5 Was könnte er auf den letzten Einwand des Interviewers antworten?

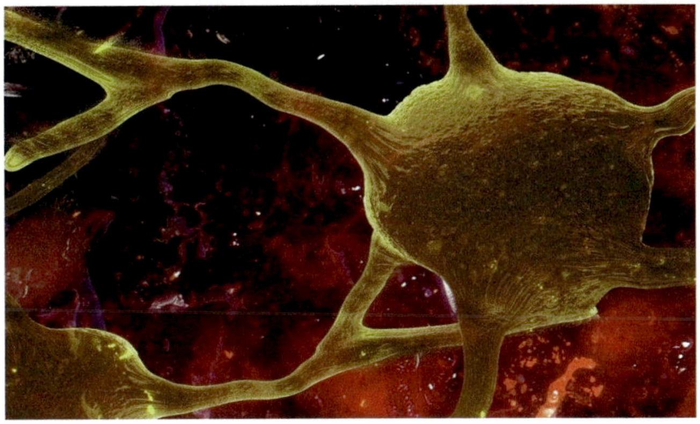

Neuronen unter dem Mikroskop

Ich bin frei! – Klar, oder?

„Das subjektive Erlebnis der Freiheit ist eine ebenso feststehende Gegebenheit wie die Wahrnehmung von Farben oder das Empfinden von Schmerz."

(Arthur Koestler, österr. Dichter, 1905–1983)

6 Erläutert das Zitat und vergleicht es mit euren eigenen Erfahrungen.

Bedingt frei – Was heißt das?

Freie Handlungen sind **erstens** keine *erzwungenen* und auch keine *vollständig von außen determinierten Geschehnisse.* Solange es nicht von außen determiniert ist, dass die Person sich für den Beruf *x* und gegen den Beruf *y* entscheidet, ist *diese* Entscheidung frei.

Zweitens müssen freie Handlungen aber auch noch gegen zufällige Geschehnisse abgegrenzt werden. Der entscheidende Unterschied zwischen freien Handlungen und zufälligen Geschehnissen besteht darin, dass freie Handlungen eine Person zum Urheber haben. Wichtig ist, dass sich die Entscheidung für den Beruf *x* und gegen *y* auf die Person und deren freie Entscheidung zurückführen lässt.

(nach: Michael Pauen: Freiheit: Wie viel Spielraum bleibt in einer gesetzlich bestimmten Welt?; in: Ethik & Unterricht 2/05, Friedrich Verlag, Seelze 2005, S. 5 f.)

7 Nennt und erläutert in Partnerarbeit die zwei wesentlichen Merkmale, die nach Pauen freies Entscheiden und Handeln kennzeichnen.

8 Wann bin ich nach Pauen bei meiner Berufswahl frei? Wann kann mir vor Gericht für mein Handeln kein Schuldvorwurf gemacht werden?

Erkläre es mir – Determination

Der Begriff „Determination" kommt von lat. *determinare* = festlegen, bestimmen, abgrenzen. Wenn Menschen in ihrem Handeln determiniert sind, handeln sie wie Billardkugeln. Sie werden von anderen angestoßen und nach physikalischen Gesetzen in eine bestimmte Richtung gelenkt. Da ihr Handeln stets bloß eine Wirkung bestimmter Ursachen ist, haben sie gar keine andere Wahl. Sie haben keine Alternativen.

3| Schuldig oder nicht schuldig?

1 Wann hast du dich schuldig gefühlt? Notiere ein Beispiel, an das du dich besonders gut erinnerst.
- Tauscht euch in Partnerarbeit aus.
- Im Gespräch in der Klasse könnt ihr klären: Was sind wichtige Merkmale von Schuldgefühlen? Wie entstehen sie? Wovon hängt es ab, dass wir uns schuldig fühlen?
- Wie seid ihr mit den Schuldgefühlen umgegangen? Wie habt ihr versucht, sie loszuwerden?

Schuldfähigkeit

Fallbeispiele

a) Eine Frau tötet ihren Ehemann, der sie unter Alkoholeinfluss immer wieder schwer misshandelt hat.

b) Ein Mann hat ein achtjähriges Mädchen vergewaltigt und ermordet. Der Täter kommt aus zerrütteten Verhältnissen, wurde als Kind misshandelt und hat einen stark unterdurchschnittlichen IQ.

c) Ein Mann erschießt den Mörder seiner Tochter im Gerichtssaal.

2 Wählt ein Beispiel aus und diskutiert in Gruppen über die Schuldfähigkeit der Täter.

3 Spielt eine Gerichtsverhandlung, in der es um die genannten Fälle geht, mit folgenden Rollen: Angeklagte(r), Verteidiger(in), Richter(in), Gutachter(in), Zeugen.

Fjodor Dostojewski: Verbrechen und Strafe

Betrachten wir Rodion Raskolnikov, die Figur aus Dostojewskis Roman „Verbrechen und Strafe". Raskolnikov erschlägt mit der Axt eine wucherische Pfandleiherin. Diese Tat geschieht nicht ohne vorausgehende Bedingungen. Raskolnikov, ein ehemaliger Student, ist bettelarm, geht in Lumpen und haust in einer schäbigen Dachkammer. In letzter Zeit hat sich seine Lage zunehmend verschlechtert. Der Unterricht, der ihm etwas eingebracht hatte, ist weggefallen, und er hat seit Langem die Miete nicht mehr bezahlen können. Er hat kaum mehr etwas zu essen. Alles, was zu versetzen war, hat er der Pfandleiherin bereits gegeben. Von zu Hause hört er mit Schrecken und einem Gefühl der Demütigung, dass seine Schwester einer Ehe nur deshalb zugestimmt hat, weil sich damit die Möglichkeit der Fortsetzung seines Studiums und einer späteren Anstellung eröffnen könnte. Seine Mutter hat ihre winzige Rente aufs Spiel gesetzt, damit sie und ihre Tochter die notwendige Reise machen können. Da beginnt Raskolnikov an das viele Geld zu denken, das die Wucherin hortet. In einem Gasthaus wird er Zeuge ei-

Fjodor Dostojewski (1821–1881)

nes Gesprächs, in dem jemand laut darüber nachdenkt, was schon dabei wäre, die widerwärtige Alte aus dem Weg zu räumen und sich das Geld anzueignen, um anderen, wertvolleren Menschen ein besseres Leben zu ermöglichen. Was er hört, fällt auf fruchtbaren Boden. Schon lange nämlich liebäugelt er mit dem Gedanken, dass es außergewöhnliche Menschen gebe, die über Leichen gehen dürften; sogar einen Aufsatz hat er dazu veröffentlicht. Schließlich dann erfährt er durch Zufall, dass die Alte an diesem Abend mit Sicherheit allein zu Hause sein würde. All das zusammen führt am Ende dazu, dass er hingeht und zuschlägt.

(Peter Bieri: Das Handwerk der Freiheit, Fischer Taschenbuch, Frankfurt/M. 2005, S. 17 f.)

4 Sprecht in Gruppen über die Umstände von Raskolnikovs Tat. Welche würdet ihr als „mildernde Umstände" anerkennen? Warum?

Straflos, weil schuldunfähig?

Im Strafgesetzbuch sind die Fälle, in denen Täter als nicht schuldig gelten und daher nicht bestraft werden, geregelt.

- ➔ Hat der Täter in Notwehr gehandelt, kann er für seine Tat nicht bestraft werden.
- ➔ Kinder bis zur Vollendung des 14. Lebensjahres sind immer schuldunfähig.
- ➔ Bei allen anderen Tätern kann die Schuldfähigkeit aufgrund von Drogen oder Alkohol und anderer Ursachen wie Geisteskrankheit verringert sein oder sogar ganz entfallen.
- ➔ In der Regel ist jemand ab 3,0 Promille Blutalkoholkonzentration schuldunfähig. Bei Tötungsdelikten erst ab 3,3 Promille. Dies sind aber nur Richtwerte. Im Einzelfall kann das Gericht auch hiervon abweichen.
- ➔ Für im Vollrausch begangene Delikte kann man bestraft werden, der Strafrahmen beträgt bis zu fünf Jahren oder Geldstrafe.
- ➔ Wer sich betrinkt und weiß oder damit rechnet, dass er in diesem Zustand eine bestimmte Straftat begehen wird, wird wie ein „normaler Täter" bestraft.

(nach: www.gangway.de)

5 Wann kann ein Täter für seine Tat nicht bestraft werden? Erläutert die einzelnen Bestimmungen.

6 Bezieht kritisch Stellung: Sind sie sinnvoll? Begründet eure Meinung.

„So bin ich eben ..."

Als ein Angeklagter vor Gericht seine Unschuld damit begründete, dass er so geboren sei und nicht anders könne, daher nicht haftbar zu machen sei, antwortete der gut gelaunte Richter: Das sei ebenso richtig wie die Auffassung vom Handeln des ihn strafenden Richters; nämlich auch dieser könne nicht anders, da er nun einmal so sei und notwendig nach den gegebenen Gesetzen so handeln müsse.

(nach: Karl Jaspers: Einführung in die Philosophie, Piper, München 1971, S. 50 f.)

7 „Ich bin nun mal so." – Wann gebrauchen wir diesen Satz in unserer Alltagssprache? Was beabsichtigen wir damit? Findet ihr ihn berechtigt? Begründet eure Meinung.

8 Stellt euch vor, die Figur in der Mitte der Zeichnung ist Raskolnikov. Beschriftet die „Hände" mit Vorwürfen, die man ihm oder er sich machen könnte.

9 Findet einen Titel für die Grafik.

4| Verantwortlich – Wer? Wofür? Warum?

1 Überlege: Für wen und was bin ich verantwortlich? Wie äußert sich diese Verantwortung*? Tauscht euch darüber aus.

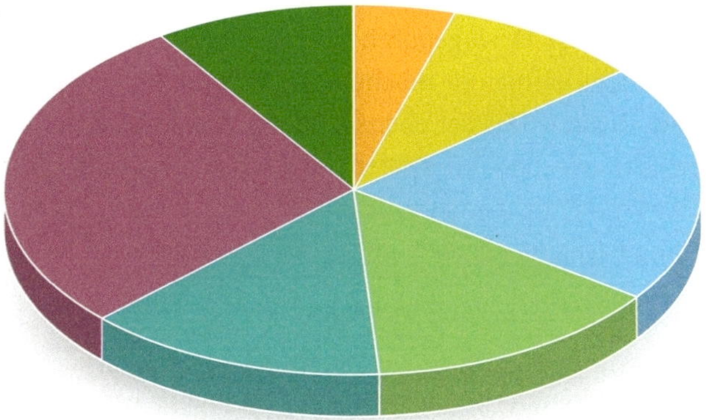

2 Übertragt ein Torten- bzw. Kreisdiagramm in euer Heft. Mit der Größe und Anzahl der Tortenstücke könnt ihr Art und Wichtigkeit eurer Verantwortung veranschaulichen.

Erkläre es mir – Verantwortung

a) Wer ist verantwortlich?	eine Person	...
b) Wofür?	für die voraussehbaren Folgen einer Handlung/ Unterlassung	...
c) Weswegen?	aufgrund von moralischen Regeln, Werten, Gesetzen	...
d) Wovor?	eigenem Gewissen, dem Urteil anderer, einem Gericht	...

4 Übertrage das Schema in dein Heft und beantworte die Fragen für die Fälle 1–3.

Verantwortlich oder nicht?

1) Im Sportunterricht ist Marko zur Hilfestellung eingeteilt. Er ist einen Moment abgelenkt und fasst einem Mitschüler versehentlich ins Auge.

2) Ein Jugendlicher wird auf dem Schulweg von zwei anderen zusammengeschlagen. Eine Gruppe weiterer Jugendlicher beobachtet dies, ohne einzugreifen. Wer ist wofür verantwortlich?

3) Am 28. Januar 1986 explodiert 73 Sekunden nach dem Start der Raumgleiter Challenger. Die gesamte Besatzung kommt ums Leben. Die unmittelbare Unglücksursache ist ein defekter Dichtungsring an einer der Antriebsraketen. An dieser Stelle tritt Treibstoff aus und entzündet sich, worauf der Raumgleiter explodiert.

3 Wer ist in den drei Fällen wofür verantwortlich?

„Wir sind vielleicht nicht schuldig, aber wir sind verantwortlich."

(Breyten Breytenbach, südafrik. Schriftsteller, geb. 1939)

5 Wodurch unterscheidet sich „schuldig sein" von „verantwortlich sein"? Argumentiert anhand von Beispielen.

Aufgaben zur Auswahl

a) Erkundige dich, ab wann Jugendliche „strafmündig" sind und was das bedeutet. Trage deine Ergebnisse der Klasse vor.

b) Wie können Kinder und Jugendliche zu verantwortungsbewusstem Handeln erzogen werden? Formuliere deine Meinung und diskutiere mit der Klasse darüber.

c) *„Für den Holocaust kann kein deutscher Schüler verantwortlich sein; wohl aber für die Art und Weise, wie mit den Erinnerungen an jene Geschehnisse umgegangen wird." – Wie denkst du darüber? Rede mit deinem Geschichtslehrer/deiner Geschichtslehrerin darüber und veröffentliche deine begründete Meinung z. B. in der Schülerzeitung.*

Das Problem der Verantwortlichkeit

Das wirkliche Problem der Willensfreiheit – das die Philosophen über Jahrhunderte hinweg beschäftigt hat – ist das Problem der Verantwortlichkeit. Wie ist es zu verstehen, dass wir einander für unsere Handlungen verantwortlich machen können und dass wir einander und auch uns selbst Vorwürfe machen können? Das setzt voraus, dass die Person nicht nur tun kann, was sie will, sondern dass sie, was sie will, kontrollieren kann. Wir sagen: Es hängt von mir ab, ob ich einem Wunsch nachgebe oder nicht; es hängt von mir ab, ob ich mich entscheide, gemäß einem Wunsch oder einem anderen zu handeln. Auch bei Tieren meinen wir, dass sie Handlungsfreiheit haben, auch sie können, wenn sie nicht gezwungen werden, ihre Glieder bewegen, wie sie wollen, aber wir glauben nicht, ihnen Vorwürfe machen zu können; man zieht Tiere oder kleine Kinder nicht zur Verantwortung.

(nach: Ernst Tugendhat: Anthropologie statt Metaphysik, Beck Verlag, München 2007, S. 57 f.)

6 Was ist nach Tugendhat die entscheidende Voraussetzung dafür, dass man jemanden für sein Tun verantwortlich machen kann?

7 Warum zieht man Tiere und kleine Kinder nicht zur Verantwortung?

„Ja, ich bin es gewesen!"

Verantwortlich sein heißt, wirklich frei zu sein. Der Verantwortliche ist immer bereit, für seine Handlungen *einzustehen*. „Ja, ich bin es gewesen!" Die Welt, die uns umgibt, wenn Du genau hinschaust, ist voller Angebote, sich des Gewichts der Verantwortung zu entledigen. An dem Schlechten, das passiert, scheinen die Umstände schuld zu sein, die Gesellschaft, in der wir leben, der Charakter, den ich habe (ich bin nun einmal so!), die schlechte Erziehung (die zu große Verwöhnung), die Fernsehwerbung, die Versuchungen der Schaufenster, die unwiderstehlichen und verderblichen Beispiele und so weiter. Ich habe gerade das Schlüsselwort dieser Rechtfertigungen gebraucht: *unwiderstehlich*. Alle, die sich von ihrer Verantwortung befreien wollen, glauben an das Unwiderstehliche, das, was einen rettungslos unterjocht. Sobald das Unwiderstehliche auftaucht, hört man auf, frei zu sein, und verwandelt sich in eine Marionette, von der man keine Rechenschaft verlangen darf.

(nach: Fernando Savater: Tu, was du willst, Campus Verlag, Frankfurt/M. 1993, S. 91 f.)

8 Wie versucht man nach Fernando Savater, dem Ruf der Verantwortung zu entkommen?

9 Welche der im Text genannten Versuche, sich der Verantwortung zu entledigen, kennst du aus eigener Erfahrung? – Gibt es welche, die dir „unwiderstehlich" erscheinen? Begründe deine Meinung.

Warum eigentlich?

Warum können wir von anderen für ihr Handeln Rechenschaft verlangen?

5| Verantwortung für andere

Patricio und Anita sind illegal

Ich heiße Patricio. Ich komme aus Lateinamerika und lebe schon seit vierzehn Jahren in Deutschland. Ich bin einer von denen, die ihren Nachnamen nicht nennen und ihn auch nicht auf das Türschild oder den Briefkasten schreiben, außer, sie warten auf einen wichtigen Brief.

Ich bin einer der vielen Menschen, die anonym in diesem Land leben, mit illegalem Status. Das zu sagen, belastet mich. Die, die selbst als Illegale leben, verstehen meine Nervosität. Es ist die Angst, festgenommen und abgeschoben zu werden. Diese Angst begleitet uns, seit wir hier sind. Sie ist den Schmerzen bei unserem Aufbruch ähnlich: Wer geht, leidet ebenso wie die Lieben, die zurückbleiben. Ich habe das am eigenen Leib erfahren und ich kenne die Erfahrungen vieler meiner Freunde. Nicht alle haben das Glück, noch mit ihren Familien zusammen zu sein, so wie ich. [...]

(nach: Albrecht Kieser: Sie sind längst da – und bleiben; in: Flüchtlingsschutz im Abseits, Pro Asyl e. V., Frankfurt/M. 29.09.2006, S. 34)

1 „Kein Mensch ist illegal." – Nehmt auf der Basis des Textes Stellung zu diesem Slogan einer Menschenrechtsorganisation.

Auf der Flucht vor dem Krieg: Flüchtlinge aus Syrien

2 Beschreibe anhand des Bildes die Situation der syrischen Kriegsflüchtlinge.

3 Informiert euch bei Hilfsorganisationen (Caritas, Pro Asyl) über die aktuelle Situation der Flüchtlinge. Organisiert nach Möglichkeit ein Gespräch mit Betroffenen in lokalen Unterkünften für Asylbewerber.

Sensibel für das Leid anderer

In welchem Umfang man das fremde Leiden an sich heranlässt und welche Haltung man in dieser Hinsicht mit der Zeit ausbildet, hängt von vielen Faktoren ab. So sicherlich davon, in welcher Weise und wie viel man selbst gelitten hat, welche Formen des Leidens man kennt, ob man geübt ist, sich in die Situation anderer hineinzuversetzen, und natürlich auch davon, welche Ideale man hat, eine Person welcher Art man sein will und wie die Welt aussieht, in der man gerne leben möchte. Wir können unsere Fähigkeit und Bereitschaft zum Mitleid kultivieren, wir können uns aber auch stumpf und unsensibel machen. Man muss, wenn man mehr Mitleid und mehr durch Mitleid motiviertes altruistisches Handeln will, die Fähigkeit, sich in die Lage anderer hineinzuversetzen und einzufühlen, fördern.

Dass man selbst und die anderen sensibel für das Leid anderer sind und dass die Reichweite des Mitgefühls nach und nach größer und größer wird, ist dabei selbst ein Ideal, ein Bild von einer besseren Welt, in der die Menschen in größerem Maße aufeinander und vielleicht auch auf andere leidensfähige Wesen Rücksicht nehmen.

(nach: Peter Stemmer: Handeln zugunsten anderer, de Gruyter, Berlin 2000, S. 339, 347 f.)

4 Zeige die Motive auf, die zum Handeln zugunsten anderer führen. Wie kann die Bereitschaft zu solchem Handeln gefördert werden?

5 Grenze die Begriffe „Mitleid“, „Mitgefühl“ (Empathie) und „Solidarität“ voneinander ab.

Erkläre es mir – Solidarität

Unter Solidarität versteht man ein Gefühl der Zusammengehörigkeit von Individuen und Gruppen, das sich in gegenseitiger Hilfe und Unterstützung äußert. Der Begriff entspricht im Wesentlichen dem Grundprinzip „fraternité“ (Brüderlichkeit) der Französischen Revolution. Wir leben heute im Zeitalter der Globalisierung. Die Menschen rücken immer näher zusammen und haben immer mehr miteinander zu tun. Daher ist es wichtig, dass wir uns auch in die Lage uns fremder Menschen z. B. in Afrika hineinversetzen, ihre Probleme verstehen und ihnen – soweit wir in der Lage sind – helfen, d. h. solidarisch sind.

Afrika? – Haben wir nicht mehr im Blick!

Am 11. September 2001 hat die Welt Afrika endgültig aus dem Blick verloren. Ein ganzer Kontinent vegetiert seitdem abseits aller politischen und militärischen Interessen. Seitdem für den Westen al-Quaida das Synonym für Gefahr geworden ist, seitdem jeder Dollar und jeder Euro, der der Bekämpfung von Terroristen dient, also ein gutes Werk ist – seitdem geht ein Erdteil unter, ohne dass man sich darum schert. Der Erdteil der Ärmsten säuft ab, aber kaum jemand funkt SOS – allenfalls ein paar idealistische Rockstars, die sich aber dann, nach den „Live 8“-Konzerten im vergangenen Sommer, Selbstgefälligkeit vorwerfen lassen mussten. Manchmal werden tote, manchmal werden lebende Flüchtlinge an den Küsten Andalusiens angespült. Das Mittelmeer ist ein Gottesacker geworden für viele, die sich auf den Weg gemacht haben. Manchmal bleibt ein Stück Flüchtling an den Stacheldrahtzäunen hängen. „Unsere Menschlichkeit entscheidet sich am Schicksal Afrikas“, sagt der ehemalige Bundespräsident Horst Köhler. Das heißt: Die EU muss aufhören damit, den neuen Eisernen Vorhang immer weiter auszubauen. Sie muss politisch Verfolgten wieder Schutz bieten, sie muss Zuwanderern eine Chance geben. Es bedarf gewaltiger Anstrengungen für die Opfer von Hunger und Not.

(nach: Heribert Prantl: Nicht mehr ganz dicht; in: Flüchtlingsschutz im Abseits, Pro Asyl e. V., Frankfurt/M. 29.09.2006, S. 24–27)

6 Wer ist nach Prantl wofür verantwortlich? – Der Text stammt aus dem Jahr 2007. Überprüft, ob und inwieweit er noch aktuell ist.

7 Was ist zu tun? Sucht nach konkreten Möglichkeiten, euch zu engagieren, und diskutiert darüber.

Was du weißt und kannst

1. Der Begriff Freiheit

a) Welche Aspekte von Freiheit werden in den folgenden Aussagen angesprochen?

b) Formuliert eine allgemeine Definition des Freiheitsbegriffs.

„Freiheit heißt, tun und lassen können, was ich will. Es lebe die Freiheit – vor allem die meine."

(Jean Gabin, franz. Schauspieler, 1904–1976)

„Wissen macht frei."

(Francis Bacon, engl. Philosoph u. Staatsmann, 1561–1626)

„Der Mensch ist Produkt seiner Umwelt."

(Karl Marx, dt. Philosoph u. Nationalökonom, 1818–1883)

„Der Mensch ist dazu verurteilt, frei zu sein."

(Jean-Paul Sartre, franz. Philosoph u. Schriftsteller, 1905–1980, aus: Jean-Paul Sartre: Gesammelte Werke. Philosophische Schriften I, Bd. 4, Rowohlt Verlag, Reinbek)

2. Formen und Tragweite der Determination

Danach können als Hauptfaktoren, die gewalttätiges, strafbares Verhalten bedingen, gelten: 1. Geschlecht, 2. Alter, 3. Veranlagung, 4. Hirnschädigung, 5. psychische Traumatisierung, das heißt das Erleiden von Gewalt und sexuellem Missbrauch, 6. fehlende mütterliche Fürsorge, 7. Schwierigkeiten, sich in andere hineinzuversetzen und Mitgefühl (Empathie) zu entwickeln, 8. Erfahrungen mit Gewaltausübung in der eigenen Familie und im engeren Lebensbereich.

(nach: Gerhard Roth: Das Gehirn und seine Freiheit. Beiträge zur neurowissenschaftlichen Grundlegung der Philosophie, 2006, S. 17)

In welchem Maß schränken deiner Meinung nach die genannten Formen der Determination die Freiheit ein oder schalten sie sogar aus? Begründe deine Einschätzung.

3. Kriterien individueller Schuldfähigkeit und Verantwortlichkeit

a) Schreibt folgenden Dialog zwischen Raskolnikov, der Hauptfigur aus Dostojewskis Roman „Verbrechen und Strafe", und dem Richter, der ihn zur Verantwortung zieht, weiter.

b) Stellt ihn dann im → **Rollenspiel** *dar.*

RICHTER: Verantwortung verlangt keine unbedingte Freiheit des Willens und kann sie gar nicht verlangen. Verantwortung verlangt nur bedingte Freiheit. Die hatten Sie, als Sie zuschlugen. Also sind Sie verantwortlich für die Tat. Und deshalb habe ich allen Grund, Sie zu verurteilen.

RASKOLNIKOV: Aber es ist einfach nicht fair, mich für eine Tat verantwortlich zu machen, die sich zwangsläufig aus meiner Vorgeschichte ergab!

4. Eigene Verantwortlichkeiten

a) Beantworte zunächst für dich folgende Fragen:
- *Für wen oder was fühle ich mich/bin ich verantwortlich? Weswegen?*
- *Wie werde ich dieser Verantwortung gerecht?*
- *Für wen oder was sind wir als Klasse/Gruppe verantwortlich? Weswegen? Wie werden wir dieser Verantwortung gerecht?*
- *Mit welcher einflussreichen Person würde ich mich gerne über das Problem der Verantwortung unterhalten? Welche Fragen würde ich ihr stellen?*

b) Tauscht euch danach in Kleingruppen darüber aus.

5. Wie verantwortlich reagieren?

Bei einer Rauferei wird der Beamer beschädigt. Einer der beteiligten Schüler schiebt schnell das Gerät in das leer stehende Zimmer der Nachbarklasse.
Du hast das Ganze beobachtet und überlegst dir, wie du dich verhalten sollst.

Drei Möglichkeiten:
1. Dich interessiert die Sache nicht und du unternimmst gar nichts.
2. Du sprichst mit den Beteiligten und versuchst, sie davon zu überzeugen, dass es besser wäre, den Schaden zu melden.
3. Du informierst die für die Geräte verantwortliche Lehrperson über den Vorfall.

a) Wofür würdest du dich mit welchen Gründen entscheiden?
b) Welche weiteren Möglichkeiten seht ihr, in solch einer Situation sich verantwortlich zu verhalten? Diskutiert darüber.

6. Wer ist wofür verantwortlich?

- Eine Mutter ist verantwortlich für ...
- Eine Lehrperson ist auf Schulausflügen verantwortlich für ...
- Jeder Autofahrer ist für die ... verantwortlich.
- Ein Architekt ist dafür verantwortlich, dass ...
- Die Industriestaaten tragen dafür Verantwortung, dass ...

Vervollständigt die Sätze und erweitert sie um das „Weswegen“ und das „Wovor“ des Verantwortungsschemas.

Blick zurück

- *Sind die von dir erwarteten Fragen angesprochen worden?*
- *Was war besonders interessant für dich? Warum?*
- *Was hat dich besonders beeindruckt und nachdenklich gemacht?*
- *Mit welchen Fragen würdest du dich noch gerne weiter beschäftigen?*

Mein Platz in der Arbeits- und Wirtschaftswelt

Willkommen im Team

Ihre Aufgabe bei uns ...
Wir bieten ...
Sie können ...
Wir erwarten ...
Sie haben ...
Sie sind bereit ...
Sie haben Interesse an ...
Wir suchen ...

„Letzten Endes kann man alle wirtschaftlichen Vorgänge auf drei Worte reduzieren: Menschen, Produkte und Profite. Die Menschen stehen an erster Stelle. Wenn man kein gutes Team hat, kann man mit den beiden anderen nicht viel anfangen."

(Lee Iacocca, amerik. Topmanager, geb. 1924)

1 Überprüft die Aussage von Lee Iacocca an Beobachtungen und Erfahrungen, die ihr selbst schon gemacht habt.

Ein junges Team ist neu zusammengestellt worden. Auf der weißen Tafel notieren sie alles, was wichtig ist, damit sich die erhofften Erfolge einstellen.

2 Bildet Kleingruppen, versteht euch als ein neues Team, füllt ebenfalls eine solche weiße Tafel aus und stellt eure Ergebnisse vor.

3 Habt ihr schon in einem Team mitgearbeitet? Worauf kommt es bei der Teamarbeit an? Berichtet darüber.

Neue Formen der Arbeit

Immer häufiger mieten sich z. B. Freiberufler, Selbstständige, Kleinfirmen usw. für eine bestimmte Zeit in Gemeinschaftsbüros (Coworking-Spaces) ein.

4 Könnt ihr euch vorstellen, in diesem Büro zu arbeiten? Was bringt es? Was geht verloren?

5 Telearbeit, Zeitarbeit, Leiharbeit – Sucht euch eine dieser neuen Arbeitsformen aus, sammelt Informationen, berichtet darüber und nehmt kritisch Stellung dazu.

> ***„Der ärmste Mensch ist der, der keine Beschäftigung hat."***
>
> (Albert Schweitzer, elsäss. Arzt u. Philosoph, 1875–1965

> ***„Ein Beruf ist das Rückgrat des Lebens."***
>
> (Friedrich Nietzsche, dt. Philosoph, 1844–1900)

> ***„Wer mit der Seele nicht dabei ist, hat keinen Beruf, sondern nur eine Beschäftigung."***
>
> (Charles Tschopp, schweizer. Schriftsteller, 1899–1982)

> Nach einem verlorenen Fußballspiel:
> ***„Insgesamt haben die Jungs aber einen guten Job gemacht."***

6 Beschäftigung, Beruf oder Job – Erklärt, was diese vier Feststellungen dazu aussagen.

7 Ergänzt die Sätze:
- Ein Beruf ist für mich ...
- Ein Job ist für mich ...
- Eine Beschäftigung ist für mich ...

8 Womit sind die Menschen auf dem Bild unten unzufrieden?
- Was fordern sie und wie begründen sie es?
- Um welche Berufsgruppen könnte es sich handeln? Begründet eure Auswahl.

9 Was bedeutet für dich Arbeit und welche Vorstellungen hast du über den Wert und die Bezahlung von Arbeit?

Emma trifft ihre Freundin Marie in einem großen Kaufhaus.

EMMA: Ich habe gerade Jeans gekauft, die waren superbillig. Ich hätte nicht geglaubt, dass das billigste Angebot mir auch am besten gefallen würde.

MARIE: Ich weiß nicht so recht, ob das schnelle Zugreifen ausgerechnet bei Billigjeans immer so eine gute Idee ist – auch wenn sie schick sind.

EMMA: Wieso? Das verstehe ich jetzt nicht!

10 Wie könnte Marie ihre Bedenken begründen? Hat sie recht?

11 Ethische Aspekte in der Arbeits- und Wirtschaftswelt:
- Notiert dazu Themen, mit denen ihr euch gerne beschäftigen würdet.
- Formuliert Fragen zu Bereichen der Arbeits- und Wirtschaftswelt, die euch interessieren.

1| Die Arbeitswelt, die mich erwartet

Was ich von meinem Arbeitsplatz erwarte

1 Welche Erwartungen habt ihr an euren Beruf und an euren Arbeitsplatz? Setzt euch zusammen und tauscht euch darüber aus.

Schülerinnen und Schüler einer 9. Klasse äußern sich dazu:

- ... dass mir die Arbeit* Spaß macht, dass ich nett behandelt und ernst genommen werde.
- ... dass mir meine Arbeit die Zukunft sichert, dass ich genügend verdiene, gute Aufstiegschancen habe und mich mit den Kollegen gut verstehe.
- ... dass ich viel Geld verdiene, nicht zu viel Stress und hilfsbereite Kollegen habe.
- ... dass es nicht leicht sein wird, dass es lange Arbeitstage geben wird und ich mich durchkämpfen muss.

2 Womit seid ihr einverstanden – wo würdet ihr widersprechen? Diskutiert in Kleingruppen darüber.

3 Bei einer Umfrage aus dem Jahr 2011 waren am Arbeitsplatz besonders wichtig:
– Teamarbeit und gutes Betriebsklima
– eine befriedigende und sinnvolle Arbeit
– ein sicherer Arbeitsplatz
Was wäre für euch am wichtigsten?

Wir suchen ...
Wir bieten ...
Wir erwarten ...

Auf persönlicher Ebene überzeugen Sie durch eine strukturierte analytische Denk- und Arbeitsweise, hohe Flexibilität, eigenverantwortliches Handeln und offene Kommunikation. Sie sind ein Teamplayer.

Organisationsvermögen, Kommunikationsstärke und Belastbarkeit runden Ihr Profil ab.

– selbstständige und teamorientierte Arbeitsweise
– hohes Engagement und Einsatzbereitschaft
– Professionalität und Gewissenhaftigkeit
– Reisebereitschaft

4 Was erwartet die Arbeitswelt von euch? Erstellt zu den Texten eine Liste zu fachlichen Fähigkeiten, Persönlichkeit/Charakter und Sozialverhalten.

5 Vergleicht mit aktuellen Stellenanzeigen und fasst die wichtigsten Erwartungen zusammen.

Sich anonym bewerben

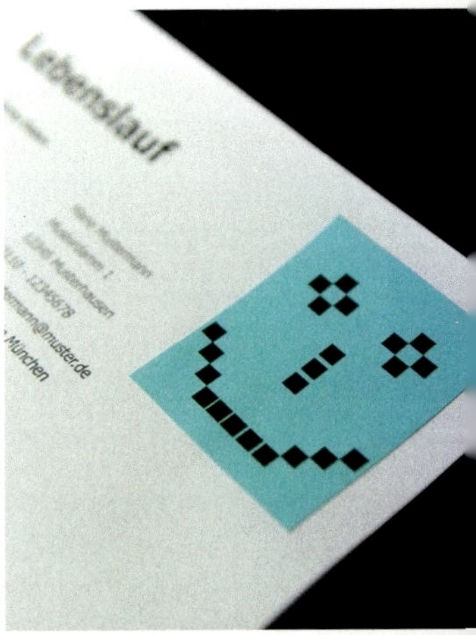

Beim ersten Bewerbungsdurchlauf:
– kein Foto
– kein Name
– keine Angaben über Herkunft, Alter, Geschlecht und Familienstand
– nur die Qualifikation soll entscheiden

Vor einigen Jahren gab es in Deutschland die ersten Pilotprojekte zu anonymen Bewerbungen: Ausgewählte Betriebe und Behörden testeten dieses Bewerbungsverfahren.

6 Worin seht ihr Vorteile und Nachteile der anonymen Bewerbung? Erstellt nach eurer eigenen Einschätzung eine Pro- und Kontra-Liste.

7 Würdet ihr für euch selbst eine solche Bewerbung den sonst üblichen Bewerbungsverfahren vorziehen? Begründet eure Wertung.

Nach Abschluss der Pilotprojekte gab es unterschiedliche Bewertungen. Positiv beurteilt wurden die Ergebnisse besonders von der Antidiskriminierungsstelle des Bundes.

8 Überlegt Beispiele und nennt mögliche Gründe für die positive Bewertung durch die Antidiskriminierungsstelle.

9 Führt eine ➔ **Internetrecherche** zu „Anonyme Bewerbung – Ergebnisse“ durch. Stellt zusammen, welche Vorteile und welche Nachteile beschrieben werden:
- für Bewerberinnen und Bewerber,
- für die teilnehmenden Behörden und Betriebe.

Medientipp:
Eine ausführliche Gegenüberstellung der Pro- und Kontra-Argumente findet ihr unter http://karrierebibel.de/anonyme-bewerbung/

Die Arbeitswelt verändert sich

Denkt an euren Start ins Berufsleben. Wie geht es euch bei dieser Vorstellung? Worauf freut ihr euch? Was befürchtet ihr? Wovor habt ihr Angst?

10 Setzt euch zusammen und tauscht euch darüber aus.

Über neue Technologien hinaus gibt es heute einen Wandel der Arbeitswelt, der auch die Lebensplanung vieler Menschen bestimmt. Die Zahl der befristeten Arbeitsverträge nimmt zu. Arbeitsphasen, Karrieresprünge, Weiterbildung und Auszeit wechseln sich ab (Patchwork-Karrieren).

Beispiel: Desk-Sharing

30 Mitarbeiter – 20 Arbeitsplätze – 4 Büros – Clean Desk – zufriedene Unternehmer ➔ und die Mitarbeiter?

11 Erklärt die Begriffe „Desk-Sharing“ und „Clean Desk“ und diskutiert darüber, welche Vorteile und welche Nachteile „Desk-Sharing“ bzw. „Clean Desk“ haben könnten. Was würde euch persönlich fehlen? Begründet eure Meinung dazu.

Beispiel: Aufhebung der Grenzen zwischen Arbeit und Freizeit

Vor allem die neuen Kommunikationstechniken machen es möglich, dass Arbeit und Freizeit nicht mehr an bestimmte Orte oder bestimmte Zeiten gebunden sind.

12 Was macht die Figur gerade? Könnte es auch sein, dass sie arbeitet und damit Geld verdient? Tauscht euch darüber aus.

13 Welche Vorteile und welche Nachteile hat es, wenn die Grenzen zwischen Arbeit und Freizeit immer mehr verwischen? Denkt dabei vor allem auch an die Auswirkungen auf das Familienleben.

Aufgaben zur Auswahl

a) Entwirf ein fiktives Porträt zum Thema „Der/Die ideale Auszubildende“.
b) Du wirst befördert, wenn du bereit bist, sonntags zu arbeiten und dafür mittwochs einen freien Tag zu haben. Begründe deine Entscheidung schriftlich.
c) Verfasse einen Tagebucheintrag mit dem Thema „Meine Lebensplanung“.

2| Vom Sinn und Wert der Arbeit

Was bedeutet Arbeit für den Menschen?

1 Was bedeutet Arbeit für mich? Schreibt eure Überlegungen dazu auf und sprecht darüber in kleineren Gruppen.

2 Was bedeutet Arbeit für einen Künstler? Wählt Beispiele aus verschiedenen Kunstrichtungen aus.

3 Was bedeutet Arbeit für ... ? Sucht selbst ein Beispiel aus und notiert eure Gedanken dazu.

Ist Arbeit das halbe Leben?

Dorothee Sölle im Gespräch

Die evangelische Theologin und Schriftstellerin Dorothee Sölle (1929–2003) über ihr Verständnis vom Sinn menschlicher Arbeit*:

Der Volksmund sagt, Arbeit ist das halbe Leben. Hat er recht?

SÖLLE: Erst einmal ist das eine schöne These. Sie spricht zunächst einmal dagegen, dass Arbeit das ganze Leben sei [...]. Aber vielleicht ist es eine etwas ungenaue Beschreibung, die andere Hälfte als Freizeit zu bezeichnen, weil das eigentlich ja gar nichts heißt. Heißt das, das Leben genießen, heißt das, vor dem Fernseher hocken, 6 Stunden am Tag, 8 Stunden am Tag, oder was heißt das? [...] Ich würde eigentlich lieber mein Leben einteilen wollen in einen Teil Arbeit in diesem altmodischen Sinn, also von Erwerbsarbeit, Arbeit in einem Sinn, für die man nichts kriegt, aber glücklich ist; und dann noch ein Drittel Freundschaft, Beziehungen, meinem Enkelkind Geschichten erzählen.

Die herkömmliche Definition beschreibt Arbeit immer noch als den Teil des Lebens, der Geld bringt.

SÖLLE: [...] Ich glaube, diese Definition von Arbeit ist sicher falsch. Das ist ein männisches Verständnis, das eben die Hälfte der Menschheit ausschließt. Sonst hätten Frauen ja jahrhundertelang nie gearbeitet; sie haben nämlich nie Geld bekommen für die wichtigsten Arbeiten wie die Erziehungsarbeit, die Pflegearbeit, die Hausarbeit. Geld ist zum Leben notwendig in unserer Gesellschaft, aber es ist tatsächlich nicht die einzige Notwendigkeit. Arbeit ist auch da, wo zum Beispiel durch Frühverrentung die bezahlte Arbeit weg ist. Auch dort bleibt Arbeit immer noch notwendig. [...]

Dient die Arbeit dazu, dem Sinn des Lebens näher zu kommen?

SÖLLE: Ja, einem Teil des Sinnes, würde ich sagen. Ich empfinde Arbeit sehr stark als eigentlich zwei Dinge: einmal als Selbstausdruck: ich lerne mich kennen und wachse an dem, was ich tue. [...] Die zweite Dimension, die mir ganz wichtig ist, ist die Kommunikation. Arbeit verbindet mich mit anderen Arbeiterinnen und Arbeitern. Es ist [...] jemand, der mit anderen eine Lebenswelt aufbaut, in der Kinder lachen dürfen und alle was zu tun haben und alle glücklich sind. [...] Arbeit hat immer Gemeinschaft geschaffen. Miteinander sein. Miteinander sich ärgern, miteinander lachen, miteinander Witze reißen. [...]

(Sonntagsblatt-Bayern, 17. – 28.04.2002, Interview: Uwe Birnstein)

4 Was versteht Dorothee Sölle unter Arbeit? Vergleicht mit eurem Verständnis.

5 Warum bezeichnet sie das herkömmliche Verständnis von Arbeit als „männisches" Verständnis?

6 Wie würde sie gerne ihr Leben einteilen? Seid ihr damit einverstanden? Begründet eure Meinung und macht Gegenvorschläge.

7 Vergleicht ihre Vorstellungen von Arbeit und Freizeit mit den Veränderungen in der Arbeitswelt heute (vgl. S. 100f.).

Für Karl Marx (1818 – 1883) gehört die Arbeit ausschließlich dem Menschen an

Eine Spinne verrichtet Operationen, die denen des Webers ähneln, und eine Biene beschämt durch den Bau ihrer Wachszellen manchen menschlichen Baumeister. Was aber von vorneherein den schlechtesten Baumeister von der besten Biene unterscheidet, ist, dass er die Zelle in seinem Kopf gebaut hat, bevor er sie in Wachs baut. Am Ende des Arbeitsprozesses kommt ein Resultat heraus, das beim Beginn desselben in der Vorstellung des Arbeiters, also schon ideal vorhanden war.

(Karl Marx: Das Kapital, Kröner Verlag, Stuttgart 1965, S. 138 f.)

8 Wie grenzt Marx die Tätigkeit eines Tieres von der Arbeit eines Menschen ab?

Karl Marx und die Entfremdung* des Menschen in der Arbeit

Der Arbeiter fühlt sich erst außer der Arbeit bei sich und in der Arbeit außer sich. Zu Hause ist er, wenn er nicht arbeitet; und wenn er arbeitet, ist er nicht zu Haus. Seine Arbeit ist daher nicht freiwillig, sondern gezwungen, Zwangsarbeit. Sie ist daher nicht die Befriedigung eines Bedürfnisses, sondern sie ist nur ein Mittel, um Bedürfnisse außer ihr zu befriedigen.

(Karl Marx (1844): Ökonomisch-philosophische Manuskripte; in: Karl Marx/Friedrich Engels: Studienausgabe, Band 11, Fischer, Frankfurt/M. 1971, S. 79)

9 Wie beschreibt Karl Marx die Tätigkeit eines Arbeiters? Was kritisiert er besonders an den damaligen Arbeitsbedingungen? Berücksichtigt dabei auch die Aussagen des folgenden Textes aus dem Roman „Sofies Welt".

Über die Gedanken von Karl Marx zur menschlichen Arbeit

Im Roman „Sofies Welt" von Jostein Gaarder sprechen Sofie und ihr Philosophielehrer über die Entfremdung des Menschen nach Karl Marx in der damaligen kapitalistischen Produktionsweise:

„Im kapitalistischen* System arbeitet der Arbeiter für einen anderen. Und so wird die Arbeit etwas […], das nicht ihm gehört. Der Arbeiter wird seiner eigenen Arbeit fremd – und damit auch sich selbst. […] Marx spricht […] von Entfremdung."
„Ich habe eine Tante, die seit über zwanzig Jahren in einer Fabrik Pralinen verpackt, und deshalb verstehe ich sofort, was du meinst […]. Sie hasst jedenfalls Pralinen."
„In der kapitalistischen Gesellschaft ist die Arbeit so organisiert, dass ein Arbeiter in Wirklichkeit für eine andere Gesellschaftsklasse Sklavenarbeit verrichtet. […]"
„Ist es wirklich so schlimm?"
„Wir reden jetzt davon, wie Marx die Dinge sah. […] Arbeiter hatten oft einen Vierzehnstundentag in eiskalten Fabrikhallen. Die Bezahlung war oft so schlecht, dass auch Kinder und Wöchnerinnen arbeiten mussten. Das führte zu unbeschreiblichen sozialen Verhältnissen. […]"
„So was macht mich wütend."
„Marx ging das auch so […]."

(Jostein Gaarder: Sofies Welt, Hanser Verlag, München 1993, S. 468 f.)

10 Fasst nach folgendem Schema mit eigenen Worten zusammen, was Karl Marx unter „Entfremdung" versteht und welche Ursachen er dafür nennt:

Der Arbeiter ist entfremdet
→ vom Produkt seiner Arbeit, weil …
→ von seiner Arbeit, weil …
→ von sich selbst, weil …

11 Sammelt Arbeitsformen und Arbeitsverhältnisse, die auch heute noch mit dem Begriff „Entfremdung" beschrieben werden könnten (s. S. 106). Bildet dazu Kleingruppen und diskutiert darüber.

3| Ethisch handeln – auch in der Arbeitswelt?

Ethik am Arbeitsplatz – Beispiel Mobbing

Frau M., Mitte 30, arbeitet seit vier Jahren als Sekretärin in einer großen Firma. Sie ist offen und freundlich, arbeitet zielstrebig und weiß, was sie will. In der Firma hat sich in letzter Zeit einiges verändert. Die Auftragslage ist schwieriger geworden, die Firmenleitung wechselte, es wurde rationalisiert, umstrukturiert und es wurden Beschäftigte entlassen. Das Betriebsklima ist angespannt, Angst und Unsicherheit bestimmen den betrieblichen Alltag. In dieser Situation wird die Stelle der Assistentin/des Assistenten der Geschäftsführung frei. Frau M. und drei weitere Betriebsangehörige, die teilweise schon länger im Betrieb waren, bewerben sich darum. Frau M. erhält die Stelle und beginnt hoch motiviert ihre Tätigkeit. Das Verhalten ihrer Kolleginnen und Kollegen verändert sich. Gespräche verstummen, wenn sie den Raum betritt, keiner will mehr die Mittagspause mit ihr verbringen. Bei Nachfrage wird sie beschimpft, dass sie sich für was Besseres hält und sich beim Chef einschmeichelt. Frau M. reagiert zunehmend nervös. Die immer stärker werdenden Anfeindungen und Anspielungen lassen sie unkonzentriert und verstört wirken. Als noch Arbeitsunterlagen verschwinden, die Post abgefangen und absichtlich verlegt wird, Dateien auf dem Computer gelöscht werden, geht sie zum Chef und beschwert sich. Dabei reagiert sie emotional sehr heftig. Ihr Chef ist völlig überrascht und denkt auch darüber nach, ob Frau M. mit ihrer neuen Stelle vielleicht überfordert ist. Als Frau M. immer mehr an Schlafstörungen leidet, Magenschmerzen und vermehrt Migräneanfälle bekommt, meldet sie sich krank. Sie fehlt fast vier Wochen und hat immer wieder Panikattacken, wenn sie daran denkt, was jetzt gerade in ihrer Abwesenheit in der Firma abläuft. Als sie wieder an ihren Arbeitsplatz zurückkommt …

1 Wie geht es mit Frau M. weiter? Vergleicht und bewertet unterschiedliche Möglichkeiten.

2 Wie verhalten sich bei diesem Beispiel die Mobbing-Täter, das Mobbing-Opfer und der Chef?

Mobbing am Arbeitsplatz – Wie läuft es ab?

Die Erfahrung zeigt: Mobbing läuft in der Regel in mehreren aufeinanderfolgenden Phasen ab, wobei nicht alle Mobbingfälle alle Phasen durchlaufen müssen, d. h. es können auch einzelne Phasen übersprungen werden bzw. es kann auch frühzeitig gelingen, das Mobbing z. B. durch ein klärendes Gespräch zu stoppen. Das folgende Modell beschreibt den „klassischen" Mobbingverlauf, der von Anfang bis Ende vier Phasen durchläuft.

Phase 1: Ungelöster Konflikt

Ein Konflikt steht im Raum und bleibt ungelöst. Es kommt zu ersten Schuldzuweisungen und vereinzelten persönlichen Angriffen.

Phase 2: Der Psychoterror beginnt

Es kommt Bewegung in die Sache. Der eigentliche Konflikt gerät in den Hintergrund, während die betroffene Person immer häufiger zur Zielscheibe systematischer Schikanen wird. Damit einher gehen ein Verlust des Selbstwertgefühls sowie Isolation und Ausgrenzung.

Phase 3: Arbeitsrechtliche Sanktionen

Die ganze Sache eskaliert. Die gemobbte Person ist stark verunsichert, kann sich nicht mehr konzentrieren, macht Fehler – sie gilt zunehmend als „problematisch". Die Folgen: arbeitsrechtliche Sanktionen wie Abmahnung, Versetzung, Androhung der Kündigung.

Phase 4: Der Ausschluss

Das Ziel der Mobber ist erreicht: Die betroffene Person kündigt oder ihr wird gekündigt bzw. sie willigt in einen Auflösungsvertrag ein.

(„Wenn aus Kollegen Feinde werden", Broschüre der Bundesanstalt für Arbeitsschutz und Arbeitsmedizin, 6. Auflage, Dortmund, zuletzt geändert 2011)

3 Ordnet das Fallbeispiel den einzelnen Phasen eines „klassischen" Mobbing-Verlaufes zu. Ergänzt fehlende Angaben.

4 Wie wirkt sich Mobbing auf ein Mobbing-Opfer aus?
- Zeigt die Auswirkungen für das Fallbeispiel.
- Ergänzt eure Angaben durch Recherchen zu „Mobbing hat Folgen".

5 Aus einem Ratgeber für Mobbing-Opfer:
→ sich rechtzeitig gegen die Mobbing-Täter wehren und eine Aussprache über die Ursachen des Konflikts suchen
→ Hilfe suchen z. B. bei Kolleginnen und Kollegen, beim Personalrat/Betriebsrat, bei der Firmenleitung usw.

Informiert euch über weitere Möglichkeiten und verfasst selbst einen Mobbing-Ratgeber.

Hier z. B. finden Betroffene persönliche Beratung und Hilfen von Experten:

MobbingLine Nordrhein-Westfalen
Telefon: 0211 837 1911

Durch eine andere Brille sehen

Eine junge Frau, die von ihren Kolleginnen und Kollegen gemobbt wird: Welche Gedanken und Gefühle gehen ihr durch den Kopf? Tauscht euch über eure Vermutungen aus.

Wie kann man das Mobbingrisiko verringern?

Möglichkeiten für die Vorgesetzten:
- ein vertrauensvolles und offenes Betriebsklima schaffen,
- neue Kolleginnen und Kollegen auf ihre neuen Aufgaben vorbereiten,
- klare Arbeitsanweisungen geben und Zuständigkeiten klären,
- den Beschäftigten bei Bedarf Konfliktberatung anbieten

6 Benennt in ähnlicher Weise Verhaltensweisen von Kolleginnen und Kollegen, die eurer Meinung nach das Mobbingrisiko verringern können.

7 Was bedeutet „nicht tolerieren" in diesem Zusammenhang
a) für den Arbeitgeber, für die Firmenleitung?
b) für alle Mitarbeiter?

Beispiel: Aus dem Tagebuch einer Amazon-Packerin

Eine Schicht bei Amazon […] begann immer wie folgt: Mit dem Ertönen eines Gongs versammelten sich alle Mitarbeiter der Schicht. Der „Lead“ der Schicht bezifferte die zu bearbeitenden Bestellungen und las einen „safety tip“ für die Arbeit vor. Daraufhin ging jeder an seinen Arbeitsplatz. Im Bereich „Pack“, in dem ich tätig war, gibt es sechs sogenannte „Linien“, an denen jeweils rund 20 Leute arbeiteten. Für jede Linie ist ein Fließband vorhanden, auf dem die zu verpackenden Waren angeliefert werden.

Links und rechts davon befinden sich dann jeweils parallel neben- und hintereinander die Arbeitsplätze. Als Packer steht man alleine an einem Tisch; davor eine Art Regal mit den verschiedenen Verpackungen; links zwei Fließbänder: eines, das die Waren in Kisten anliefert, und eines, auf das die fertigen Pakete gelegt werden.

Je Linie gibt es einen Aufseher, einen sogenannten „Co-Worker“, der für alle auftauchenden kleineren Schwierigkeiten verantwortlich ist. Über den Co-Workern standen […] fünf „Leads“, deren Aufgabe es ist, dass alles reibungslos funktioniert. Sie liefen daher die meiste Zeit durch die Linien und beobachteten die Mitarbeiter. Da sie im Grunde recht wenig zu tun haben, aber wichtig sind und über allen anderen stehen, merken sie sich etwa, wie oft man schon auf Toilette war, fragen, warum man nicht zur näheren Toilette gegangen sei (von deren Existenz man nicht wusste), und kontrollieren vor allem, dass alle schnell genug arbeiten.

Eine dieser „Leads“ war unterdessen ein besonderer Fall: Über mehrere Linien hindurch beobachtete sie uns und mahnte, weiterzuarbeiten, wenn sie uns etwa beim Reden mit dem Nachbarn oder beim Anlehnen zu einer kurzen Verschnaufpause gesehen hatte. „So geht es hier immer zu“, berichtete mir ein junger Mann schulterzuckend, als er meinen erschrockenen Blick aufgefangen hatte. Auch die Architektur des Lagers selbst führte dazu, dass alles gut kontrolliert werden konnte: Am Ende der Arbeitsplätze an den einzelnen Linien gab es eine Art „Brücke“, auf die sich die Aufseher gerne stellten. In vielen Situationen fühlte ich mich mehr als unwohl, wenn einer von ihnen entspannt am Geländer lehnte, auf uns herabschaute und beobachtete, ob auch jeder arbeite.

Insgesamt war die Arbeitsatmosphäre mehr als angespannt. […] Ich fühlte mich, als ob mich das Aufseherteam als eine Art minderwertiger Mensch betrachtete.

(Das Tagebuch einer Amazon-Packerin, Frankfurter Allgemeine Zeitung, 21.02.2013)

8 „Schicht“, „Linie“, „Co-Worker“ und „Leads“ – Erklärt die Begriffe.

9 Bewertet die für eine Amazon-Packerin/einen Amazon-Packer geltende Arbeitsorganisation und begründet eure Einschätzung.

10 Vergleicht diese Arbeit mit dem, was Karl Marx als Entfremdung beschreibt (s. S. 103).

Beispiel: Unternehmen als Freund

„EA“ prangt in weißen Leuchtlettern auf der deutschen Firmenzentrale von Electronic Arts. EA ist einer der größten Computerspielkonzerne der Welt [...]. Die Spiele-Industrie macht inzwischen mehr Umsatz als Hollywood, allein EA beschäftigt weltweit 9 000 Leute.

Sabine Hahn [...] arbeitet im Vertrieb. Sie verkörpert den idealen Typus in einer modernen Arbeitswelt: 35 Jahre alt, Mutter von dreijährigen Zwillingen, Frau in einer Männerbranche, flexible Arbeitszeiten, freitags arbeitet sie „aus dem Home-Office“. Sie führt ein Leben, das es vor zehn Jahren kaum gegeben hätte. Ihr Mann ist selbstständig und oft unterwegs.

„Wenn eines meiner Kinder morgens mal richtig krank ist, dann kann ich einfach später kommen“, sagt sie. „Dankbar“ sei sie EA für dieses Vertrauen. Wenn sie von dem Unternehmen spricht, dann klingt es manchmal so, als spreche sie von einem guten Freund. „Bei EA arbeitet man nicht“, sagt sie, „man kann sich auch ein Stück weit selbst verwirklichen.“ In manchen Abteilungen sind die Mitarbeiter allenfalls für ein paar Stunden am Tag im Büro, sie arbeiten nachts oder von zu Hause aus. „Man kann Leidenschaft nicht in feste Arbeitszeiten zwängen“, sagt Martin Löhlein, den man einen Chef nennen würde, wenn EA die Hierarchien[1] nicht abgeschafft hätte. Löhlein nennt sich lieber „Ansprechpartner“.

Sabine Hahn sitzt heute vor ihren zwei Monitoren im Großraumbüro, es sind nur wenige Schritte von ihrem Platz bis zur Sofaecke, in der sie und die Kollegen nach der Mittagspause die Videospiele ausprobieren, die sie in ihrer Arbeitszeit herstellen und vermarkten. [...]

(Amrai Coen/Thomas Fischermann: Bespaßt und gequält; in: ZEIT ONLINE, 25.10.2012, www.zeit.de [12.05.2016])

1 Hierarchie: Rangordnungssystem

11 Was meint Sabine Hahn, wenn sie sagt, dass sie sich bei ihrer Arbeit „auch ein Stück weit selbst verwirklichen“ kann?

12 Vergleicht in Kleingruppen die verschiedenen Formen der Arbeitsorganisation in den beiden Beispielen und bewertet die Unterschiede.

13 Welche Vorteile, welche Nachteile hat die jeweilige Form für die Beschäftigten bzw. für das Unternehmen?

Ist das Home-Office der Arbeitsplatz der Zukunft?

14 Bildet Kleingruppen und diskutiert über die Vor- und Nachteile eines Arbeitsplatzes zu Hause.

4| Recht auf Arbeit als ein Menschenrecht – aber was heißt das?

Einen Arbeitsplatz für jeden?

Jonas und Felix besuchen die 9. Klasse einer Realschule. Auf dem Weg nach Hause kommen sie ins Gespräch:

FELIX: Ich habe gestern auf einem Plakat gelesen, dass jeder Mensch das Recht auf Arbeit hat. Kann das sein?

JONAS: Und ich habe schon gehört, dass das Recht auf Arbeit sogar ein Menschenrecht ist.

FELIX: Dann verletzt ein Staat also die Menschenrechte, wenn er einem Arbeitslosen keinen Arbeitsplatz verschafft?

JONAS: Das kann ja irgendwie nicht so sein.

FELIX: Und wie ist es dann mit Leiharbeit, Hungerlöhnen, Zwangsarbeit, miserablen Arbeitsbedingungen usw. Sind das auch Menschenrechtsverletzungen?

JONAS: Eigentlich schon. Wir könnten ja mal nachschauen.

Kurze Zeit später:

FELIX: Ich hab was gefunden. Hier steht, dass das Recht auf Arbeit kein einklagbares Recht ist, sondern ein Programmsatz.

JONAS: Was soll das denn heißen?

FELIX: Hier steht auch noch, dass das Recht auf Arbeit die Staaten verpflichtet, alles dafür zu tun, dass die bestehende Arbeitslosigkeit verringert wird und dass menschenwürdige Arbeitsbedingungen gelten.

JONAS: Ach so! Und was machen die dann zum Beispiel?

1 Könnt ihr Jonas weiterhelfen?

Aus der „Allgemeinen Erklärung der Menschenrechte"

(1) Jeder hat das Recht auf Arbeit, auf freie Berufswahl, auf gerechte und befriedigende Arbeitsbedingungen sowie auf Schutz vor Arbeitslosigkeit.
(2) Jeder, ohne Unterschied, hat das Recht auf gleichen Lohn für gleiche Arbeit.
(3) Jeder, der arbeitet, hat das Recht auf gerechte und befriedigende Entlohnung, die ihm und seiner Familie eine der menschlichen Würde entsprechende Existenz sichert, gegebenenfalls ergänzt durch andere soziale Schutzmaßnahmen.
(4) Jeder hat das Recht, zum Schutze seiner Interessen Gewerkschaften zu bilden und solchen beizutreten.

(Allgemeine Erklärung der Menschenrechte: Artikel 23, www.un.org [13.05.2016])

2 Lest den Artikel 23 aus der „Allgemeinen Erklärung der Menschenrechte" und notiert die genannten Einzelaspekte nach dem angegebenen Muster.

3 Was versteht ihr unter angemessenen und befriedigenden Arbeitsbedingungen?

4 Kennt ihr Beispiele, wo Menschen unter menschenunwürdigen Arbeitsbedingungen arbeiten müssen? Recherchiert und berichtet darüber.

5 „Von seiner Arbeit muss man leben können.“ – „Von seiner Arbeit muss man eine Familie ernähren können.“
- Sind diese Forderungen berechtigt? Begründet eure Meinung dazu.
- Was fordert dazu Abschnitt (3) des Artikels 23?
- Wie stellt ihr euch die Verwirklichung in der heutigen Arbeitswelt vor?
- Welche Auswirkungen hat es, wenn diese Forderungen nicht erfüllt werden?

Beispiel: Gleicher Lohn für gleiche Arbeit?

Demonstrantinnen und Demonstranten forderten am 21. März 2014, dem „Equal Pay Day“, die gleiche Bezahlung von Männern und Frauen.

6 Beschreibt das Bild und erklärt die Bedeutung der unterschiedlichen Standplätze.

Seit 2008 gibt es in Deutschland die Aktion „Rote Tasche“. Das war der Beginn der bundesweiten Einführung des „Equal Pay Day“.

7 Erklärt, was die „Tasche“ und die „rote Farbe“ ausdrücken.

Was man im Lohnspiegel sehen kann

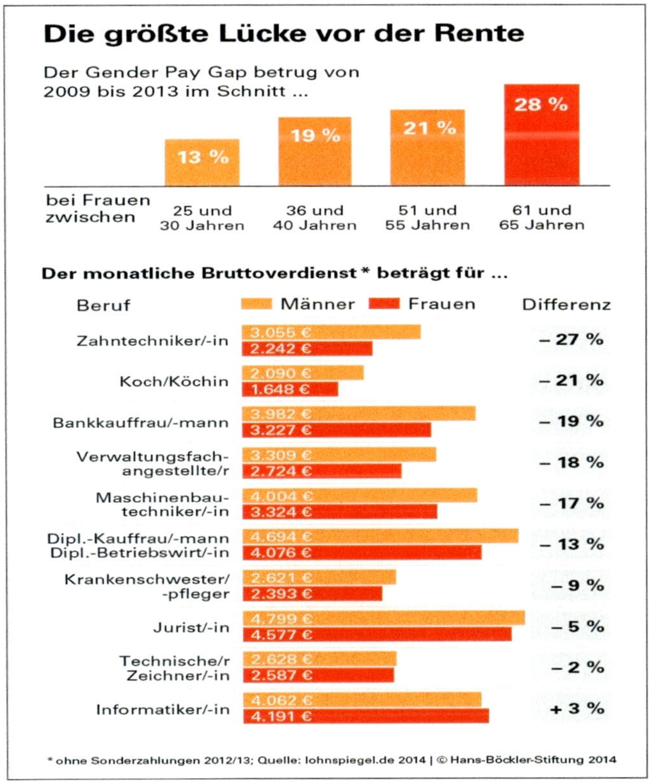

Gender Pay Gap: Bezeichnung des Unterschieds, den Frauen weniger als Männer verdienen

8 Äußert euch zu den Aussagen und Ergebnissen des Schaubildes und nennt mögliche Gründe für die Ausnahme.

Warum eigentlich?

Warum müssen Männer und Frauen für gleiche Arbeit auch gleich viel verdienen?

Aufgaben zur Auswahl

a) Bastelt eine „Demo-Tasche“.
b) Gestaltet ein Plakat für den „Equal Pay Day“.
c) „Equal Pay geht doch gar nicht. Man kann doch nicht Äpfel mit Birnen vergleichen.“ Schreibt eine Stellungnahme dazu.

5| Arbeitslos?

„Wir brauchen Sie nicht mehr!“

- „Ich kam von einem befristeten Job im Ausland zurück. Trotz Berufserfahrung und guter Englischkenntnisse waren meine Bewerbungen für einen ähnlichen Job in Deutschland ohne Erfolg. Man tröstete mich, ich sei ja nicht arbeitslos, sondern arbeitssuchend.“
- „Um 12 Uhr hatte ich einen Termin beim Personalchef. Ohne Umschweife sagte er mir, dass sie leider die Abteilung verkleinern und Personal entlassen müssen. Dann stand ich mit dem Kündigungsschreiben in der Hand vor der Tür.“
- „Ich traute es mir nicht zu, an einer betrieblichen Weiterbildung teilzunehmen. Ein halbes Jahr später sagten sie mir, dass sie mich leider nicht mehr brauchen können.“

1 Jeder Arbeitslose hat seine eigene Geschichte. Was war jeweils die Ursache in den Fallbeispielen? Ergänzt durch weitere euch bekannte Beispiele und benennt die Ursachen.

Arbeitslosigkeit in Deutschland

Offiziell gab es am 1. Januar 2015 in Deutschland 2,94 Millionen Arbeitslose. Das sind 7 % aller Erwerbspersonen. Im Jahr 2006 waren es 10,8 %.

Herr M., Mitte 40, verheiratet, 2 Kinder, sucht nach einer Kündigung bisher vergeblich einen neuen Arbeitsplatz: „Wenn ich andere höre, wie sie vom wirtschaftlichen Aufschwung und von sinkenden Arbeitslosenzahlen schwärmen, dann geht es mir noch schlechter und ich werde innerlich richtig aggressiv.“

2 Versucht zu verstehen, was in Herrn M. in solchen Situationen vorgeht, und erklärt seine Reaktion.

Arbeitslos – wie geht es weiter?

Im Artikel 23 der „Allgemeinen Erklärung der Menschenrechte“ (vgl. S. 108) steht, dass soziale Schutzmaßnahmen helfen müssen, wenn ein Mensch seine Existenz nicht mehr durch Arbeit sichern kann. Für alle Fragen, die die Arbeitswelt betreffen, ist in Deutschland die „Bundesagentur für Arbeit“ zuständig. Ihre Zentrale ist in Nürnberg und sie hat bundesweit ein flächendeckendes Netz von Arbeitsagenturen und Geschäftsstellen.

Hier müssen sich Arbeitslose melden und die gesetzlich geregelten Hilfeleistungen beantragen, z. B. das Arbeitslosengeld.

Bundesagentur für Arbeit

Erkläre es mir – Arbeitslosengeld und Hartz IV

Wer in Deutschland arbeitslos wird, erhält auf Antrag bei der „Agentur für Arbeit“ Arbeitslosengeld, oft auch Arbeitslosengeld I (ALG I) genannt. Er muss aber vorher ausreichend lange in die Arbeitslosenversicherung eingezahlt haben. Das Arbeitslosengeld I ist also keine Sozialhilfe, sondern eine Versicherungsleistung. Es beträgt 60 % vom Nettoeinkommen (bei Kindergeldansprüchen 67 %). ALG I bekommt man je nach Dauer der Beitragszahlung und je nach Lebensalter von 6 Monaten bis höchstens 2 Jahre. Danach hat man Anspruch auf das Arbeitslosengeld II (ALG II), das man meist als Hartz IV bezeichnet. Die Höhe von Hartz IV richtet sich nach dem Regelsatz. Ab dem 1. Januar 2016 beträgt der Regelsatz für alleinstehende oder alleinerziehende arbeitslose Personen 404 € pro Monat.

Zusätzlich zum Regelsatz hat man auch noch nach der Grundsicherung Anspruch auf Zuschüsse für die Wohnung, für die Heizung und für besonderen Mehrbedarf. Den muss man aber jeweils einzeln beantragen und den Bedarf nachweisen.

3 Wähle zwei Bereiche des Regelsatzes aus, berechne deinen monatlichen Bedarf und mache konkrete Vorschläge, wie du damit auskommen könntest.

Arbeitslosigkeit hat Folgen

Frau T.: Ich habe regelmäßige Termine bei der „Agentur für Arbeit“. Mit der Zeit hasse ich sie immer mehr. Ich muss Listen mitbringen, um nachzuweisen, wo ich mich seit dem letzten Termin überall beworben habe. Ich komme mir langsam fast wie ein Angeklagter vor. In zwei Monaten läuft die Frist für das Arbeitslosengeld aus. Wenn mir wieder einmal einfällt, dass ich dann in Hartz IV abrutsche, wird es mir richtig schlecht. Ich trau mich schon kaum noch auf die Straße.

Durch eine andere Brille sehen

Es klingelt. Eine Freundin steht vor der Tür: „Ich weiß, dass es dir schlecht geht und du eigentlich niemand sehen willst, weil du die Hoffnung aufgegeben hast, noch einen Job zu finden. Aber vielleicht tut es dir gut, wenn wir miteinander reden.“
Schreibt einen möglichen Gesprächsverlauf auf und tragt das Gespräch im Rollenspiel vor.

So geht es – Ein Rollenspiel durchführen

Ihr wählt eine Situation aus, die ihr den anderen vorspielen wollt. Überlegt dabei auch, wie die Einzelnen in eurer Gruppe sich verhalten sollen und was sie sagen sollen. Übt dann euer Spiel ein und nehmt euch Zeit, damit ihr euch gut in eure Rolle hineinfindet. Ihr könnt auch Rollenkarten vorbereiten, auf denen ihr genauer beschreibt, wie jede/r sich in der Situation verhalten soll.

Wenn die Arbeit fehlt, fehlt mehr als Geld, und betroffen ist nicht nur der/die Arbeitslose:
Seit Herr M. arbeitslos ist,
- ist seine Frau traurig, weil er nichts mehr unternimmt und meist wortlos vor dem Fernseher sitzt. Besonders schlimm ist es für sie am Wochenende. Sie hat Schlafstörungen und der Arzt hat einen hohen Blutdruck festgestellt.
- fühlt er sich minderwertig und hat keine Lust mehr, andere Leute zu treffen. Wenn er darauf angesprochen wird, reagiert er aggressiv.
- schreibt sein Sohn Sven in der Schule schlechte Noten und hat das Gefühl, dass es seine Eltern gar nicht interessiert. Nächste Woche wird er 16 und er freut sich überhaupt nicht darauf.

4 Erarbeitet eine Mindmap zum Thema „Arbeitslosigkeit hat Folgen“.

6| Die Globalisierung – und ich?

Die 16-jährige Laura steht vor dem Spiegel im Bad und putzt sich die Zähne mit der neuen elektrischen Zahnbürste. Sie interessiert sich in dem Moment bestimmt nicht für den langen Weg durch drei Kontinente und rund zehn Staaten, den ihre Zahnbürste mit all den Einzelteilen und Rohstoffen bereits zurückgelegt hat, und dass einige Tausend Menschen daran mitgearbeitet haben. Von ihrem Smartphone, in das sie kurz reinschaut, weiß sie schon eher, woher es kommt und dass es auch kritische Stimmen zu den Herstellungswegen gibt.

1. Was habt ihr mit Globalisierung zu tun?

2. Informiert euch über die Herstellungswege eines Handys, z. B. unter der Fragestellung „Woher kommen unsere Smartphones?“, und tauscht euch in Partnerarbeit darüber aus.

Wer was an einem T-Shirt verdient

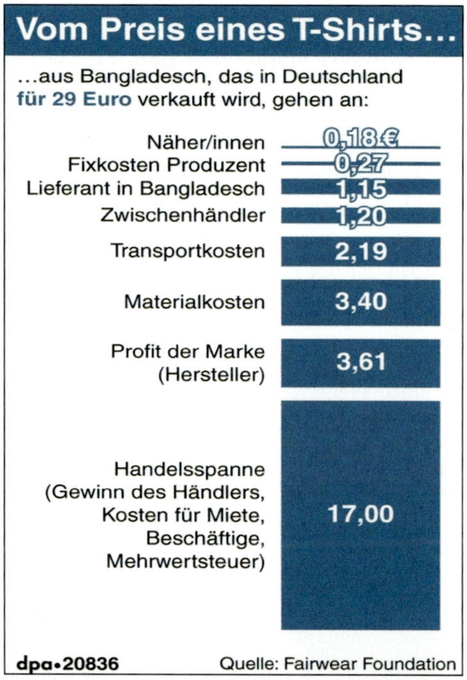

3. Diskutiert über diese Preiszusammensetzung eines T-Shirts und bewertet sie unter dem Gesichtspunkt der sozialen Gerechtigkeit.

4. Informiert euch über Sozialstandards. Inwiefern müsste das auch die Käufer/innen interessieren?

5. Erklärt an diesem Beispiel, warum viele westliche Modemarken trotz der enormen Transportwege ihre Produkte in Asien herstellen lassen.

Wie verhalten wir uns als Verbraucher?

Als 2013 in Bangladesch Fabrikgebäude einstürzten – mehr als 1000 Menschen kamen dabei ums Leben – und die katastrophalen Zustände in den Produktionsstätten für Blusen, Röcke, Paillettenjäckchen bekannt wurden, waren viele Menschen schockiert. Aber noch im Unglücksjahr konnten Konzerne, die in der Kritik standen, ihre Umsatzzahlen in Deutschland noch steigern.
Noch vier Monate nach dem Unglück gaben bei einer repräsentativen Umfrage fast 80 % der Deutschen an, noch nie bewusst ein Fair-Trade-Kleidungsstück gekauft zu haben. Viele wären aber bereit, mehr für ein fair produziertes T-Shirt auszugeben – aber nicht mehr als zehn bis 20 Prozent. Das reichte aber schon: Mit nur 20 Cent mehr [...] könnte man das Einkommen der Näherinnen in Bangladesch verdoppeln. Allein so einfach geht es nicht. Und die Wahrheit ist: „Die Optik schlägt alles andere“, sagt ein Modeverbandssprecher. „Ein Kleidungsstück muss gefallen. Wenn es fair produziert wurde, umso besser. Wenn nicht, kauft der Kunde es trotzdem.“

(nach: Maris Hubschmid: Der Preis des T-Shirts, www.tagesspiegel.de, 13.04.2014)

6. Schlägt bei euch auch die Optik alles andere? Was ist für euch entscheidend, ob ihr ein bestimmtes Produkt kauft? Diskutiert darüber und begründet eure Einstellung dazu.

Aufgaben zur Auswahl

a) Fasse stichwortartig zusammen, was du beim Kauf einer elektrischen Zahnbürste oder eines billigen T-Shirts vorher überlegen solltest.
b) Wohin mit den alten Handys? Informiere dich über verschiedene Möglichkeiten und verfasse dazu ein Infoblatt.
c) Ein überzeugter „Fair-Trade-Käufer" streitet mit einem „Die-Optik-schlägt-alles-Käufer". Schreibe ein Gespräch auf.

Der Preis der Blue-Jeans

„Ich bin eine Blue-Jeans im Used-Look"

Bevor du mich in Deutschland gekauft hast, wurde ich in Xintang, der Welthauptstadt der Jeans,

- in der Weberei aus bereits blau gefärbtem Garn zum Jeansstoff. Meine Fasern wurden vorher mit Ätznatron und Säure behandelt. Überall ist gefährlicher blauer Staub, der beim Weben entsteht.
- in der Näherei nebenan zugeschnitten und zu Hosen verarbeitet – auch hier blauer Staub.
- in der Wäscherei zunächst auf „gebraucht" getrimmt. In harter Knochenarbeit werde ich stundenlang mit Sandpapier bearbeitet. Andere Fabriken verwenden auch noch das Sandstrahlen, obwohl es weltweit als lebensbedrohende Arbeit geächtet ist.
- im Untergeschoss der Wäscherei in beißendem Gestank zum begehrten „Used-Look" veredelt. Damit ihr in Deutschland bei mir keine schädlichen Stoffe mehr findet, werde ich aufwendig gewaschen – jetzt mit anderen Chemikalien.
- insgesamt bis zu zwanzigmal geschleudert, geschrubbt, zerkratzt, gebleicht und wieder nachgefärbt.
- transportfertig gemacht, indem in offenen Garagen Hunderte von Arbeiterinnen noch heraushängende Fäden abschneiden.

Die Beteiligten

– Fabrikbesitzer:
„Der Preisdruck ist enorm. Ich muss noch einen Kredit abzahlen, die Baumwollpreise steigen, aber mehr als 4,30 € pro Hose zahlen unsere Kunden nicht."
– Unternehmer in Deutschland:
„Wir wollen wirtschaftlich, sozial und nachhaltig produzieren. Wir machen dazu klare Vorgaben. Allerdings arbeiten wir immer über Agenten (Zwischenhändler). Wie die Zustände in den Fabriken sind, wissen wir nicht. Dafür sind die Chinesen verantwortlich."
– Agent (Zwischenhändler):
„Ich leite die Bestellungen und die Design-Entwürfe weiter. Mich interessieren nur die Qualität und die pünktliche Lieferung."
– Umweltschutzvertreter:
„Wir müssen zusammen mit Politik und Verbänden dafür sorgen, dass sich das Umweltbewusstsein und die lokalen Standards in China weiterentwickeln und dass sie auch kontrolliert werden."
– Arbeiter:
„Überall ist Chemie, ich habe keine Ahnung, welche Stoffe davon schädlich sind. Der Meister mixt alles zusammen. Was soll ich machen? Es muss doch irgendwie weitergehen."

(Daten, Zitate und Bild zusammengestellt nach dem Dokumentarfilm „Der Preis der Blue-Jeans" von Christian Jentzsch und Michael Höft, Erstausstrahlung NDR, 05.03.2012)

7 Welche Verantwortung haben wir als Konsumenten? Wie müssten wir uns vor dem Einkaufen verhalten? Wie verhalten wir uns? Bildet kleinere Gruppen und diskutiert darüber.

8 Bewertet in Kleingruppen die Rolle der im Fallbeispiel genannten Beteiligten.

Was du weißt und kannst

1. Die Arbeitswelt, die mich erwartet

a) Erstellt eine Mindmap zum Thema „Was sollen Jugendliche aus der Schule für die Arbeitswelt mitbringen?" und berücksichtigt dabei besonders persönliche und soziale Kompetenzen.

b) „Wer alleine arbeitet, addiert; wer zusammen arbeitet, multipliziert." (arabisches Sprichwort)
Überprüft an praktischen Beispielen, inwiefern dieses Sprichwort heute noch zutrifft.

c) Was erfordert erfolgreiche Teamarbeit von jedem der Teammitglieder?

d) „Lebenslanges Lernen wird immer wichtiger." – Trifft dieser Satz in der heutigen Arbeitswelt noch zu? Überlegt dazu Beispiele.

e) Welche Bedeutung hat die ständige Weiterentwicklung der Kommunikationstechniken für die Veränderungen in der Arbeitswelt?

Die neue Berufswelt kann immer weniger das bieten, was in der Marktwirtschaft ohnehin Mangelware ist: Zugehörigkeit. Sie bietet keinen Verlass mehr, keine Sicherheit, keinen Zusammenhalt. Sie zwingt vielen ein bedingungsloses Nomadenleben auf, denn mit leichtem Gepäck reist es sich besser. Familiäre oder freundschaftliche Bindungen und die Verwurzelung in einem sozialen Umfeld sind Gift für die Karriere. Die neuen Zeiten verlangen nach strahlenden Siegertypen, bedingungslos und einsatzbereit, wo immer sie gebraucht werden – Fremdenlegionäre.

(Axel Braig/Ulrich Renz: Die Kunst, weniger zu arbeiten, Fischer Taschenbuch Verlag, Frankfurt/M. 2003, S. 73)

f) Setzt euch mit dieser kritischen Sicht der neuen Arbeitswelt auseinander:
- *Stellt zusammen, was die Autoren des Textes kritisieren.*
- *Wo stimmt ihr zu? Wo seid ihr anderer Meinung? Belegt eure Wertung durch Beispiele.*

2. Vom Sinn und Wert der Arbeit

Dorothee Sölle auf die Frage „Hat der 1. Mai als Tag der Arbeit heute seinen Sinn verloren?":

„Ich glaube schon. Der 1. Mai war mal ein Tag der Industriearbeit gewesen, ein Tag, an dem die Industriearbeiter zusammenstehen, Aufmärsche machen, ihre Forderungen klären, ihre Anliegen ausdrücken. In diesem Sinne gibt es die Arbeit nicht mehr, und vor allem gibt es die Arbeiterbewegung, die das getragen hat, nicht mehr. [...] Heute brauchen wir andere Bewegungen, die auch sogenannte nicht arbeitende Menschen integrieren. [...] Wir brauchen einen viel weiteren Begriff von Arbeit als der industriellen und bezahlten und bestreikten Arbeit."

(Sonntagsblatt-Bayern, 17. – 28.04.2002)

Norbert Blüm zum Sinn und Wert der Arbeit:

„Wenn Arbeit alles wäre, gäbe es keinen Lebenssinn für Behinderte, keinen mehr für Alte und noch keinen für Kinder."

(„Unverblümtes von Norbert Blüm", gesammelt von Norbert Iserlohe, Bastei Lübbe Verlag, Bergisch Gladbach 1985, S. 171)

a) Vergleicht die Aussagen der beiden Texte:
- *Was haben sie gemeinsam? Worin unterscheiden sie sich?*
- *Wie könnte so ein neues Verständnis des Begriffes „Arbeit" aussehen?*
- *Vergleicht mit eurem Verständnis von Arbeit.*

„Arbeiten ist, bei sich selbst sein."

(Peter Hille, dt. Schriftsteller, 1854 – 1904)

b) Vergleicht diese Aussage mit den Vorstellungen von Karl Marx über die „Entfremdung des Menschen in der Arbeit".

3. Ethisch handeln – auch in der Arbeitswelt?

a) Schreibt einen Text für einen „Azubi-Ratgeber“, wie man zwischen Kritik, Mobbing, Scherz und schlimmem Fehlverhalten unterscheiden kann.

b) Beschreibt an Beispielen mit eigenen Worten eine Unternehmensführung und Arbeitsorganisation, die die Abhängigkeit der Arbeitskräfte ausnutzt, und eine, die es ermöglicht, dass sich die Arbeitskräfte ein Stück weit selbst verwirklichen können.

4. Recht auf Arbeit als ein Menschenrecht – aber was heißt das?

a) „Recht auf Arbeit“ oder „Recht auf einen Arbeitsplatz“ – Erklärt den Unterschied.

b) Erläutert an Beispielen die Aussagen des Artikels 23 der „Allgemeinen Erklärung der Menschenrechte“.

c) Womit sind die beiden Frauen auf dem Foto unzufrieden?

d) Was wollen sie mit ihrer Demonstration erreichen?

e) Du erhältst eine Nachricht: „Ich habe gehört, dass es einen ‚Equal Pay Day‘ gibt. Kannst du mir das möglichst genau erklären?“ – Was schreibst du zurück?

5. Arbeitslos?

Arbeitslosigkeit ist eine besondere Form der psychosozialen Zermürbung. Das ist den wenigsten bewusst, die sich eines sicheren Arbeitsplatzes erfreuen können. Denn Untätigkeit ist nicht Freizeit. Man kann nicht gegen seinen Willen „ausspannen“ – und zwar endlos. Sonst droht man körperlich inaktiv, geistig träge, seelisch instabil zu werden und schließlich sogar Kontaktfähigkeit und Selbstachtung zu verlieren. Was kann man tun? „Arbeitslose werden andere Menschen“, heißt es. Stimmt das wirklich […]?

(Volker Faust: Die Arbeitslosigkeit und ihre psychosozialen Folgen, www.psychosoziale-gesundheit.net [06.04.2016])

a) Setzt euch mit den Aussagen von Volker Faust zu den Folgen von Arbeitslosigkeit auseinander.

b) Fasst mögliche Folgen von Arbeitslosigkeit zusammen. Gliedert dabei nach finanziellen, psychischen, physischen und sozialen Auswirkungen.

6. Die Globalisierung – und ich?

a) Fasse an ausgewählten Beispielen zusammen, wie die Globalisierung auch dein alltägliches Leben bestimmt.

b) Jeans im Used-Lock sind angesagt. Die Produktion richtet sich nach Kundengeschmack und Billigpreis. Welche Auswirkungen hat das für die Menschen, die solche Hosen herstellen?

c) Fertige eine Skizze an, die die Interessenlage aller Beteiligten darstellt. Welche Interessen setzen sich durch, welche werden vernachlässigt?

d) Inwiefern könnten auch die Käuferinnen und Käufer die Produktionsverhältnisse beeinflussen?

e) Fasse zusammen, was man unter Sozialstandards versteht.

Blick zurück

- *Welche Fragen, die dich zu ethischen Aspekten in der Arbeits- und Wirtschaftswelt interessiert haben, sind beantwortet worden?*
- *Was hast du sonst noch Interessantes erfahren?*
- *Hat dir die Beschäftigung mit den Themen dieses Kapitels geholfen, deine Fragen zur Arbeits- und Wirtschaftswelt zu beantworten? Nenne Beispiele.*

Völkergemeinschaft und Frieden

Im Juni 1945 haben in San Francisco 50 Staaten die „Charta der Vereinten Nationen" unterschrieben. Heute gehören 193 Staaten dazu.

1
- Was geschah 1945?
- Was erhofften sich damals die Menschen von der neuen Völkergemeinschaft?
- Welche Forderungen wurden daraus an die Mitgliedstaaten gestellt?

Eine Charta ist eine Art Selbstverpflichtung oder Satzung, die in der Regel in der „Wir-Form" verfasst ist und mit einer Präambel (Einleitung) beginnt.

Aus der Präambel der „Charta der Vereinten Nationen"

WIR, DIE VÖLKER DER VEREINTEN NATIONEN – FEST ENTSCHLOSSEN,

- künftige Geschlechter vor der Geißel des Krieges zu bewahren, die zweimal zu unseren Lebzeiten unsagbares Leid über die Menschheit gebracht hat,
- unseren Glauben an die Grundrechte des Menschen, an Würde und Wert der menschlichen Persönlichkeit, an die Gleichberechtigung von Mann und Frau sowie von allen Nationen, ob groß oder klein, erneut zu bekräftigen, [...]
- den sozialen Fortschritt und einen besseren Lebensstandard in größerer Freiheit zu fördern, [...]

HABEN BESCHLOSSEN, IN UNSEREM BEMÜHEN UM DIE ERREICHUNG DIESER ZIELE ZUSAMMENZUWIRKEN.

(https://www.unric.org)

2 Formuliert die in der Präambel festgelegten Ziele der Vereinten Nationen mit eigenen Worten. Sind diese Ziele heute erreicht?

Vor dem UN-Hauptquartier in New York steht die Skulptur „Non Violence". Kopien davon stehen mittlerweile in vielen Großstädten und seit 2005 auch im Garten des Bundeskanzleramtes in Berlin.

3 Beschreibt die Skulptur und erklärt ihren Namen: „Non Violence" ist ein Symbol für ... Ergänzt mit möglichst vielen passenden Begriffen und vergleicht eure Ergebnisse.

„Der Frieden" (Gemälde von Pablo Picasso, 1952)

4 Wie wirkt das Gemälde „Der Frieden" von Picasso auf euch? Tauscht eure ersten Eindrücke aus.

5 Betrachtet die einzelnen Bildausschnitte und beschreibt, welche Vorstellungen von einem „Leben im Frieden" eurer Meinung nach Picasso dargestellt hat. Für welche Bereiche eines friedlichen Lebens stehen die einzelnen Szenen?

6 Picasso stellt auch dar, dass der Frieden immer bedroht ist. Wie hat er diese Aussage in seinem Gemälde umgesetzt?

7 Von Picasso gibt es auch ein Gemälde mit dem Titel „Der Krieg". Recherchiert es im Internet und beschreibt, welche Merkmale von Krieg dargestellt werden.

Der britische Rockmusiker John Lennon, Mitbegründer, Sänger und Gitarrist der „Beatles", hat mit dem Song „Imagine" 1971 seine Vision vom Frieden geträumt. „Imagine" ist das vielleicht bekannteste Friedenslied der Welt.

8 Recherchiert den Text des Songs und schreibt in kleineren Gruppen gemeinsam eine deutsche Fassung. Vergleicht eure Vorschläge und erklärt für die einzelnen Strophen, welche Vorstellungen von Frieden zur Sprache kommen. Was gehört für euch noch dazu?

9 „Völkergemeinschaft und Frieden heute":
- Sammelt dazu auf einer Liste aktuelle Tagesereignisse.
- Nennt Konflikte, die euch besonders interessieren und mit denen ihr euch noch genauer beschäftigen wollt.
- Formuliert Fragen, die euch zu diesem Kapitel insgesamt noch wichtig sind.

1| Frieden ja – aber welchen?

Was heißt „Frieden“?

1 Sprecht über die Frage „Was bedeutet für mich Frieden?“ nach der folgenden Anleitung:

So geht es – Miteinander sprechen nach Regeln

- Einigt euch auf ein Thema.
- Setzt euch im Kreis zusammen. Es darf immer nur einer sprechen.
- Sprich per „ich“, nicht per „man“ oder „wir“.
- Entscheide selbst, wenn du reden willst. Zeige durch Blickkontakt, wen du gerade ansprichst.
- Sprecht abschließend darüber, wie ihr diese Gesprächsform empfunden habt und wie wichtig es dabei war, nur per „ich“ zu sprechen.

Seit den biblischen Erzählungen von der Sintflut und der Arche Noah gelten die weiße Taube und der Ölzweig als Friedenssymbole. Ölzweige befinden sich auf der Flagge der UNO und durch Picasso wurde die weiße Taube zum wichtigsten Friedenssymbol.

2 Beschreibt die Karikatur und erklärt, inwiefern der Titel „Alle wollen Frieden“ dazu passt. Denkt euch weitere Titel aus.

Syrische Kurdinnen im Kampf gegen den sog. „Islamischen Staat“

Palästinensische Kinder in Gaza nach einem Luftangriff im Juli 2014

Ein 15-jähriges Mädchen im März 2015 im Tschad auf der Flucht vor Terrormilizen

Durch eine andere Brille sehen

Bildet zu jedem Foto eine Gruppe und beschreibt, was eurer Meinung nach Frieden für die jeweils abgebildeten Menschen bedeutet. Tauscht eure Gruppenergebnisse aus.

Was sagt die Wissenschaft über den „Frieden“?

Der norwegische Friedensforscher Johan Galtung hat vor über zwanzig Jahren einen viel beachteten Vorschlag gemacht, wie man Frieden verstehen kann. Er unterscheidet zwischen einem negativen und einem positiven Frieden. Der negative Frieden ist dann erreicht, wenn die Waffen schweigen und es keinen Krieg gibt.
Der positive Frieden ist schwieriger zu bestimmen, weil es so unterschiedliche Vorstellungen davon gibt. Die Gemeinsamkeit könnte darin bestehen, dass es (erstens) beim positiven Frieden um mehr Gerechtigkeit und weniger Gewalt geht und dass Menschen versuchen, beide Ziele gemeinsam mit vielen anderen Menschen durchzusetzen. Frieden bedeutet (zweitens) keine Ausbeutung, Chancen auf Arbeitsplätze, Freiheit und Menschenrechte.
Frieden hat drittens auch eine kulturelle Dimension. Erst, wenn alle persönlichen Einstellungen und Verhaltensweisen überwunden sind, die Krieg und Gewalt rechtfertigen, kann von einer Kultur des Friedens gesprochen werden.
Niemand weiß, ob dieser positive Frieden jemals verwirklicht werden kann. Auch kann und darf keine Regierung und keine Person für andere bestimmen, was sie unter Frieden verstehen sollen. Deshalb kann man auch sagen, dass Frieden ein langer Prozess ist und dass jeder Mensch sich an diesem Prozess beteiligen kann. In diesem Sinne ist auch der Satz von Mahatma Gandhi gemeint: „Es gibt keinen Weg zum Frieden – Frieden ist der Weg.“

(nach: Günther Gugel/Uli Jäger: Frieden gemeinsam üben. Didaktische Materialien für Friedenserziehung und Globales Lernen in der Schule, 2007, Institut für Friedenspädagogik e. V./Weltfriedensdienst e. V.)

3 Was versteht Johan Galtung unter negativem und positivem Frieden?

4 Auf welche drei Dimensionen eines positiven Friedens müssten sich die Menschen einigen, um einem Weltfrieden näher zu kommen? Kann das gelingen?

5 „Frieden ist der Weg.“ – Was sind für euch dabei die größten Hindernisse? Begründet eure Auswahl.

6 Vergleicht Galtungs Aussagen zu einem positiven Frieden mit den Vorstellungen des ehemaligen UN-Generalsekretärs Kofi Annan auf S. 121.

7 Erläutert den Satz: „Frieden ist ein schwieriger und langwieriger Prozess.“

Frieden ist mehr als kein Krieg

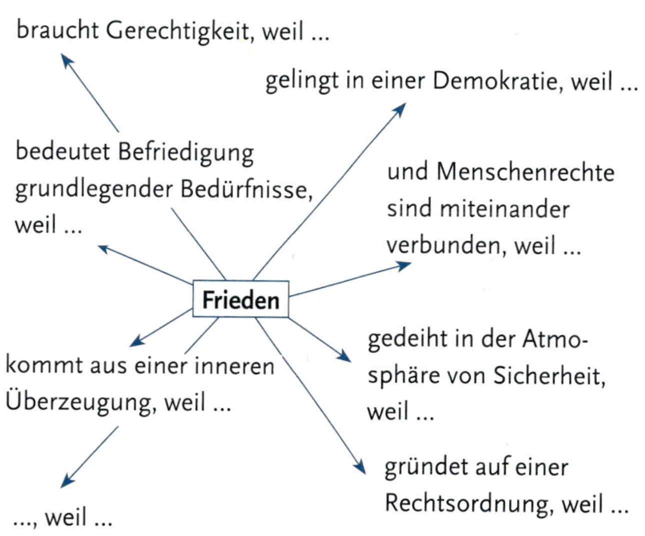

(nach: ebd., S. 95)

8 Übertragt das Schema in euer Heft, ergänzt die angefangenen Sätze und formuliert noch eine eigene Aussage.

Aufgaben zur Auswahl

a) Schreibe ein Gedicht zum Thema „Frieden“.
b) Gestalte ein Plakat zu deinen Vorstellungen von „Frieden“.
c) Stelle Fragen an Johan Galtung zu seinem „positiven Frieden“ und schicke sie ihm z. B. über Twitter, Facebook oder per E-Mail.

Warum eigentlich?

Warum sehnen sich alle nach Frieden?

2| Kann man den Frieden sichern?

Die UNO – weltweite Hilfe für Menschen in Not

Die Vereinten Nationen, abgekürzt mit VN, UN oder häufig auch UNO, haben als wichtigstes Ziel, den Weltfrieden zu sichern und das friedliche Zusammenleben der Staaten zu fördern. Dazu gehört nicht nur der Schutz der Menschen vor Gewalt, sondern auch der Schutz der Umwelt, das Schicksal der Flüchtlinge, die Verringerung von Hunger und Armut oder die Rechte von Kindern und Frauen. Die UNO hat viele Unterorganisationen, die sich um diese Aufgaben kümmern. Die UNICEF z. B. ist das Kinderhilfswerk der Vereinten Nationen und kämpft dafür, dass das Recht auf eine Kindheit für die Kinder der Welt auch Wirklichkeit wird. Der Sicherheitsrat ist das wichtigste Gremium der UNO für die Bewahrung des Weltfriedens.

1 Sammelt nach der ABC-Methode alles, was euch zum Thema „UNO“ einfällt und was ihr darüber schon wisst.

So geht es – Die ABC-Methode

- Notiert auf einem Blatt alle Buchstaben des Alphabets untereinander und schreibt in Einzelarbeit zu möglichst vielen Buchstaben einen Begriff, der mit dem Thema zu tun hat.
- Tauscht euch in Partnerarbeit über die Begriffe aus und ergänzt eure Listen. Sucht euch dann zu zweit aus jeder Liste vier Begriffe aus, die ihr für besonders wichtig haltet, und markiert sie.
- Sprecht in Gruppenarbeit über eure ausgewählten Begriffe und verständigt euch auf eine Rangfolge.
- Ein Gruppensprecher trägt das Ergebnis vor. Alle können dann das jeweilige Gruppenergebnis kommentieren, diskutieren und ergänzen.

(nach: Frank Müller: Selbstständigkeit fördern und fordern, Beltz Verlag, Weinheim und Basel, S. 24)

Bringt der Sicherheitsrat der Welt Frieden?

Der Sitzungssaal des Sicherheitsrates in New York – die blauen Stühle sind für die jeweiligen Berater.

Zum Sicherheitsrat gehören die fünf ständigen Mitglieder China, Frankreich, Großbritannien, Russland und die USA. Sie haben auch das Vetorecht. Dazu kommen zehn nicht ständige Mitglieder, die von der UN-Vollversammlung in regelmäßigen Abständen gewählt werden.

2 Ist das Vetorecht heute überhaupt noch sinnvoll? Diskutiert diese Frage und berücksichtigt dabei die unterschiedlichen Interessen der fünf ständigen Mitglieder.

3 Eine Reform des Sicherheitsrates ist im Gespräch. Deutschland möchte z. B. auch ständiges Mitglied werden. Was meint ihr dazu? Informiert euch zuerst über die vorgeschlagenen Reformen.

Dag Hammarskjöld, der 2. Generalsekretär der UNO, starb 1961 bei einem Flugzeugabsturz während einer Friedensmission in Afrika. Kurz nach seinem Tod wurde ihm der Friedensnobelpreis verliehen. Er sagte: „The UN was not created to take humanity to heaven, but to save it from hell.“

(zitiert nach: Brian Urquhart: Hammarskjold, New York 1972, S. 48)

4 Welche Vorstellungen von Frieden liegen diesem Satz zugrunde? Diskutiert darüber.

5 Auf welche aktuellen Verhältnisse passt dieser Satz? Informiert euch und bezieht Stellung dazu.

Blauhelme – Soldaten für den Frieden

6 Was wisst ihr über die Blauhelme? Warum sind sie so wichtig?

Mehr als 100 000 Friedenssoldaten aus fast allen Mitgliedsländern der UN sind in Krisengebieten weltweit im Einsatz, um Gewalt einzudämmen, Waffenstillstände zu überwachen, den Menschen Sicherheit zu geben und humanitäre Hilfe zu leisten. Der Sicherheitsrat erteilt ihnen dazu den Auftrag und die Ermächtigung für den jeweiligen Einsatz. 1988 erhielten die Blauhelme den Friedensnobelpreis.
Für die Friedensmissionen der Blauhelme gelten strenge Auflagen. So müssen z. B. alle beteiligten Konfliktparteien und Staaten sich bereit erklären, mit den Blauhelmen zu kooperieren.

7 Informiert euch über weitere Auflagen für Friedensmissionen und diskutiert darüber, warum die einzelnen Auflagen wichtig sind.

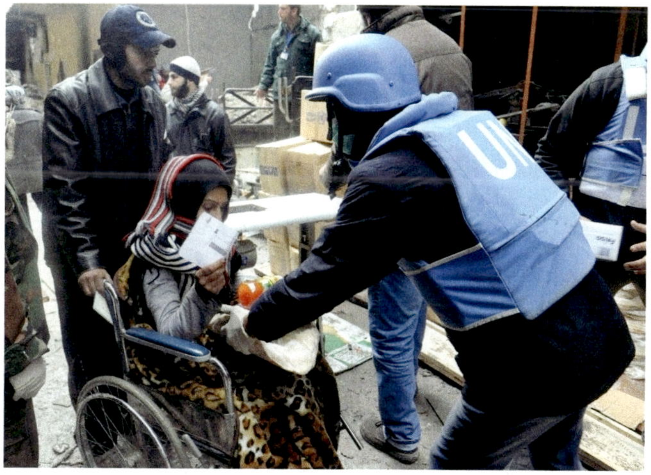

8 Beschreibt die beiden Abbildungen. Was haben sie gemeinsam?

9 Inwiefern haben sie in besonderer Weise mit dem Begriff „Friedensmission" zu tun?

Kofi Annan, Generalsekretär der Vereinten Nationen von 1997 bis 2006, über seine Vorstellungen von einer Mission, die den Menschen wirklich Frieden bringt:

Wirklicher Friede bedeutet auch wirtschaftliche Entwicklung und soziale Gerechtigkeit, bedeutet Schutz der Umwelt und Eindämmung des weltweiten Waffenhandels, bedeutet Demokratie, Vielfalt und Würde, Achtung der Menschenrechte und der Rechtsstaatlichkeit*, und vieles, vieles mehr.

(Kofi Annan: Eine Kultur des Friedens ist machbar, www.unric.org, 14.09.1999)

10 Alle reden vom Frieden. Warum mahnt Kofi Annan in besonderer Weise den „wirklichen Frieden" an?

11 Ergänzt „... vieles mehr" durch weitere Begriffe, die euch dazu einfallen.

12 Fasst Kofi Annans Vorstellungen von einem wirklichen Frieden zusammen: Wirklicher Friede bedeutet auch
– wirtschaftliche Entwicklung, z. B. ..., weil ...
– ...

3| Menschen fliehen vor dem Krieg

In Sicherheit sein

1 „... endlich in Sicherheit“ – Erzählt von persönlichen Erlebnissen, zu denen dieser Satz passt.

2 Berichtet von Situationen, in denen man Menschen sagt: „Jetzt seid ihr erst einmal in Sicherheit.“

3 „In Sicherheit sein“ – Was bedeutet das für euch, für die Menschen?

Das Sicherheitskonzept der Vereinten Nationen

Wir betonen das Recht des Menschen auf ein Leben in Freiheit und Würde, frei von Armut und Verzweiflung. Wir erkennen an, dass alle Menschen, insbesondere die schwächsten, Anspruch auf Freiheit von Furcht und Freiheit von Not haben, mit gleichen Möglichkeiten, all ihre Rechte auszuüben und ihr menschliches Potenzial voll zu entfalten.

Menschliche Sicherheit

Freiheit von Furcht ← → Freiheit von Not

(Weltgipfel 2005 der Vereinten Nationen, Resolution 60/1, Ziffer 143)

4 Was bedeutet diese Definition für die betroffenen Menschen? Wofür muss die Völkergemeinschaft sorgen? Belegt eure Aussagen durch Beispiele.

5 Viele Menschen, die diesem Sicherheitskonzept zustimmen, stehen trotzdem den Flüchtlingen vor ihrer Haustür ablehnend oder feindselig gegenüber. Wie lässt sich das erklären? Bildet Gruppen und diskutiert darüber.

6 Vergleicht die beiden Aspekte menschlicher Sicherheit mit den Aussagen des Friedensforschers Galtung (S. 119) und des ehemaligen UN-Generalsekretärs Kofi Annan (S. 121). Fasst die Gemeinsamkeiten zusammen.

Aus Sicht eines Betroffenen

Joya musste mit 16 Jahren von Afghanistan nach Deutschland fliehen. Bei der Flucht verlor er unterwegs seine Familie – bis heute gibt es kein Lebenszeichen seiner Angehörigen:

Sicherheit aus meiner persönlichen Sicht ist, wenn man seine Meinung, also das, was man im Kopf hat, frei sagen kann und darf. Dass dabei kein Druck von außen dir etwas verbietet oder dich einschüchtert. Auch ein Dach über dem Kopf zu haben ist Sicherheit und vor allem, dass die Leute sich frei bewegen können. Ja, Freiheit ohne Angst bedeutet für mich Sicherheit.

(bpb, Themenblätter im Unterricht/Nr. 101 Frieden und Sicherheit 2013, Uli Jäger)

7 Fasst zusammen, was Joya unter Sicherheit versteht.

8 In Deutschland werden für die Menschen, die aus ihrer Heimat fliehen mussten, immer mehr Flüchtlingsheime gebaut und eingerichtet. Sind die Menschen dann wirklich so in Sicherheit, wie Joya es beschreibt?

Weltweit sind Millionen Menschen auf der Flucht

Nach Angaben des Flüchtlingshilfswerkes der Vereinten Nationen sind in der Mitte des Jahres 2015 weltweit rund 60 Millionen Menschen auf der Flucht. Darunter über 16 Millionen Menschen, die vor dem Krieg fliehen oder deren Leben z. B. wegen ihrer Religion oder ihrer Volkszugehörigkeit unmittelbar bedroht ist. Die meisten Menschen fliehen aus Syrien, Afghanistan, Somalia, Sudan und der Demokratischen Republik Kongo. Die wichtigsten der Länder, die besonders viele Flüchtlinge aufnehmen, sind Pakistan, Libanon, Iran und Türkei.

Beispiel Syrien

Das Foto ist am 13. Januar 2015 in einem Flüchtlingscamp im Norden Syriens, nahe der türkischen Grenze, aufgenommen worden. Mehr als 25 000 Menschen – meist Frauen und Kinder – warten hier auf eine Möglichkeit, in die Türkei zu kommen, die bisher schon eineinhalb Millionen syrische Flüchtlinge aufgenommen hat. Die meisten Camps sind längst überfüllt.

9 Beschreibt das Bild und die Situation der Menschen, die in diesem Camp leben.

Beispiel „Ärzte ohne Grenzen"

„Ärzte ohne Grenzen" leistet medizinische Hilfe in Ländern, in denen das Überleben der Menschen durch Kriege, gewaltsame Konflikte, durch Naturkatastrophen oder Seuchen gefährdet ist. 1999 erhielt „Ärzte ohne Grenzen" den Friedensnobelpreis.

MEDECINS SANS FRONTIERES
ÄRZTE OHNE GRENZEN e.V.

10 Sammelt weitere Informationen zu „Ärzte ohne Grenzen" und notiert, was euch besonders wichtig erscheint.

Jedes Jahr gehen „Ärzte ohne Grenzen" mit der Ausstellung „Im Einsatz mit Ärzte ohne Grenzen" auf Tour. In einem nachgebauten Flüchtlingslager wird z. B. das Alltagsleben der Flüchtlinge dokumentiert.

11 Was wollen „Ärzte ohne Grenzen" mit dieser Ausstellung erreichen?

12 Wie bewertet ihr den Erfolg einer solchen Aktion?

Aufgaben zur Auswahl

a) Wie helfen „Ärzte ohne Grenzen" Menschen, damit sie die Flucht überleben? Verfasse dazu einen kurzen Artikel für die Schülerzeitung.

b) Sammle weitere Informationen und entwirf ein Plakat zu einem Spendenaufruf von „Ärzte ohne Grenzen" für die Flüchtlingshilfe.

c) Informiere dich im Internet unter dem Suchbegriff „Hilfe für Flüchtlingskinder" über Kinder, die aus Syrien fliehen müssen. Veranschauliche den Satz „Kinder leiden am meisten" durch eine Bildergalerie.

Lesetipp:
Janne Teller: Krieg – Stell dir vor, er wäre hier, Reihe Hanser, Deutscher Taschenbuch Verlag, München 2013

4| Krieg macht krank

Nach der Rückkehr – der Krieg im Kopf

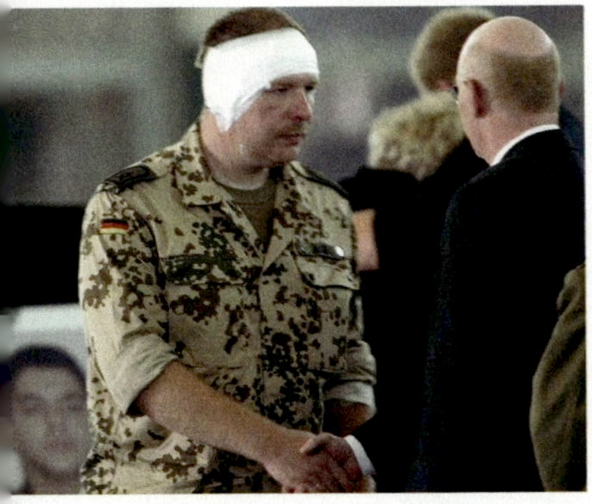

Immer mehr deutsche Soldaten sind nach ihrem Einsatz in den Krisengebieten dieser Welt traumatisiert[1]. Explosionen, Schreie und furchtbare Bilder machen Soldaten zu Patienten. *„Es war wie ein Albtraum. Das war das Schrecklichste, was ich in meinem Leben gesehen habe. Überall verstümmelte, zerfetzte, blutende Körper. Ein Schreien und ein Kreischen, alles war kaputt und zerstört. Es qualmte und rauchte überall."*

Im Juni 2003 sitzt ein Soldat mit seinen Kameraden fröhlich in einem Bundeswehrbus, denn der Einsatz in Afghanistan ist geschafft, jetzt soll es schnell in Richtung Heimat gehen. Das Taxi, mit dem der Selbstmordattentäter auf den Bus zurast, sieht er nicht. Er hört die Detonation, wird auf den Boden geschleudert, rappelt sich wieder auf. [...]

Auch knapp sechs Jahre nach dem Anschlag hört, schmeckt und riecht er fast nichts mehr. Viel schlimmer aber sind die sogenannten Flashbacks[2]. 15 bis 20 Mal am Tag überkommen sie ihn. Nicht immer ist klar, was diese Anfälle auslöst. Mal sind es die Nachrichten im Radio oder Fernsehen, mal ein Knall, oft kommen sie aber auch ganz unvermittelt. „Ich kriege dann totales Herzrasen, bekomme Schweißausbrüche, fange an, am ganzen Körper zu zittern. [...]"

Die Männer sind krank. Sie leiden unter Symptomen wie wiederkehrenden Erinnerungen, Depressionen, Reizbarkeit, Schlafstörungen, Angstzuständen, Suchtproblemen und dem Rückzug aus der sozialen Umgebung. [...]

Für diese Soldaten geht der Kampf weiter, denn in ihren Köpfen herrscht auch weiterhin Krieg.

(nach: Benjamin Wüst: Rückkehrer-Trauma – Der Krieg im Kopf, http://dw.com, 12.02.2009)

1 Welche Symptome traumatisierter Soldaten werden genannt und wie beeinträchtigen sie das Leben der Erkrankten?

Aus einem Interview mit einem Ex-Bundeswehrarzt vom 11.02.2015:

Bei den Soldaten gibt es die Angst: „Wenn ich Schwäche zeige, wenn meine Belastbarkeit eingeschränkt ist, psychisch wie auch körperlich, dann kann es Nachteile für meine Karriere geben." Da haben wir sehr viel Aufklärungsarbeit geleistet, nicht nur bei den Soldaten, sondern auch bei den Vorgesetzten.

(Carla Bleiker: Soldaten haben Angst, Schwäche zu zeigen, http://dw.com, 11.02.2015)

2 Warum ist diese Aufklärungsarbeit auch für Vorgesetzte wichtig? Für wen ist sie noch wichtig?

3 Informiert euch über Kriegstraumatisierung und denkt dabei an alle vom Krieg betroffenen Menschen.

Wenn Kinder Soldaten sein müssen

Die Kindersoldatinnen und -soldaten in Konfliktgebieten werden meistens zwangsrekrutiert. Sie werden manipuliert, entführt oder mit Gewalt eingeschüchtert, damit sie der bewaffneten Gruppe beitreten. [...] Kindersoldaten werden gezwungen, eine oder mehrere der folgenden Aufgaben zu übernehmen:

- Waffen und/oder Munition tragen,
- Lasten für die bewaffnete Gruppe schleppen,
- spionieren und Botengänge machen,
- Antipersonenminen legen,

[1] Trauma: seelische Verletzung
[2] Flashback: plötzliches Wiedererleben

- Mitgliedern der bewaffneten Gruppe für sexuelle Dienste zur Verfügung stehen,
- Kampfhandlungen einschließlich physischer und sexueller Gewalt zu begehen,
- kochen, putzen und waschen.

(Krieg und Gewaltkonflikte – Kindersoldaten, www.sicherheitspolitik.bpb.de, 26.03.2015)

4 Was geschieht mit Kindern, wenn sie Soldat sein müssen? Was macht es aus ihnen? Was geht verloren? Setzt euch zusammen, tauscht eure Vermutungen zu diesen Fragen aus und nehmt Stellung dazu.

Durch eine andere Brille sehen

Sprecht in Gruppen darüber, warum es für ehemalige Kindersoldaten nach ihrer Befreiung oder ihrer Flucht besonders schwer ist, wieder in ein normales Leben zurückzufinden, und wie man ihnen helfen könnte.

Ein Weg aus dem Trauma

Psychologen der Universität Bielefeld berichten von einem therapeutischen Konzept für traumatisierte ehemalige Kindersoldaten. Die Studienleiterin Verena Ertl berichtet darüber:

„Der traumatischste Moment ist für Kindersoldaten meist, wenn sie zum ersten Mal zum Töten gezwungen werden – meist mit der Drohung, dass sie sonst selbst sterben müssen", so Ertl. Massive Alpträume, Wiedererleben, Vermeidungsverhalten, dissoziative Zustände oder ‚Flashbacks' begleiten die Kinder infolge lange, wenngleich diese Erscheinungen häufig erst bei der Rückkehr ins normale Leben beginnen. „Zuvor im Busch ist der Kopf meist nur auf Überlebens-Modus eingestellt."
[...] Viele Probleme kommen jedoch erst danach. Bei 30 Prozent der früheren kleinen Kämpfer bleiben schwere psychische Schäden zurück. „Die Konzentration in der Schule gelingt nicht, das schnelle Herzklopfen beim Fußball versetzt zurück in den Krieg und jedes Geräusch bei der Feldarbeit löst Flucht aus. Ein funktionelles Überleben ist so unmöglich", verdeutlicht die Bielefelder Psychologin. [...] Ihre besondere Gesprächstherapie beginnt mit „Erzähl mir dein Leben und was dir passiert ist". Steine begleiten die schlimmen und Blumen die schönen Erlebnisse.

(http://www.pressetext.com, 05.08.2011)

5 Traumatische Erfahrungen noch einmal zu erleben, indem man sie immer wieder erzählt. Kann das helfen? Wie denkt ihr darüber?

Der „Red Hand Day" am 12. Februar

Seit mehr als 10 Jahren gibt es diesen Gedenktag an das Schicksal von Kindersoldaten.

Übergabe eines T-Shirts mit Roten Händen an den Generalsekretär der Vereinten Nationen Ban Ki-moon

Projektvorschlag – Deine Rote Hand zählt!

Ihr findet dazu unter www.aktion-rote-hand.de alle notwendigen Informationen, Anregungen und Hilfestellungen.

5| Der Friedensnobelpreis und Friedensstifter

Eine besondere Ehrung für Friedensarbeit

Der Stifter des Friedensnobelpreises ist der schwedische Chemiker und Industrielle Alfred Nobel (1833–1896). Seit 1901 wird der Nobelpreis in Oslo verliehen. Es ist eine Ehrung für Menschen, die etwas Besonderes für den Frieden gemacht haben. Auf der Plakette, die überreicht wird, steht sinngemäß: „Für Frieden und Brüderlichkeit unter den Völkern".

1 Was könnten solche besonderen Leistungen für euch sein? Berichtet von Beispielen.

Malala Yousafzai (geb. 1997) aus Pakistan erhielt zusammen mit Kailash Satyarthi (geb. 1954) aus Indien den Friedensnobelpreis 2014.
Sie wurden „für ihren Kampf gegen die Unterdrückung von Kindern und Jugendlichen und für das Recht aller Kinder auf Bildung" geehrt.

Malala – das mutige Mädchen aus Pakistan

Mit elf Jahren wehrte sich Malala öffentlich gegen die Gewalttaten der Taliban und kämpfte um Schulen für Mädchen. Mit 14 Jahren wurde ihr Schulbus von Taliban gestoppt und sie wurde durch Schüsse in den Kopf und in den Hals lebensgefährlich verletzt.
Malala wurde in Großbritannien behandelt und überlebte. An ihrem 16. Geburtstag trat sie vor die Weltöffentlichkeit und hielt eine Rede vor den Vereinten Nationen. Mit 17 Jahren erhielt sie 2014 den Friedensnobelpreis.

2 Sammelt weitere Informationen über Malala und schreibt eine Kurzbiografie.

Malalas Rede vor den Vereinten Nationen am 12.07.2013

[...] Liebe Freunde, am 9. Oktober 2012 haben die Taliban auf mich geschossen und meine linke Stirn getroffen. Auch auf meine Freunde haben sie geschossen. Sie haben gedacht, dass die Kugeln uns zum Schweigen bringen würden, aber sie sind gescheitert. [...] Die Terroristen dachten, sie könnten meine Ziele verändern und meinen Ehrgeiz stoppen. Aber in meinem Leben hat sich nichts verändert mit einer Ausnahme: Schwäche, Angst und Hoffnungslosigkeit sind verschwunden, Stärke, Kraft und Mut sind geboren. [...]
Ich bin gegen niemanden, auch bin ich nicht hier, um aus persönlicher Rache gegen die Taliban oder irgendeine andere terroristische Gruppe zu sprechen. Ich bin hier, um meine Meinung zu sagen für das Recht auf Bildung für alle Kinder. Ich wünsche mir Bildung für die Söhne und Töchter der Taliban und aller Terroristen und Extremisten. [...]
Das ist die Philosophie der Gewaltlosigkeit, die ich von Gandhi, Badshah Khan und Mutter Theresa gelernt habe. Und das ist die Versöhnlichkeit, die ich von meinem Vater und meiner Mutter gelernt habe. [...]
Also lasst uns einen weltweiten Kampf wagen, gegen Analphabetismus, Armut und Terrorismus, lasst uns unsere Bücher und Stifte holen, sie sind unsere stärksten Waffen. Ein Kind, ein Lehrer, ein Buch und ein Stift können die Welt verändern. Bildung ist die einzige Lösung. Bildung zuerst.

(www.kindernetz.de, übers. von Sabine Stampfel [30.03.2016])

3. Fasst abschnittweise zusammen, was Malala der Weltöffentlichkeit sagen wollte. Setzt euch damit auseinander und nehmt Stellung.

4. Warum ist für Malala Bildung so wichtig?

5. Hat sie mit ihrer Botschaft die Welt erreicht? Ihr findet dazu Live-Ausschnitte von Malalas Rede im Internet.

Frieden stiften – „Peace Counts“ berichtet

„Peace Counts“ fördert die Projekte erfolgreicher Friedensstifterinnen und Friedensstifter in aller Welt. Das geschieht durch Texte und Fotos im Internet, durch Beiträge für Funk und Fernsehen und durch Ausstellungen – auch in Konfliktregionen.

Zum Beispiel: „Ein Lernort für den Frieden“

Das Dorf Neve Shalom/Wahat al Salam in Israel zeigt täglich, dass Juden und Palästinenser friedlich zusammenleben können.

Peace-Count berichtet aus diesem Dorf von der „School of Peace“ als einem Lernort des Friedens, wo junge Juden und Palästinenser lernen, wie sie kritisch und fair miteinander reden können:
Vorhänge schirmen die schmalen Fenster gegen die gleißende Sonne Israels ab, damit die jungen Palästinenser und Juden drei Tage lang ungeblendet reden, sich anschreien und anschweigen können. Durch eine spiegelverglaste Rückwand beobachten ausgebildete Berater wie sich das Verhältnis zwischen ihnen verändert. Begegnungen und Gespräche einzelner Jugendlicher außerhalb des Raumes werden sie lediglich als Geräuschkulisse bewerten […]. Nur die Dynamik zwischen beiden Gruppen im Raum zählt.

Die Methode der „School of Peace“ gilt weltweit als Maßstab in Sachen Konfliktbearbeitung. Verfeindete Gruppen aus Zypern, dem Kosovo und Nord-Irland haben die Friedensschule schon besucht, auch Norditaliener und Sizilianer, Europäer und Amerikaner.
Friedensexperten von Neve Shalom […] vermitteln auf Konferenzen weltweit, was ihre Methode so neu und vielversprechend macht. […]
Verständnis und Mitgefühl allein können Konflikte zwischen Gruppen nicht lösen. […] Streiten sollen sie sich auf der School of Peace, ausdrücklich über schmerzliche Themen. […] Niemand muss einen anderen Teilnehmer am Ende „eigentlich ganz nett finden“. […] „Wir erreichen trotzdem unser Ziel“, behauptet Nava Sonnenschein, Gründerin der School of Peace, „die Teilnehmer machen sich bewusst, welche Rolle sie in diesem Konflikt spielen. Danach können sie sich nicht länger nur als Opfer sehen.“

(nach: Tilman Wörtz, www.peace-counts.org [13.05.2016])

6. Was ist aus eurer Sicht bei der Methode „School of Peace“ neu und vielversprechend?

7. Wie könnte für schulische Konfliktparteien eine abgewandelte Form dieser Methode funktionieren?

8. Wie beurteilt ihr das Anliegen von „Peace Counts“?

9. Sind Streitschlichter in der Schule auch Friedensstifter?

6| Philosophen denken über den Frieden nach

Thomas Hobbes (1588–1679), ein englischer Philosoph, lebte in einer Zeit der Bürger- und Religionskriege. Er fragte sich, wie eine Gesellschaft aussehen müsste, die den Menschen vor einem Krieg aller gegen alle beschützen kann.

Der Krieg – das größte aller Übel

Die Wurzel aller Nachteile und alles Unglücks, die durch menschliche Erfindungen vermieden werden können, ist der Krieg, vornehmlich der Bürgerkrieg. Aus ihm entspringen Mord, Verwüstung und Mangel an allen Dingen. Der Grund dafür ist nicht, dass die Menschen den Krieg wollen, denn der Wille geht immer auf das Gute oder auf das, was als solches erscheint; auch ihre Unkenntnis, dass die Folgen des Krieges übel sind, ist nicht der Grund; denn wer spürt nicht, dass Tod und Armut große Übel seien? Der Bürgerkrieg ist daher nur möglich, weil man die Ursachen weder von Krieg noch von Frieden kennt; denn nur sehr wenige gibt es, die die Pflichten, durch welche der Frieden Festigkeit gewinnt und erhalten wird, d. h. die wahren Gesetze des bürgerlichen Lebens, studiert haben. Die Erkenntnis dieser Gesetze ist die Moralphilosophie.

(nach: Thomas Hobbes: Vom Körper, Meiner, Hamburg 1967, S. 10; zit. nach: Wolfgang Kersting: Die politische Philosophie, Wiss. Buchgesellschaft, Darmstadt 1994, S. 61)

1 Wie schildert Hobbes den Krieg und was sagt er über die Ursachen eines Bürgerkrieges?

2 Was ist für ihn eine wichtige Voraussetzung, um das „Übel des Krieges" zu beseitigen?

3 Welche Rolle spielt für euch die Moral, um den Frieden zu festigen und zu erhalten? Setzt euch in kleineren Gruppen zusammen und diskutiert darüber.

Der Krieg aller gegen alle

4 Welches Bild von der Natur des Menschen beschreibt Hobbes? Beschreibt dazu das Bild.

5 Wie könnte dieser „Krieg aller gegen alle" beendet werden? Tauscht euch über eure Ideen aus.

Ein mächtiger Staat kann den Frieden schaffen

Hobbes hatte ein eher schlechtes Bild vom Menschen. Das zeigen zwei berühmte Aussprüche von ihm:

→ homo homini lupus – der Mensch ist des Menschen Wolf

→ bellum omnium contra omnes – der Krieg aller gegen alle

Hobbes hielt jeden Menschen für den natürlichen Feind des anderen – und infolgedessen den permanenten Krieg aller gegen alle für den Normalzustand. Um unter solchen Menschen Frieden zu schaffen, bedarf es einer mächtigen Autorität, die über genügend Zwangsmittel verfügt, um die Menschen im Zaum zu halten. Diese Schutzfunktion kann nur ein starker Staat übernehmen. Nur der Staat kann die Sicherheit der Menschen gewährleisten, die Hobbes als Sinn und Zweck des Friedens betrachtet.

(nach: Michael Conradt: Vom Ende aller Kriege – Friedensentwürfe in der Philosophie, www.br.de [30.03.2016])

6 Stellt euch vor, statt der UNO gäbe es eine Weltregierung, der alle Staaten durch einen Vertrag einen Teil ihrer Freiheit und ihrer Macht übergeben haben. Es herrscht Frieden. Wolltet ihr in diesem „Weltstaat" leben? Begründet eure Einwände.

Kant und die „Charta der Vereinten Nationen"

Der Philosoph Immanuel Kant (1724–1804) legt in seiner Schrift „Zum ewigen Frieden" dar, warum Vernunft den Krieg verdammt, den Frieden dagegen zur Pflicht macht. Er stellt darin folgende Forderungen auf:

Der erste Artikel fordert einen fairen und unbedingten Friedensschluss, der keinerlei Gründe oder Vorwände für einen Nachfolgekrieg enthalten darf.
„Es soll kein Friedensschluss für einen solchen gelten, der mit dem geheimen Vorbehalt des Stoffs zu einem künftigen Kriege gemacht worden."
Andernfalls sei der Friede nur provisorisch, *„ein bloßer Waffenstillstand"*, und würde dem im Titel der Schrift angekündigten Ziel, dem ewigen Frieden, widersprechen. [...]
Der zweite Artikel soll ähnlich wie der fünfte die Souveränität und Autonomie eines Staates schützen.
„Es soll kein für sich bestehender Staat (klein oder groß, das gilt hier gleich viel) von einem anderen Staate durch Erbung, Tausch oder Schenkung erworben werden können."
Ein Staat sei nämlich kein Objekt des Eigentums, sondern *„eine Gesellschaft von Menschen, über die niemand anders als er selbst zu gebieten hat [...]."*
Die Argumentation ergibt sich aus der Mittel-Zweck-Formel des kategorischen Imperativs*:
„Handle so, dass du die Menschheit sowohl in deiner Person, als in der Person eines andern jederzeit zugleich als Zweck, niemals bloß als Mittel brauchest."
Dieses Argument weitet Kant in der Erläuterung zum dritten Artikel auf alle Soldaten in stehenden Heeren aus, da *„[...] zum Töten, oder getötet werden, in Sold genommen zu sein einen Gebrauch von Menschen als bloße Maschinen und Werkzeuge in der Hand eines andern [...] zu enthalten scheint, der sich nicht wohl mit dem Rechte der Menschheit in unserer Person vereinigen lässt."*
Weil zudem stehende Heere ein globales Hoch- und Wettrüsten provozieren, sollen sie nach und nach ganz abgebaut werden, wie es der dritte Artikel fordert. *„Stehende Heere [...] sollen mit der Zeit ganz aufhören."* Mit dieser Forderung und ihrer Begründung ist Kant wahrscheinlich der erste Theoretiker, der gegen die grenzenlose Dynamik der Aufrüstung und für ein allmähliches Abrüsten plädiert.
[...] Der fünfte Artikel [...] verbietet gewaltsame Interventionen in die Innenpolitik anderer Staaten.
„Kein Staat soll sich in die Verfassung und Regierung eines andern Staats gewalttätig einmischen."

(nach: Thomas Domjahn: Immanuel Kant: Vordenker der Vereinten Nationen? Eine kritische Würdigung der Schrift „Zum ewigen Frieden", 2004, www.grin.com.de [31.03.2016])

7 Wie könntet ihr die letzte Forderung begründen?

8 Erläutert die einzelnen Forderungen Kants mit eigenen Worten und überlegt, inwiefern sie bei heutigen Friedensverhandlungen noch aktuell sind. Diskutiert über eure Einschätzungen dazu.

Aufgaben zur Auswahl

a) Nach Hobbes kann nur ein allmächtiger Herrscher Ordnung schaffen und erhalten. Reicht das deiner Meinung nach für einen dauerhaften Frieden aus? Beziehe dazu auch das Zitat von Kofi Annan auf S. 121 mit ein. Schreibe auf, was dir bei Hobbes fehlt.

b) Kommt bei Hobbes das Bedürfnis der Menschen nach Freiheit zu kurz? Schreibe eine Stellungnahme.

c) Kann man Kant als den Vordenker der Vereinten Nationen bezeichnen? Vergleiche seine Forderungen mit dem Auszug aus der Präambel der „Charta der Vereinten Nationen" (s. S. 116) und fasse deine Überlegungen schriftlich zusammen.

Was du weißt und kannst

1. Frieden ja – aber welchen?

a) Menschen haben je nach Lebenssituation unterschiedliche Vorstellungen von Frieden. Zeige das an Beispielen.
b) Stelle eine Liste von Friedensbedingungen zusammen, die dir besonders wichtig sind.
c) Beschreibe Friedenssymbole und ihre Bedeutung.
d) Wie kann man Frieden verstehen? Fasse dazu den Vorschlag, den der norwegische Friedensforscher Johan Galtung vor über zwanzig Jahren gemacht hat, mit eigenen Worten zusammen und diskutiere darüber mit anderen.
e) Häufig sagt man: „Frieden ist mehr als die Abwesenheit von Krieg." Ergänze dazu folgende Zusammenstellung:
Frieden – braucht ...
– bedeutet ...
– gelingt ...
– ist immer verbunden mit ...
Begründe deine Ergänzungen.
f) Beschreibe Beispiele aus der Malerei und der Musik, die das Thema „Frieden" thematisieren.

2. Kann man den Frieden sichern?

Sitzung der UN-Vollversammlung in New York (September 2014).

a) Wie kam es zur Gründung der Vereinten Nationen?
b) Erkläre die Begriffe Charta, Präambel, Vollversammlung, Generalsekretär, Sicherheitsrat, Vetorecht und ihre Bedeutung für die Vereinten Nationen.
c) Was sagt die UN-Charta über den Einsatz von Gewalt? Recherchiere und lies dazu den Artikel 2 Absatz 4 und den Artikel 51. Fasse die Inhalte zusammen.
d) Rund 60 Blauhelm-Missionen haben die Vereinten Nationen seit 1948 in Konfliktgebiete entsendet. Berichte von Beispielen und fasse die Möglichkeiten zusammen, die Blauhelme haben, um den Menschen zu helfen.

3. Menschen fliehen vor dem Krieg

a) Was bedeutet für dich Sicherheit?
b) Stell dir vor, es ist Krieg. Was bedeutet für betroffene Menschen Sicherheit?
c) Erläutere das Sicherheitskonzept der Vereinten Nationen.
d) Welche unterschiedliche Bedeutung hat Sicherheit für Menschen, die auf der Flucht sind?
e) Weltweit fliehen rund 16 Millionen Menschen vor Krieg und Gewalt. Zeige an Beispielen:
– Warum fliehen sie?
– Aus welchen Ländern und in welche Länder fliehen sie?
– Welche Herausforderungen ergeben sich dadurch für die Völkergemeinschaft?
f) „Ärzte ohne Grenzen" erhielt 1999 den Friedensnobelpreis. Berichte von der Arbeit dieser Organisation.

Der deutsche Außenminister Frank-Walter Steinmeier sagte im Dezember 2014:
„Die syrische Flüchtlingskrise ist die größte humanitäre Katastrophe unserer Zeit."

g) Erkläre diesen Satz an Beispielen.
h) Wie können wir in Deutschland helfen?

4. Krieg macht krank

a) Erkläre den Begriff „Kriegstrauma".
b) Zeige an Beispielen, welche Krankheitssymptome bei Soldaten oft noch Jahre später auftreten können.
c) Warum fällt es den Betroffenen schwer, sich selbst diese Krankheiten einzugestehen, mit anderen darüber zu reden und sich helfen zu lassen? Wie denkst du darüber?

Kinderzeichnung ehemaliger Kindersoldaten

d) Beschreibe das Bild und versuche, Einzelheiten zu erklären.
e) Berichte über das Schicksal von Kindersoldaten und über Hilfsprojekte.
f) Beschreibe das Projekt „Deine Rote Hand zählt".

5. Der Friedensnobelpreis und Friedensstifter

a) Was ist der Friedensnobelpreis und wofür wird er verliehen?
b) Informiere dich noch einmal über den Friedensnobelpreis 2014 und seine Preisträger und schreibe eine kurze Zusammenfassung dazu.
c) Du kannst online dein Wissen über den Friedensnobelpreis testen und ergänzen: Testfragen, Testantworten und zusätzliche Informationen findest du im Internet unter dem Stichwort „Wissen über den Friedensnobelpreis".
d) Beim WDR 2 findest du eine Pro- und Kontra-Position zum Friedensnobelpreis unter
→ „WDR 2 Klartext pro Friedensnobelpreis"
→ „WDR 2 Klartext contra Friedensnobelpreis"
Fasse jeweils die für dich wichtigsten Argumente zusammen.
e) Beschreibe das Projekt „Ein Lernort für den Frieden".

6. Philosophen denken über den Frieden nach

a) Zwei berühmte Zitate des englischen Philosophen Hobbes sind: „Der Mensch ist des Menschen Wolf" und „Der Krieg aller gegen alle". Welches Bild von der Natur des Menschen hat Hobbes und wie stellt er sich trotzdem einen möglichen Frieden vor?
b) Nimm kritisch Stellung zu seiner Vorstellung eines allmächtigen Herrschers als Friedensmacher und Friedensbewahrer.
c) Welche Forderungen stellt der Philosoph Kant für einen Friedensschluss auf? Sind sie heute noch aktuell? Überlege an Beispielen.

Blick zurück

- *Sind die von dir erwarteten Themen und Aspekte angesprochen worden? Was hast du Neues erfahren? Was blieb unbeantwortet?*
- *Was war besonders interessant für dich?*
- *Was hat dich nachdenklich gemacht?*

Wissenschaft und Verantwortung

- **Wissenschaft – Was ist das eigentlich?**
- **Was tun Wissenschaftler?**
- **Wozu sind Wissenschaften da?**

1. Sammelt, was ihr mit diesen Fragen verbindet, und notiert eure Gedanken.

Das Bild rechts oben zeigt wissenschaftliche Instrumente aus dem 17. Jahrhundert.

2. Welche Gegenstände könnt ihr auf dem Bild entdecken? Erstellt eine Liste und erklärt, was sie mit Wissenschaft zu tun haben.
3. Die größte Erfindung der Menschheit! Wählt einen beliebigen Alltagsgegenstand (Pfanne, Lippenstift, Türgriff o. Ä.) aus und stellt ihn als die größte Erfindung der Menschheit dar.

Das Bild unten zeigt einen Physiker heute, der die Eigenschaften der Oberflächen verschiedener Materialien weiterentwickeln und verbessern möchte.

4. Die Abbildungen weisen auf bestimmte wissenschaftliche Arbeitsweisen hin. Welche findet ihr auf beiden Bildern? Beschreibt wichtige Unterschiede.

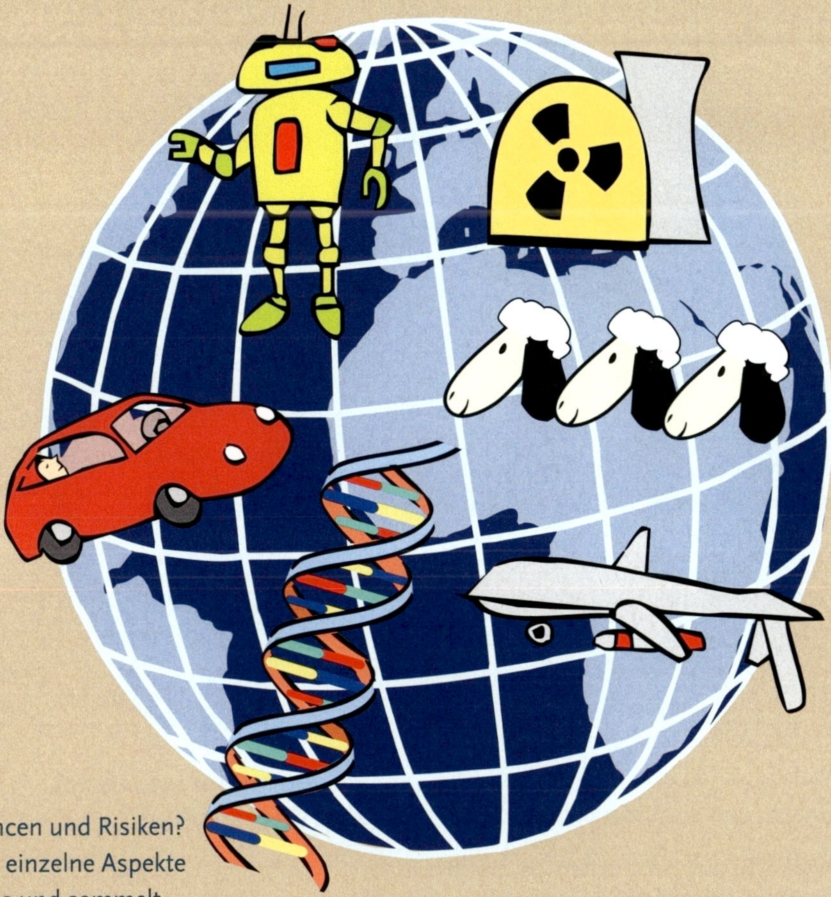

5 Wissenschaft – Chancen und Risiken?
- Wählt in Gruppen einzelne Aspekte der Bildcollage aus und sammelt weitere Informationen dazu.
- Überlegt mögliche Chancen und Risiken und diskutiert darüber.
- Fasst eure Überlegungen zusammen und tauscht euch mit den anderen Gruppen aus.

„Die moderne Forschung wird sich in Zukunft noch mehr als bisher am menschlichen Gewissen zu orientieren haben."

(Victor Franz Hess, österr. Physik-Nobelpreisträger, 1838–1964)

„Es gibt Risiken, die man nie eingehen darf: der Untergang der Menschheit ist ein solches."

(Friedrich Dürrenmatt, schweiz. Schriftsteller, 1921–1990
aus: Friedrich Dürrenmatt: Die Physiker
Copyright © 1986 Diogenes Verlag AG Zürich)

„Handle so, dass die Wirkungen deiner Handlungen nicht zerstörerisch sind."

(Hans Jonas, dt. Philosoph, 1903–1993)

6 Was hat für euch Wissenschaft mit Verantwortung zu tun? Überlegt Beispiele zu den einzelnen Zitaten und diskutiert darüber.

7 Sammelt zur Weiterentwicklung der Wissenschaften (z. B. in der Medizin, Kommunikationstechnologie, im Bereich künstlicher Intelligenz) Fragen, die euch interessieren, und notiert Themen, zu denen ihr noch Genaueres erfahren möchtet.

1| Mit eigenen Augen entdecken

Erkläre es mir – Was ist ein Experiment?

Das Experiment ist eine wissenschaftliche Methode, um die Richtigkeit einer Vermutung durch genaue Untersuchungen zu beweisen oder auch zu widerlegen. Durch ein Experiment kann man z. B. etwas entdecken, was man bisher noch nicht wusste. Man kann aber auch Zusammenhänge herausfinden, die etwas erklären, was man bisher nur angenommen hatte. Der Ablauf eines Experimentes, z. B. einzelne Versuche, muss wiederholbar sein, um die Ergebnisse eines Experimentes überprüfen zu können. Experimente gibt es vor allem in den Naturwissenschaften, aber auch in der Psychologie oder Soziologie, um z. B. bestimmte Verhaltensweisen zu erforschen.

1 „Mir macht es Spaß, selbstständig experimentieren zu können.“ – Warum ist das so? Berichtet von eigenen Erfahrungen und diskutiert darüber.

Experimente sind euch z. B. aus dem Unterricht in Physik, Chemie oder Biologie bekannt. Wenn Experimente beschrieben oder genauer protokolliert werden, findet man häufig eine Aufteilung in bestimmte Arbeitsschritte.

2 Bildet Arbeitsgruppen, einigt euch jeweils auf ein Experiment, das ihr im Unterricht schon selbst durchgeführt oder als Beobachter mitverfolgt habt, und findet selbst Gliederungsschritte zum Ablauf des Experimentes heraus. Fasst nach folgendem Muster zusammen:

1. Schritt: die Fragestellung und Vermutungen
2. Schritt: ...

...

3 Nur keine Experimente! – Was versteht man hier unter Experiment?

Experimente im Dienst der Wissenschaft

Probanden gesucht!
300 € zu verdienen!

Bevor ein neues Medikament zugelassen wird, muss nach strengen Vorschriften getestet werden, ob es wirksam und gesundheitlich unbedenklich ist.
In vorklinischen Studien sind dazu neben Tests an Bakterienkulturen auch Tierversuche gesetzlich vorgeschrieben. Nach den EU-Richtlinien sind Tierversuche aber für die Entwicklung neuer Kosmetika verboten. In den sich anschließenden klinischen Studien müssen vor der Zulassung die neuen Medikamente an Patienten und an Probanden getestet werden. Ein Proband ist ein gesunder Mensch, an dem vor allem die Verträglichkeit der Wirkstoffe getestet wird. Zuvor muss eine Ethikkommission den Experimenten zustimmen.

4 Ein möglicher Proband: „Bevor ich zustimme, ...“ Ergänzt diesen Satz und vergleicht eure Gedanken.

Grundlegende ethische Grenzen dieser Forschungen

→ Menschen dürfen nicht als „Versuchskaninchen“ betrachtet werden.
→ Die „informierte Einwilligung“ ist die wichtigste ethische Voraussetzung für Experimente an Menschen.

5 Welche Motive können Menschen haben, die sich als Proband zur Verfügung stellen? Wie denkt ihr darüber?

6 Was versteht man im Einzelnen unter der „informierten Einwilligung“? Sammelt weitere Informationen dazu und diskutiert darüber.

„Wir suchen die Forscher von morgen!“

Mit diesem Motto startete vor 50 Jahren der Wettbewerb „Jugend forscht“, um in der Bundesrepublik Deutschland den Nachwuchs an jungen Wissenschaftlerinnen und Wissenschaftlern zu fördern. Heute können sich Schülerinnen und Schüler bis 14 Jahre für die Alterssparte „Schüler experimentieren“ und die 15–21-Jährigen für die Sparte „Jugend forscht“ in sieben Fachgebieten anmelden.
Vom Wettbewerb ausgeschlossen sind insbesondere Projekte, die Teilnehmer oder Dritte gefährden. Dazu zählen grundsätzlich Experimente mit Sprengstoff, Drogen oder radioaktiven Stoffen. Zudem werden keine Arbeiten zugelassen, die
- Gewalt verherrlichen,
- Waffen entwickeln oder verbessern,
- Militärtechnik einsetzen oder erforschen,
- ein Verletzungsrisiko für Teilnehmer oder Dritte beinhalten,
- nicht eigenständig erstellt wurden [...].

Der erste Bundessieger 1966 überzeugte die Jury mit seiner Entwicklung eines elektronischen Rechenapparates und 2015 waren zwei Bundessieger mit einem selbst konstruierten 3-D-Rotationsdrucker erfolgreich.

(nach: www.jugend-forscht.de [08.05.2015])

7 Recherchiert über Landes- oder Bundessieger im Wettbewerb „Jugend forscht“ der letzten Jahre und berichtet von Forschungen, die für euch besonders interessant waren.

8 Die Freiheit von Forschung, Wissenschaft und Lehre ist ein hohes Gut und im Grundgesetz verankert. Seid ihr mit den genannten Einschränkungen dieser Freiheit in den Teilnahmebedingungen für „Jugend forscht“ einverstanden? Begründet eure Meinung dazu.

Die beiden Jungforscher Lukas Gräfner und Lukas Höhne präsentieren ihren PGG 3-D-Rotationsdrucker. Sie gewannen damit den Sonderpreis für eine außergewöhnliche Arbeit beim Wettbewerb „Jugend forscht“ 2014. Mit einem 3-D-Drucker kann man einen Gegenstand aus Kunststoff nach eingegebenen Daten durch Ausdrucken herstellen. Auch auf der Cebit, der weltweit größten Messe für Informationstechnik im März 2015 in Hannover, konnten sie ihren Drucker präsentieren, mit dem sich vor allem rotationssymmetrische Formen deutlich einfacher und günstiger produzieren lassen als bei bisherigen 3-D-Druckverfahren.

9 Stellt euch vor, ihr könntet die beiden jungen Forscher in euren Unterricht einladen. Was würdet ihr sie fragen?

10 Habt ihr auch schon einmal etwas selbst entdeckt oder selbst erforscht? Berichtet darüber.

Ein Schüler sagt:
„Wenn man uns lässt, machen wir gute Sachen.“

11 An wen richtet sich diese Äußerung? Was will der Schüler damit sagen? Nehmt Stellung dazu.

2| Die Wissenschaft hat festgestellt ...

1 „Schokolade macht schlau – wissenschaftlich getestet!"
- Würdet ihr das glauben?
- Was macht den Stempelabdruck so wirksam?

2 Was erwarten Menschen, wenn sie den Ausdruck „wissenschaftlich" vorfinden?

Am Anfang steht die Hypothese

Wenn Wissenschaftler ein neues Thema – z. B. „Reduzierung von Stress auf Autobahnen" – erforschen wollen, formulieren sie zunächst Fragen, z. B.: „Verringert ein allgemeines Tempolimit das Staurisiko?"
Um diese Fragen wissenschaftlich beantworten zu können, stellen sie Hypothesen auf, z. B.: „Tempolimit 120 auf allen Autobahnen verursacht weniger Staus."
Eine wissenschaftliche Hypothese ist eine Aussage, die vier Merkmale hat:

➔ Der Sachverhalt ist für unsere Sinne wahrnehmbar, erfahrbar, messbar usw.
➔ Die Aussage ist grundsätzlich auch widerlegbar.
➔ Der Sachverhalt muss weitgehend allgemeingültig und für die Allgemeinheit von Interesse sein.
➔ Die Aussage muss theoretisch begründbar sein.

3 Überprüft, ob die folgenden Aussagen alle Merkmale einer Hypothese erfüllen:

a) „Im Himmel ist es wärmer als 0 Grad."
b) „Rauchen kann tödlich sein."
c) „Wer sich die Fingernägel lackiert, isst weniger Fleisch."
d) „In Düsseldorf scheint morgen um 8 Uhr die Sonne."
e) „Wer abends viel Alkohol trinkt, muss morgens mit Kopfschmerzen rechnen."

4 Wäre es für euch ethisch gerechtfertigt, das letzte Beispiel an Probanden zu untersuchen (vgl. S. 134)? Begründet eure Wertung.

5 Was können Wissenschaftler alles tun, um eine Hypothese – z. B. „Tempolimit 120 auf allen Autobahnen verursacht weniger Staus" – zu untersuchen? Diskutiert über eure Vorschläge in Gruppen.

„Der Zweifel ist der Beginn der Wissenschaft. Wer nichts anzweifelt, prüft nichts. Wer nichts prüft, entdeckt nichts. Wer nichts entdeckt, ist blind und bleibt blind."

(Pierre Teilhard de Chardin, franz. Theologe u. Naturwissenschaftler, 1881–1955)

6 Erklärt die einzelnen Aussagen des Zitats.

7 Schreibt das Zitat um: „Wer zweifelt, der ..."

8 Begründet mit eigenen Worten, warum für Teilhard de Chardin das Zweifeln besonders für Wissenschaftler so wichtig ist.

Erkläre es mir – Was heißt Wissenschaft?

Die Wissenschaft will vernunftgemäße, also sinnvolle und einleuchtende Erkenntnisse über die Natur und über den Menschen gewinnen. Dazu beschäftigt sie sich mit wahren und überprüfbaren Aussagen zu einem bestimmten Thema und entwickelt mögliche Verfahren, diese Aussagen zu beweisen, zu widerlegen oder einzuschränken.

Wissenschaft und Öffentlichkeit

„Wir haben auch eine Pflicht, den Menschen zu erklären, was wir Forscher eigentlich den ganzen Tag machen."

(Julia Offe, Mitorganisatorin von Science Slam Wettbewerben; Wissenschaft + Bildung in Public Marketing, September 2013, S. 35)

9 Warum spricht Julia Offe hier von einer Pflicht? Gibt es für Wissenschaftler eine moralische Verpflichtung, die Ergebnisse ihrer Forschungen in verständlicher Form öffentlich bekannt zu machen? Diskutiert darüber.

10 Welche Möglichkeiten haben Wissenschaftler, ihre Ergebnisse zu veröffentlichen?

11 Wie wichtig ist es für euch, dass Wissenschaftler die Ergebnisse ihrer Forschungen öffentlich so zugänglich machen, dass sie auch von möglichst vielen Menschen verstanden werden? Begründet eure Antworten.

Warum eigentlich?

Warum sollen Wissenschaftler den Menschen erklären, was sie machen?

Schwierige Dinge verständlich erklären

Zum Beispiel: FameLab: Wissenschaft macht richtig Spaß

FameLab bietet jungen Wissenschaftlern ein Forum, um in einem Wettbewerb ihre Forschungen spannend, informativ und lustig öffentlich zu präsentieren. Am 19. März 2015 trafen sich neun junge Wissenschaftler in Bielefeld zum Landesentscheid FameLab NRW. Der WDR berichtete darüber am 20.03.2015:

[...] Das „FameLab" kommt aus England. Es ist vom Prinzip her ähnlich wie ein „Science Slam"[1]: Wissenschaftler präsentieren in Kurzvorträgen ihre Forschung. Aber hier haben sie sehr wenig Zeit – nur drei Minuten! Und es sind, zum Glück, keine PowerPoint-Präsentationen erlaubt. Auf die Bühne darf nur mitgenommen werden, was selbst heraufgetragen werden kann. Der Vortrag muss frei gehalten werden, es wird nichts abgelesen. Das ist für Wissenschaftler, die sich ja gerne penibel vorbereiten, sehr schwer. [...] Jungforscher Eduard Zell von der Universität Bielefeld hat sich als Asterix verkleidet und vorgemacht, wie in Animationsfilmen die Gesichtsausdrücke, die Mimik von Figuren, mit dem Computer hergestellt wird. Dazu werden ganz viele einzelne Gesichtsbewegungen zusammengesetzt. Unsere ganze Mimik im Gesicht lässt sich dazu in 44 einzelne Bausteine zerlegen. Das klingt nach ziemlich wenig, aber geschickt kombiniert kann damit alles gezeigt werden. [...] Jährlich gibt es einen Bundesentscheid. Der Sieger kann dann beim internationalen Finale in Cheltenham in England antreten. Dann müssen alle Teilnehmer auf Englisch vortragen.

(Joachim Hecker/WDR; www.wdr5.de [10.04.2015])

---

[1] Science Slam: ein zeitlich begrenzter Wissenschaftswettbewerb

12 Informiert euch über „FameLab" und „Science Slam" und berichtet von besonders interessanten Präsentationen. Auf YouTube könnt ihr unter diesen Stichworten Mitschnitte von Präsentationen finden.

13 Präsentiert das Ergebnis einer Unterrichtsstunde zu Beginn der nächsten Stunde nach den gleichen Regeln wie beim FameLab. Sprecht dann gemeinsam darüber, was dabei Spaß macht und was schwerfällt.

3 | Über die Verantwortung der Wissenschaftler

Gedanken zu „Wissenschaft und Verantwortung“

„Der Inhalt der Physik geht die Physiker an, die Auswirkungen alle Menschen.“

(Friedrich Dürrenmatt, schweiz. Schriftsteller, 1921–1990; aus: Friedrich Dürrenmatt: Die Physiker
Copyright © 1986 Diogenes Verlag AG Zürich)

„Wenn ich die Folgen geahnt hätte, wäre ich Uhrmacher geworden.“

(Albert Einstein, dt. Physiker, 1879–1955)

„Mich interessiert nur, ob meine Forschungsergebnisse richtig sind. Was andere damit anfangen, ist ihre Angelegenheit.“

1 Was verbindet ihr mit „Verantwortung der Wissenschaftler“? Sammelt eure Gedanken dazu und diskutiert darüber.

2 Was sagen die Zitate aus über unterschiedliche Vorstellungen zur Verantwortung der Wissenschaftler?

Forschungsfreiheit und Verantwortung

Forschung ist eine der wesentlichen Grundlagen für die Fortschritte der Menschheit. Sie dient der Wissensvermehrung und fördert Gesundheit, Wohlstand und Sicherheit der Menschen sowie den Schutz der Umwelt. Zentrale Voraussetzung hierfür ist vor allem die Freiheit der Forschung, die durch das Grundgesetz besonders geschützt ist und die nur zum Schutz anderer wichtiger verfassungsrechtlich geschützter Werte begrenzt werden kann. Eine erfolgreiche Grundlagenforschung erfordert weiter die Transparenz, den freien Informationsaustausch sowie die Veröffentlichung von Forschungsergebnissen.

Mit den Erfolgen einer freien und transparenten Forschung gehen jedoch auch Risiken einher. Diese resultieren nicht nur unmittelbar aus eigenem fahrlässigem oder vorsätzlichem Fehlverhalten von Wissenschaftlern. Daneben besteht bei einzelnen Forschungen die mittelbare Gefahr, dass – für sich genommen neutrale oder nützliche – Ergebnisse durch andere Personen zu schädlichen Zwecken missbraucht werden.
Diese Möglichkeit des „Dual Use“ erschwert oder verhindert heute in vielen Bereichen eine klare Unterscheidung von „guter“ und „böser“ Forschung, von Zivil- und Rüstungsforschung, von Verteidigungs- und Angriffsforschung sowie von Forschung für „friedliche“ und für „terroristische“ Anwendungen.

(Hinweise und Regeln der Max-Planck-Gesellschaft zum verantwortlichen Umgang mit Forschungsfreiheit und Forschungsrisiken; www.mpg.de/200127/Regeln_Forschungsfreiheit.pdf [30.07.2015])

3 Welche Probleme und Risiken einer freien Forschung werden im Text genannt?

„Wissen bedeutet Macht, und Macht bedeutet Verantwortung. Verantwortung bedeutet, dass wir den Gebrauch unserer eigenen Macht durch unsere Erkenntnis der Folgen des Gebrauchs dieser Macht begrenzen.“

(Carl Friedrich von Weizsäcker: Der bedrohte Friede, Carl Hanser Verlag, München 1981, S. 91)

4 Wie begründet Carl Friedrich von Weizsäcker, dass es auch für die Wissenschaft Einschränkungen geben muss?

„Crisper“ – ein Fallbeispiel

Die „Ärzte Zeitung“ berichtete am 13.04.2015 über CRISPR-Cas9, vereinfacht wie „crisper“ gesprochen, ein neues Werkzeug der Genforscher:

„Eine junge Technik revolutioniert die Genforschung. Sie wird auch die Suche nach neuen Medikamenten beflügeln.

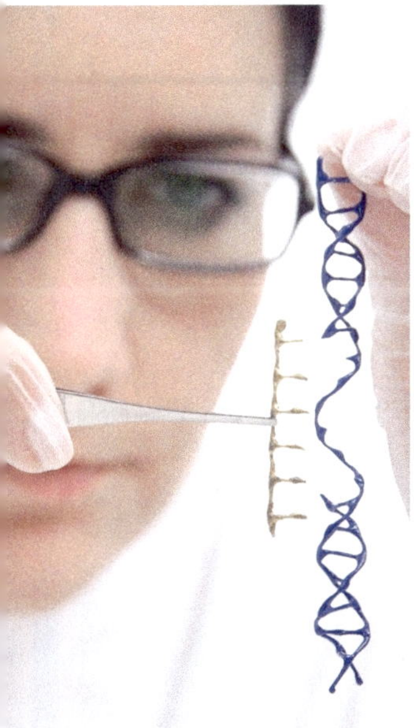

Doch es keimen Ängste auf, dass Forscher den Verlockungen, auch die Keimbahn zu verändern, erliegen. Mit „crisper“ gelingt es, eine kurze RNA-Kette wie auf einem Leitstrahl exakt an eine ausgesuchte Region des Erbguts zu lenken und dort die beiden DNA-Stränge mithilfe des Enzyms Cas9 zu durchtrennen, um so je nach Wunsch Gene auszuschneiden, einzubauen oder Mutationen einzufügen. [...]
Dass sich auch das menschliche Erbgut mit „crisper“ verändern lässt, konnte bereits Anfang 2013 gezeigt werden. Derzeit ist nicht zu gewährleisten, dass eine gewollte genetische Manipulation nicht auch Veränderungen auslöst, die ursprünglich nicht beabsichtigt waren.

(nach: Peter Leiner: Chancen und Gefahren des DNA-Editierens; in: Ärzte Zeitung vom 13.04.2015, © Springer Medizin)

5 Notiere alle Begriffe, die dir unklar sind, und kläre sie durch entsprechende Recherchen.

„Crisper“ kann helfen, kranke Gene aus Zellen zu entfernen und Erbkrankheiten zu heilen. Es besteht aber auch die Gefahr, dass es zu Manipulationen am menschlichen Erbgut missbraucht wird.

6 Welche euch bekannten Krankheiten könnte das betreffen und für welche Manipulationen am Erbgut könnte „crisper“ missbraucht werden?

7 Ihr dürft mitentscheiden, ob weitere Forschungsgelder für „crisper“ bewilligt werden sollen. Begründet eure Entscheidung.

8 Könnten die Forscher in Deutschland uneingeschränkt mit „crisper“ arbeiten? Informiert euch dazu über das Embryonenschutzgesetz*.

9 Das Problem „Chancen und Gefahren“ besteht nicht nur in der Genforschung, sondern auch in anderen Wissenschaftsbereichen. Berichtet von Beispielen, die euch bekannt sind.

Forschungsfreiheit und Verantwortung des Wissenschaftlers

Mit freier und transparenter Forschung gehen jedoch auch Risiken einher. Diese resultieren nicht nur unmittelbar aus eigenem fahrlässigen oder vorsätzlichen Fehlverhalten von Wissenschaftlern. Daneben besteht in allen Wissenschaftsbereichen die Gefahr, dass – für sich genommen neutrale oder nützliche – Ergebnisse durch andere Personen zu schädlichen Zwecken missbraucht werden:
In der Verteidigungstechnik können die Materialforschung und die Nanotechnologie* zur Entwicklung von Angriffswaffen führen; die Forschung zu Industrierobotern kann den Bau von Kriegsrobotern ermöglichen; Kernenergie kann nicht nur zu friedlichen Zwecken eingesetzt werden. Forschungsergebnisse zu pathogenen Mikroorganismen und Toxinen sind auch für neue Biowaffen und für terroristische Anschläge nutzbar; Analysen in der molekularen Pflanzengenetik können zu Bioangriffen auf Saatgut führen. In der Informatik können Arbeiten zum Schutz gegen Computerviren nicht nur deren Verhinderung, sondern auch deren Verbreitung und neue Formen des Cyberwar fördern. [...] Psychologische, medizinische oder neurobiologische Forschungen können aggressive Vernehmungstechniken bis hin zur Folter unterstützen.

(DFG Deutsche Forschungsgemeinschaft: Wissenschaftsfreiheit und Wissenschaftsverantwortung, Leopoldina, Bonn 2014, S. 9)

10 Bildet Kleingruppen, sucht euch ein Beispiel aus, beschafft euch dazu weitere Informationen und erläutert an diesem Beispiel, was man unter „Dual Use“ versteht.

11 Wie müssten eurer Meinung nach Forscher mit einem möglichen „Dual Use“ ihrer Forschungsergebnisse umgehen, um ihrer Verantwortung gerecht zu werden?

Sind Wissenschaftler auch für den Missbrauch ihrer Forschungsergebnisse verantwortlich?

Der Philosoph Hans Jonas (1903–1993) wendet sich gegen die folgende Aussage: „Für Wissenschaftler zählt nur das Wissen. Ob dieses Wissen für gute, gefährliche oder böse Zwecke verwendet wird, müssen andere verantworten":

Sobald Macht und ihr Gebrauch vorliegen, ist die Sittlichkeit im Spiel. Wer die Wissenschaft für ihre Wohltaten preist, setzt sich auch der Frage aus, ob alle ihre Werke wohltätig sind. Es ist dann nicht mehr eine Frage guter oder schlechter Wissenschaft, sondern guter oder böser Wirkungen der Wissenschaft [...]. Ist sie verantwortlich für ihre Wirkungen?

Für beide Sorten oder nur eine von beiden? Sich die Wohltaten als Verdienst anrechnen heißt offenbar auch die Schuld für die Schäden auf sich zu nehmen.

[...] Nun kann das Zumessen von Lob und Tadel ein müßiges Spiel sein, aber das ist es nicht, wenn ein gesellschaftliches Privileg – und nichts anderes ist die Freiheit der Forschung – infrage steht. Es ist also nicht müßig zu fragen: Wenn die Technik – die Tochter – ihre dunklen Seiten hat, ist die Wissenschaft – ihre Erzeugerin – anzuklagen?

(Hans Jonas: Leben, Wissenschaft, Verantwortung, Reclam, Stuttgart 2004, S. 189)

12 Erarbeitet die wichtigsten Aussagen dieses Textes.
- Welche Fragen stellt Jonas?
- Wie kommt er zu diesen Fragen und wie begründet er sie?

13 Seid ihr mit seinen Begründungen einverstanden?

Hans Jonas – Das Prinzip Verantwortung

Im Jahre 1979 erschien das Hauptwerk des Philosophen Hans Jonas (1903–1993) „Das Prinzip Verantwortung".
In diesem Buch versucht er, für das gegenwärtige Informationszeitalter mit seinen fast unbegrenzten technischen Möglichkeiten Grundsätze einer Ethik aufzustellen.

Ein fiktives[1] Gespräch mit Hans Jonas:

MODERATOR: Willkommen zu einer neuen Folge der Sendung „Forum Philosophie". Heute ist der deutsch-amerikanische Philosoph Hans Jonas zu Gast.
Herr Jonas, Sie sind mit ihrem Buch „Das Prinzip Verantwortung" einer der wenigen Philosophen, die nicht nur in Fachkreisen gelesen werden. Haben Sie dafür eine Erklärung?

JONAS: Offenbar hat meine Forderung, Verantwortung für künftige Generationen zu übernehmen und die natürlichen Grundlagen unserer Existenz zu bewahren, die Menschen wachgerüttelt.

MODERATOR: Warum war das notwendig?

JONAS: Die technischen Möglichkeiten sind heute so weit entwickelt, dass die Wirkungen unseres Handelns nicht nur unseren nächsten Umkreis, sondern die ganze Erde betreffen. Denken Sie etwa an die Treibhausgase, die die Erdatmosphäre als Ganzes zu zerstören drohen. Die Auswirkungen unseres Handelns haben infolge der neuen technischen Möglichkeiten aber auch eine neue Zeitqualität: Sie betreffen die Zukunft der Menschheit. Die Menschen der Industrienationen leben gegenwärtig in Bezug auf Rohstoffverbrauch und Erzeugung von Abfallstoffen so, als ob sie vier Erden zur Verfügung hätten. Wenn sie so weitermachen und andere Menschen auch diesen Lebensstandard erreichen wollen, wird die Erde eines Tages unbewohnbar sein.

MODERATOR: Wie müsste eine Ethik aussehen, die diesen Herausforderungen gerecht wird?

JONAS: Oberstes Prinzip müsste sein, dass die Wirkungen unserer Handlungen die Fortdauer menschlichen Lebens auf der Erde ermöglichen. „Handle so, dass die Wirkungen deiner Handlung die zukünftigen Möglichkeiten menschlichen Lebens nicht zerstören."

MODERATOR: Was muss dazu im Einzelnen getan oder unterlassen werden?

JONAS: Zunächst einmal ist es wichtig, dass es eine „Wissenschaft der Fernwirkung" gibt. Wir müssen alles daranset-

---

[1] fiktiv: erdacht, ausgedacht

zen, die zukünftigen Wirkungen unserer Handlungen zu erforschen.

MODERATOR: Das kann man doch in den meisten Fällen gar nicht vorhersehen.

JONAS: Auch wenn man die Wirkungen menschlicher Handlungen in den meisten Fällen nicht mit Sicherheit vorhersagen kann, ist dann wenigstens so viel gewonnen, dass die Gefahren, denen die künftigen Generationen möglicherweise ausgesetzt sind, bekannt sind. Dann muss noch das Prinzip gelten, dass die Weiterentwicklung und Verwendung von Technologien nicht vertretbar ist, wenn auch nur die Möglichkeit besteht, dass dadurch die Zukunft der Menschheit gefährdet sein könnte.

MODERATOR: Heute gilt doch, dass alles, was den Menschen irgendwie nützlich und machbar erscheint, auch gemacht wird. Wenn man aber immer die schlimmste aller möglichen Folgen berücksichtigen muss, dann könnte doch niemand mehr handeln?

JONAS: Trotzdem muss gelten, dass kein Mensch die Existenz künftiger Generationen leichtsinnig oder mutwillig aufs Spiel setzen darf.

(nach: Jörg Peters/Bernd Rolf: Kant & Co. im Interview, Reclam, Stuttgart 2009, S. 46 ff.)

14 Erörtert das Gespräch in Kleingruppen:
- Welche Fragen werden gestellt?
- Wie beantwortet Jonas die einzelnen Fragen?
- Welches Verhalten verlangt Jonas insbesondere von Wissenschaftlern und Forschern?
- Wie begründet er seine ethischen Forderungen?
- Wie bewertet ihr diese Forderungen und ihre Begründung?
- ...

Was heißt „Verantwortung tragen"?

Das „Prinzip Verantwortung" bezieht sich vor allem auf Handlungen, die die Überlebenschancen der Menschen auf der Erde beeinflussen. Das betrifft in besonderer Weise die Folgen wissenschaftlicher Forschungen, aber auch unser alltägliches Handeln und insbesondere unser Verhalten gegenüber Natur und Umwelt. Da tragen wir alle Verantwortung. Um genauer beantworten zu können, was „Verantwortung tragen" bedeutet, ist es hilfreich, den Verantwortungsbegriff zu gliedern:

Wir können fragen:
- Wer trägt Verantwortung?
- Wofür trägt man Verantwortung?
- Weswegen ist man verantwortlich?
- Wovor muss man sich verantworten?

15 Erstellt und konkretisiert die folgende Skizze für einen Wissenschaftler, zum Beispiel einen Genforscher.

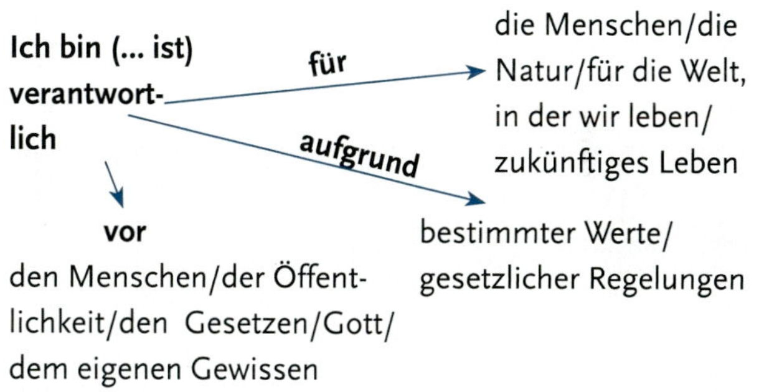

Kriterien zum Bewerten von wissenschaftlichem und technischem Handeln

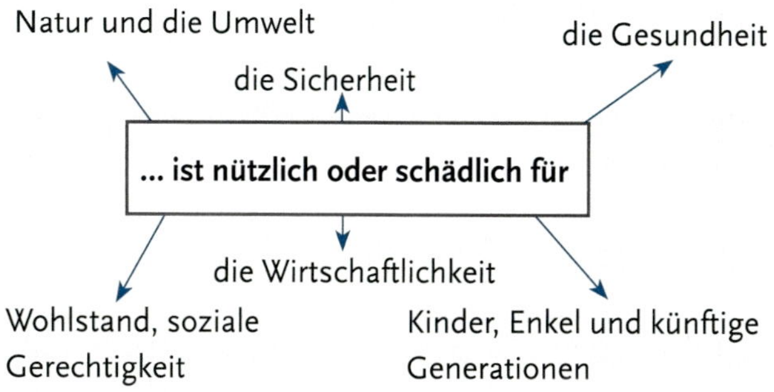

16 Übertragt diese Kriterien auf eine technische Errungenschaft, die ihr verwendet, z. B. auf euer Smartphone, und fasst eure Bewertung zusammen.

4 | PID: Darf die Medizin das eigentlich?

Familie D. sorgt sich um ihr zweites Kind

Herr und Frau D. wünschen sich ein zweites Kind, ein gesundes Kind. Ihr 5-jähriger Sohn Felix leidet an Muskelschwund, einer unheilbaren Krankheit, die ihm mehr und mehr jede Kraft nimmt, er wird sich immer weniger bewegen, immer weniger allein tun können und er wird jung sterben. Er wurde mit dieser Krankheit geboren, weil sie unerkannt in den Genen seiner Mutter schlummerte. So sehr die Eltern ihren Sohn lieben, einem zweiten Kind wollen sie dieses Leiden nicht zumuten. Aus diesem Grund wünschen sich Herr und Frau D. eine PID, eine Präimplantationsdiagnostik. Diese Untersuchung findet nach einer künstlichen Befruchtung am Embryo statt, noch bevor er in die Gebärmutter eingepflanzt wird. Auf diese Weise soll die erblich bedingte Krankheit bei einem weiteren Kind ausgeschlossen werden.

1 Herr und Frau D. haben sich für die Durchführung einer PID entschieden. Benennt Gründe für ihre Entscheidung und bewertet sie aus eurer Sicht.

Durch eine andere Brille sehen

Frau D. holt sich Rat bei einer guten Freundin. Die meint dazu:
„Eine PID würde ich nie bei mir machen lassen. Ich würde an eurer Stelle einfach auf ein zweites Kind verzichten."
Was könnte Frau D. jetzt antworten?

Was ist PID?

Die Präimplantationsdiagnostik (PID) wird bei der künstlichen Befruchtung eingesetzt, bei der das Sperma des Vaters mehrere Eizellen der Mutter in Reagenzgläsern befruchtet. Die so erzeugten Embryonen werden dann in die Gebärmutter eingesetzt. Bevor dies geschieht, können die Embryonen getestet werden. Hierzu wird dem Embryo, der nach zwei bis drei Tagen aus acht Zellen besteht, eine Zelle entnommen. Mit dem Test ist es möglich, festzustellen, ob ein Embryo bestimmte Krankheiten geerbt hat. Solche Embryonen werden der Mutter nicht eingesetzt. Sie werden abgetötet.

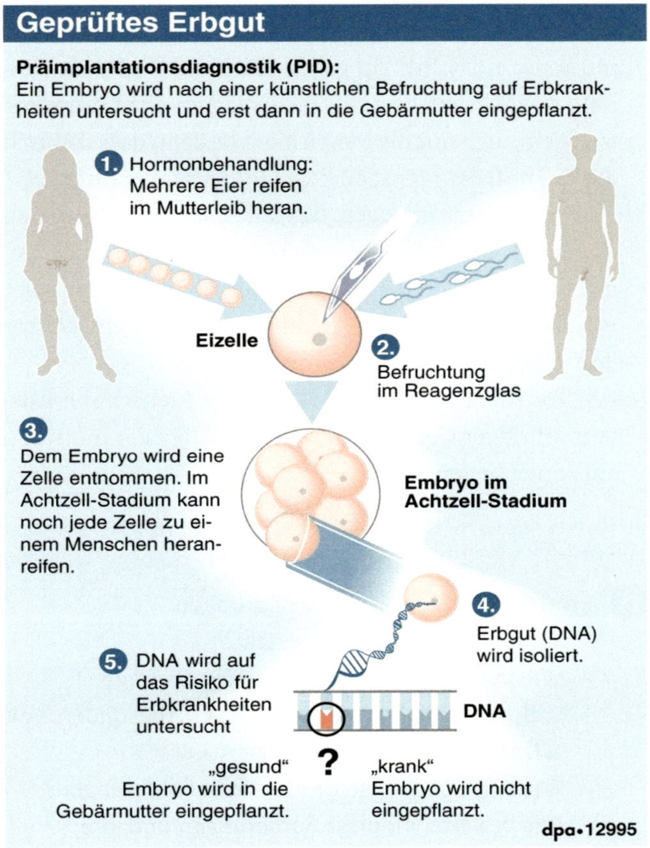

2 Was heißt es, wenn bei der Untersuchung festgestellt wird, dass der Embryo „gesund" bzw. „krank" ist? Was geschieht dann jeweils?

Die Rechtslage zur PID in Deutschland

Am 7. Juli 2011 stimmte der Bundestag einem Gesetzentwurf zu, der die PID im Grundsatz verbietet, sie aber zulässt, wenn aufgrund der genetischen Veranlagung der El-

tern eine schwerwiegende Erbkrankheit beim Kind oder eine Tot- oder Fehlgeburt wahrscheinlich ist.

Das erste nach PID geborene Kind in Deutschland

In Lübeck kam das erste deutsche Kind nach Embryonen-Auslese zur Welt. Matthias Kaman berichtet darüber in DIE WELT am 11.02.2012:

Die Eltern wollen nicht namentlich genannt werden. Nicht nur, weil sie das Leben mit dem Säugling unbehelligt genießen wollen. Sondern auch, weil sie etwas gemacht haben, was manchen empört. Sie haben ihr am 27. Januar geborenes Mädchen nach einer Präimplantationsdiagnostik (PID) bekommen. [...]
Im Gespräch mit „Welt Online" beginnen die Eltern mit dem Jahr 2008, als die Frau zum ersten Mal schwanger wurde. „Beim Ultraschall wurden bei dem Kind eine veränderte Nackenfalte und starke Wasseransammlungen festgestellt." [...] Nach Beratung mit dem Arzt wurde die Schwangerschaft in der 13. Woche abgebrochen, nachdem sich Hoffnungen auf Besserung der Symptome nicht erfüllt hatten. [...] Eine neue Schwangerschaft endete 2009 mit einer Fehlgeburt in der zehnten Woche. „Da ist zum zweiten Mal eine Welt für uns zusammengebrochen", sagt der Vater.
Als die Frau drei Monate später wieder schwanger wurde – wie zuvor auf natürlichem Wege –, begann das ängstliche Warten auf die Untersuchungen von Neuem. Abermals bestätigten sich die schlimmsten Befürchtungen: dieselben Auffälligkeiten wie beim ersten Mal [...], die so gravierend waren, dass man sich in der 18. Schwangerschaftswoche zum Abbruch entschloss. „Aber dieses Mal wollten wir Antworten haben", ergänzt der Vater.
Der Fötus wurde untersucht, die Eltern intensiv getestet, und dabei ergab sich, dass es sich um das sehr seltene Desbuquois-Syndrom handelt. Die beiden Eheleute tragen die Anlage dazu in sich. Sie selbst sind zwar gesund, aber es besteht die 25-prozentige Wahrscheinlichkeit, dass sie das Syndrom, bei dem Herz, Lunge und Knochen schwer geschädigt sind, an ein Kind vererben, das daran während der Schwangerschaft oder bald nach der Geburt stirbt.
„Als wir das wussten", erzählt die Mutter, „haben wir uns an Professor Diedrich am Lübecker Kinderwunschzentrum gewandt." [...]
Der verantwortliche Arzt: „Wir sind nach eingehender Beratung und Untersuchung des Paares, nach Klärung der medizinisch-technischen Möglichkeiten und nach Konsultation der klinischen Ethikkommission zu dem Ergebnis gekommen, dass es sinnvoll ist, mit der PID hier zu beginnen." [...]
Im April 2011 dann wurden sechs der entnommenen Eizellen erfolgreich befruchtet und entwickelten sich so, dass an den Embryonen eine PID durchgeführt werden konnte.
Das Ergebnis: Zwei waren nicht von dem Syndrom betroffen und wurden der Frau eingesetzt, wobei aus einem die Tochter entstand. Bei drei anderen wurde festgestellt, dass sie die Veranlagung in sich tragen, ohne dass aber das aus ihnen entstehende Kind daran selbst erkranken würde. Diese drei Embryonen wurden eingefroren und können der Mutter später eingesetzt werden. Am sechsten Embryo ließ sich keine Untersuchung durchführen, er wurde verworfen.
Vor und während der PID haben sich die Eltern intensiv mit den Ärzten und Freunden beraten. Dabei habe Einigkeit bestanden, dass es hier ums Ausschließen einer tödlichen Schädigung gehe und keine Rede von der Züchtung eines perfekten Kindes sein könne. „Wir können doch Krankheiten nicht vermeiden", sagt die Mutter, „unsere Tochter ist kein perfektes Kind und soll es auch auf keinen Fall werden. Was wir wollen, ist nur, dass unser Kind überhaupt leben kann." [...] „Ich will den PID-Kritikern nicht das Recht auf Befürchtungen wegen drohender Behinderten-Diskriminierung absprechen. Aber warum sollten wir, bei denen es um Diskriminierung in keiner Weise geht, bloß wegen jener Befürchtungen kein Kind bekommen?" [...]

(Matthias Kamann; www.welt.de, 11.02.2012)

3 Stellt euch vor, ihr könntet die betroffenen Eltern und einen der verantwortlichen Ärzte in den Unterricht einladen. Worüber möchtet ihr mit ihnen sprechen?

Eine schwere Entscheidung

Für Paare, die genetisch belastet sind und sich nicht zutrauen, die Verantwortung für ein von Geburt an schwer krankes oder schwer behindertes Kind zu übernehmen, gibt es drei Möglichkeiten:

➔ die PID (Präimplantationsdiagnostik)
➔ die PND (Pränataldiagnostik)
➔ auf ein Kind verzichten

4 Wägt die Möglichkeiten gegeneinander ab und diskutiert über eure Einstellung dazu.

Stellungnahmen

Der Deutsche Ethikrat*

Eine Präimplantationsdiagnostik (PID) ist unter folgenden Einschränkungen ethisch gerechtfertigt [...]: 1. Es muss ein hohes medizinisches Risiko vorliegen; dies ist der Fall:
a) wenn bei den Eltern nachweislich eine erbliche Anlage vorhanden ist, die bei Vererbung auf das Kind zu einer schweren Krankheit oder Behinderung führen würde [...].
b) wenn bei den Eltern nachweislich ein hohes Risiko vorhanden ist, eine Chromosomenstörung[1] oder anderweitige Mutation[2] zu vererben, die eine extrauterine[3] Lebensfähigkeit des Embryos ausschließt [...]
3. Unzulässig und gesetzlich zu verbieten ist die Durchführung der PID:
a) zur Feststellung des Geschlechts eines Embryos [...],
b) wenn sie mit dem Ziel der Auswahl eines Embryos für die Spende von Zellen, Geweben oder Organen für einen anderen Menschen erfolgen soll [...].

(Deutscher Ethikrat: Präimplantationsdiagnostik. Stellungnahme, Berlin 2011, S. 82)

---

[1] Chromosomen: Strukturen in den Zellen, die Träger der Erbinformationen sind

[2] Mutation: Veränderung des Erbgutes

[3] extrauterin: außerhalb der Gebärmutter

Die Evangelische Kirche

Das christliche Menschenbild gründet darauf, dass der Mensch nicht sein eigener Schöpfer ist, sondern dass sich alles Leben Gott verdankt. [...] Eine mit einer Zulassung der PID bei bestimmten Krankheitsbildern zwingend gegebene Selektion zwischen lebenswertem und nicht lebenswertem Leben ist damit nicht vereinbar. [...]
Es gilt [jedoch] zu bedenken, ob eine Zulassung der PID mit dem Ziel verantwortbar ist, lebensfähige Embryonen zu identifizieren. Liegt bei Eltern eine solche genetische Veranlagung vor, dass mit sehr hoher Wahrscheinlichkeit der Embryo schon während der Schwangerschaft lebensunfähig ist, könnte die Möglichkeit eingeräumt werden, die PID zuzulassen. [...]
Hannover, den 15. Februar 2011

(nach: www.ekd.de/download/pm40_2011_stellungnahme.pdf)

Die Katholische Kirche

Aus christlicher Sicht ist jeder Mensch von allem Anfang an Person und besitzt damit die Würde des ganzen Menschen [...]. Die Unantastbarkeit der Würde des Menschen zieht die volle und uneingeschränkte Schutzwürdigkeit menschlichen Lebens in jeder seiner Existenzphasen nach sich. [...] Daraus ergibt sich konsequent, dass die Präimplantationsdiagnostik (PID) unter keinen Umständen zugelassen werden kann, da diese Technik aus sich heraus mit Selektion und damit der Tötung von menschlichem Leben einhergeht.

(nach: Pressemitteilung der deutschen Bischofskonferenz vom 17.03.2011)

5 Bearbeitet die folgenden Aufgaben in Gruppen und stellt eure Ergebnisse anhand von Plakaten vor:
a) Sucht alle Begriffe aus dem Text heraus, die ihr nicht versteht oder die ihr gerne erläutert haben wollt.
b) Sammelt, welche Argumente in den verschiedenen Textauszügen jeweils für oder gegen die PID genannt werden. Nummeriert sie nach der Wichtigkeit, die sie für euch haben, und formuliert Fragen dazu.

Ein Mediziner

Aus einem Interview mit Professor Diedrich, der als verantwortlicher Arzt die erste PID in Deutschland durchführte (s. S. 143):

Befragt man betroffene Paare – die kommen ja viel zu wenig zu Wort –, sind 90 Prozent für die PID. [...] 1995 haben wir das erste Mal einen Antrag auf PID an unsere Ethikkommission gestellt. [...] Die Kommission sah aber ein rechtliches Problem. Denn die PID kollidierte mit dem Embryonenschutzgesetz, das besagt, dass eine Eizelle nur mit dem Ziel befruchtet werden darf, den Embryo in die Gebärmutter zurückzusetzen und eine Schwangerschaft zu erreichen.
[...] Ich kämpfe also seit 1995 dafür, dass das Embryonenschutzgesetz entsprechend geändert wird. Mir war es immer unverständlich, warum wir in Deutschland bei einer schweren genetischen Erkrankung – und nur um diese geht es ja – die pränatale Diagnostik erlauben, mit der möglichen Folge des Schwangerschaftsabbruchs, die Diagnostik vor einer Schwangerschaft aber untersagen. [...]
Es geht mir überhaupt nicht um das Designerkind. Es geht mir einzig und allein darum, Paare, die mit einer genetischen Erkrankung belastet sind, über Möglichkeiten zu beraten, wie sie ihrem Kind einen schrecklichen Leidensweg oder frühen Tod ersparen können. Ob sie diese in Anspruch nehmen, ist allein die Entscheidung des Paares. [...] Ich bin froh, dass ich das nicht muss. Denn das sind schwerwiegende Entscheidungen. Ich mache mich ja sozusagen zum Richter über dieses Paar. Ich finde es gut, dass das Gesetz vorsieht, dass eine Ethikkommission über die Indikationen für eine PID entscheidet.

(Gisela Klinkhammer/Heike Korzilius: Es gibt keine Garantie auf ein gesundes Kind; Dt. Ärzteblatt 2012)

6 Wie sieht Professor Diedrich seine Verantwortung für die Durchführung der PID? Wie begründet er sie? Nehmt kritisch Stellung dazu.

Die Analyse des Fallbeispiels

Um das Geschehen zu analysieren, also gründlich unter möglichst vielen Gesichtspunkten zu untersuchen, müssen neben den Interessen und Wertungen der unmittelbar betroffenen Personen auch die Interessenkonflikte im Umfeld (öffentliche Meinung, Medien, Ärzte, Staat, Parteien, Religionen usw.) betrachtet werden. Dazu dient das folgende Schema einer Fallanalyse:

Erkläre es mir – Fallanalyse der ethischen Urteilsfindung

1. Schritt: Beschreibe die Situation und benenne
   - die äußeren Fakten ➔ Was ist passiert?
   - die direkt Betroffenen ➔ ...
   - die indirekt Betroffenen ➔ ...
2. Schritt: Untersuche Motive und Absichten verschiedener Interessenträger (Patient, Partner, Angehörige, Ärzte, Kirchen, Parteien, Juristen, Medien usw.).
   - will ...
   - wollen ...
3. Schritt: Welche Handlungsmöglichkeiten gibt es? Bewerte jeweils kurzfristige und langfristige Folgen.
4. Schritt: Untersuche Normen und Werte, die dem Fall zugrunde liegen:
   ➔ Recht (auf) ... ➔ Wert ➔ ethischer Wert / sonstiger Wert
   ➔ Pflicht (zu) ... ➔ Norm
5. Schritt: Gewichte die Werte und Normen, wäge ab und begründe deine Entscheidung.
   - Werteprioritäten
     ➔ Welches Recht ist das gewichtigere?
     ➔ Welche Pflicht ist die gewichtigere?
   - Wem nützt (schadet) die zu treffende Entscheidung?

7 Den Kinderwunsch von Herrn und Frau D. durch eine PID erfüllen? Erarbeitet dazu in Gruppen eine Fallanalyse.

8 Vergleicht eure Entscheidung mit dem tatsächlichen Geschehen. Beschreibt und bewertet eventuelle Unterschiede.

5| Künstliche Intelligenz – Können superintelligente Maschinen die Menschheit bedrohen?

Können Roboter sich verlieben?

Nach dem Unterricht unterhalten sich Michael und Liam über künstliche Intelligenz.

MICHAEL: Glaubst du, dass es einmal Roboter gibt, die sich verlieben können?

LIAM: Nie im Leben! Wie soll das denn gehen?

MICHAEL: Heute gibt es doch schon intelligente Roboter.

LIAM: Ja schon, aber das kann man doch nicht mit einem intelligenten Menschen vergleichen.

MICHAEL: Warum nicht? Roboter können doch schon aus Erfolgen und Fehlern lernen, sich an Veränderungen anpassen, Strategien herausfinden und sich selbstständig weiterentwickeln – wie intelligente Menschen auch.

LIAM: Ein Roboter bleibt trotzdem eine Maschine, die zum Beispiel nicht wissen kann, wer sie überhaupt ist. Wie soll er da Gefühle entwickeln?

MICHAEL: Ganz so undenkbar ist das nicht. Ich habe gestern auf YouTube einen Film von Welt der Wunder gesehen. Der Titel ist „Mexi – Roboter mit Gefühl". Mexi kann über viele Kameras aus der Sprache und aus den Gesichtszügen die Gefühle eines Menschen erkennen und darauf entsprechend reagieren.

LIAM: Ja schön, aber superintelligente Roboter, die auch noch zu Emotionen fähig sind und womöglich uns Menschen plötzlich nicht mehr leiden können? Die Vorstellung macht mir richtig Angst.

MICHAEL: Es wäre nicht das erste Mal, dass ehemalige Science-Fiction-Vorstellungen Wirklichkeit werden.

LIAM: Dann müssen halt die Wissenschaftler ...

1 Worüber unterhalten sich Michael und Liam? Fasst das Gespräch mit eigenen Worten zusammen.

2 Ergänzt den letzten Satz des Gesprächs durch eigene Überlegungen und nehmt Stellung dazu.

3 Berichtet, was ihr selbst schon über „künstliche Intelligenz" erfahren habt und wie ihr darüber denkt.

Künstliche Intelligenz in unserem Alltag

Welche Roboter soll es in Zukunft geben und welchen Regeln müssen sie gehorchen? Wissenschaft, Wirtschaft und Politik trafen sich im März 2015 in Wien bei Europas größtem Robotik-Treffen. In der Industrie sind Roboter schon längst selbstverständlich geworden, im Haushalt halten sie erst langsam Einzug. „In der Robotik-Szene ist man sich heute einig: Die Roboter kommen. In den nächsten Jahren halten sie Einzug in unserem Alltag", sagt Professor Markus Vincze (siehe Foto) von der TU Wien. „Bis wir den Roboter-Butler haben, der die Küche aufräumt, vergehen vielleicht noch 15 Jahre. Aber schon früher werden kleine nützliche Helfer in unserem Alltag auftauchen."

Wer haftet, wenn sich ein Roboter falsch verhält – und was darf ein Roboter? „Schon in den Vierzigerjahren hat man sich Gedanken gemacht, welchen Gesetzen intelligente Roboter gehorchen müssten. Damals war das noch Spekulation für Science-Fiction, heute müssen wir uns diesen Fragen wirklich stellen."

(nach: Florian Aigner: Europas Robotik-Community trifft sich in Wien, TU Wien Presseaussendung 18/2015)

4 Informiert euch über weitere Beispiele von Robotern im Alltag und berichtet darüber.

5 Recherchiert im Internet unter „Pflegeroboter“. Stellt in Gruppen eure Recherche-Ergebnisse vor und diskutiert über Pro und Kontra.

Brauchen wir eine neue Ethik für digitale Technik?

In ihrem Buch „Sie wissen alles“ beschreibt Yvonne Hofstetter als Expertin für Big Data[1] und künstliche Intelligenz, wie intelligente Maschinen in unser Leben eindringen und warum wir für unsere Freiheit kämpfen müssen.
Aus einem Interview in DIE ZEIT vom 11.09.2014:

ZEIT: Wann ist eine Maschine intelligent?

HOFSTETTER: Ein System gilt als intelligent, wenn es ein Verhalten zeigt, das vom Programmierer ursprünglich nicht so vorgefunden wurde. [...] Ich bin der Meinung, dass Systeme, die lernfähig sind und einen Plan, eine Strategie entwickeln können, als intelligent gelten müssen. [...]

ZEIT: Isaac Asimov hat vor vielen Jahren drei grundlegende Robotik-Gesetze formuliert. Erstens: Ein Roboter darf keinen Menschen verletzen. Zweitens: Ein Roboter muss einem Menschen gehorchen (es sei denn, das würde Regel eins verletzen). Der Roboter soll sich selbst beschützen (es sei denn, das verstieße gegen Regel eins und zwei). Könnten Sie die Asimov'schen Gesetze fortschreiben und einen Katechismus* für die künstliche Intelligenz verfassen?

HOFSTETTER: Genau darum geht es. Die Gesellschaft braucht einen neuen digitalen Technik-Ethos*. Wie gehen wir mit unseren digitalen Möglichkeiten um und wie können wir sie beherrschen?

ZEIT: Wo nimmt der Einsatz von künstlicher Intelligenz derzeit am meisten zu?

HOFSTETTER: Dort, wo die persönlichen Daten von Kunden ausgebeutet werden. [...]

ZEIT: Ist es möglich, künstliche Intelligenz verantwortungsvoll zu programmieren?

HOFSTETTER: Natürlich. Aber dies geschieht in der Regel nur, wenn man politischen Einfluss auf die Programmierung hat. Die ganz großen Datenbestände und Technologien für die Auswertung dieser Daten liegen derzeit aber in ganz wenigen Händen, die kein Datenschützer beaufsichtigen kann.

ZEIT: Damit meinen Sie wieder Google, Amazon und Co?

HOFSTETTER: Die Internetgiganten verfügen über alle Schlüsseltechnologien, um intelligente Maschinen aufzubauen. Wie weit die Technik gehen wird, ist für uns überhaupt nicht mehr überschaubar. [...]

ZEIT: Es geht in einer Welt mit künstlicher Intelligenz um das Verhältnis zwischen Mensch und Maschine. Ein konkretes Beispiel: Sie fahren mit einem voll automatisierten Auto, von rechts kommt ein Kind, von links der Laster, die Maschine muss sich entscheiden, ob sie den Fahrer sicher rettet und das Kind überfährt oder das Auto in den Laster lenkt. Wie entscheidet die Maschine?

HOFSTETTER: Die heutigen Verfahren würden wohl den Fahrer schützen, also das Kind überfahren. [...]

(Götz Hamann/Adam Soboczynski: Angriff der Maschinen; in: DIE ZEIT, Nr. 38, 11.09.2014)

6 Nehmt Stellung zu den einzelnen Aussagen von Yvonne Hofstetter.

7 Formuliert mögliche Regeln für eine neue digitale Ethik.

[1] Big Data: Verarbeitung riesiger Datenmengen in hoher Geschwindigkeit

Autos als rollende Roboter

8 Das Auto fährt allein. Welche Gedanken, welche Gefühle löst das in dir aus? Notiere mögliche Fragen und Probleme und tausche dich mit anderen darüber aus.

Das vollautomatische Auto – Wer trägt Verantwortung?

Aus einem Interview der „Deutschen Wirtschafts Nachrichten" mit Werner Huber, dem Leiter der Forschungsgruppe für hochautomatisiertes Fahren bei BMW:

Deutsche Wirtschafts Nachrichten: Wenn der Fahrer sich entscheiden kann, nicht zu fahren – kann er dann immer noch schuld sein, wenn es zu einem Unfall kommt?

Werner Huber: Das ist eine sehr schwierige, aber berechtigte Frage, und wir müssen noch vor dem ersten Unfall wissen, wie wir mit ihr umgehen. Als Hersteller haftet man natürlich immer für fehlerhafte Produkte. [...] Danach kommt das Verhaltensrecht: Schuld ist, wer gegen die Regeln verstößt. Wer das alles sein könnte und welche Antworten es gibt, das klären wir derzeit in verschiedenen Arbeitskreisen.

Deutsche Wirtschafts Nachrichten: Versicherer haben als Antwort die Programmierer ins Spiel gebracht: Könnten die Software-Entwickler bei Unfällen mit hochautomatisierten Autos haften?

Werner Huber: Wenn dieser Fall eintritt, dann wird kein Entwickler ein automatisches Fahrzeug je zur Zulassung geben und das Thema autonomes Fahren wird sich sofort von selbst erledigen. [...]

Deutsche Wirtschafts Nachrichten: Es gibt auch gefährliche Verkehrs-Situationen, die von Fahrern keine logische, sondern eine ethische Entscheidung verlangen: Weiche ich dem Fahrradfahrer aus, aber krache dadurch womöglich in den Fußgänger, oder bremse ich – und gefährde damit den Fahrer selbst oder seinen Hintermann – wie kann eine Maschine solche Entscheidungen treffen?

Werner Huber: Nach dem ersten Gesetz der Roboter-Ethik beschützt der Roboter immer zunächst seinen Eigentümer. Wenn er sich darüber hinaus entscheiden muss, wen er schädigt, ist das eine Frage der Regeln, die ich ihm mitgebe. Diese Regeln brauchen gesellschaftliche Bewertungsmaßstäbe und diese wiederum Messdaten. Hat der Radler zum Beispiel einen Helm auf, und damit höhere Überlebenschancen, oder ist der Fußgänger schon älter und der Radfahrer ein Kind – das sind schwierige, aber berechtigte Fragen, die sich die Gesellschaft stellen muss. Ich würde dieses Maßstab-System nicht aufbauen wollen, ehrlich gesagt. Aber wenn wir eine solche Situation programmieren wollen, werden wir am Ende nicht darum herumkommen, Kriterien zu schaffen.

(http://deutsche-wirtschafts-nachrichten.de, 27.04.2015)

9 Erarbeitet in Gruppen eine schriftliche Stellungnahme zu den Aussagen des Interviews. Diese Kriterien können euch dabei helfen:
- Welche moralischen Fragen werden aufgeworfen? Sind sie berechtigt und warum?
- Wie werden die Fragen jeweils beantwortet? Seid ihr mit den Antworten einverstanden? Begründet eure Wertung.

Die Superintelligenz* und die Zukunft der Menschheit

Was geschieht, wenn es Wissenschaftlern eines Tages gelingt, eine Maschine zu entwickeln, die die menschliche Intelligenz auf so gut wie allen Gebieten übertrifft?
Das beschreibt der schwedische Philosoph und Neurowissenschaftler Nick Bostrom in seinem Buch „Superintelligenz“ und bezeichnet es als die größte und bedrohlichste Herausforderung, vor der die Menschheit je gestanden hat. Zukunftsmusik? Oder doch Science-Fiction? Eindeutig Zukunftsmusik, sagt Nick Bostrom. Zu Beginn seines Buches erzählt er eine Fabel:

Die unvollendete Fabel von den Spatzen

Es war die Zeit des Nestbaus, aber nach tagelanger harter Arbeit saßen die Spatzen in der Abenddämmerung beisammen, um auszuruhen und miteinander zu zwitschern. „Wir sind alle so klein und schwach. Stellt euch vor, wie angenehm es wäre, wenn wir eine Eule hätten, die uns beim Nestbau helfen würde!“
„Genau!“, stimmte ein anderer Spatz ein. „Sie könnte bei Jung und Alt nach dem Rechten sehen.“
„Und uns Ratschläge geben und vor der Nachbarskatze warnen“, meinte ein dritter.
Darauf sprach Pastus, der Schwarmälteste: „Schicken wir unsere Späher in alle Himmelsrichtungen aus, um ein verwaistes Eulenküken oder ein Ei zu finden. Auch ein Krähenjunges oder ein kleines Wiesel könnten von Nutzen sein. Das ist vielleicht das Beste, was uns je passiert ist – zumindest seit der Eröffnung des Pavillons der nie enden wollenden Körner.“
Die ganze Schar war begeistert, und die Spatzen allüberall begannen aus vollster Kehle zu trällern.
Nur Scronkfinkle, ein einäugiger Spatz von mürrischem Gemüt, war von der Klugheit des Vorhabens nicht überzeugt. Er sprach: „Das wird unser Verderben sein. Sollten wir nicht erst bedenken, wie eine Eule sich zähmen und bändigen lässt, bevor wir sie in unsere Mitte bringen?“
Pastus erwiderte: „Eine Eule zu zähmen scheint mir ein höchst schwieriges Unterfangen zu sein. Es wird schon schwer genug werden, ein Ei zu finden. Fangen wir also damit an. Nachdem wir die Eule großgezogen haben, können wir uns der nächsten Herausforderung stellen.“
„Der Plan hat einen Haken!“, piepste Scronkfinkle, aber sein Protest ging im Tumult des auffliegenden Schwarms unter, der sich daranmachte, Pastus' Vorhaben in die Tat umzusetzen. Nur zwei oder drei Spatzen blieben mit Scronkfinkle zurück. Gemeinsam versuchten sie herauszufinden, wie Eulen gezähmt oder gebändigt werden könnten. Schon bald wurde ihnen klar, dass Pastus recht gehabt hatte: Es war in der Tat ein höchst schwieriges Unterfangen, zumal ihnen eine Eule zum Üben fehlte. Nichtsdestotrotz fuhren sie fort, so gut sie konnten, und in der ständigen Furcht, die anderen Spatzen könnten mit einem Ei zurückkehren, bevor eine Lösung für das Kontrollproblem gefunden wurde. Niemand weiß, wie die Geschichte ausgeht, aber der Autor widmet dieses Buch Scronkfinkle und seinen Anhängern.

(Nick Bostrom: Superintelligenz, Suhrkamp, Berlin 2014, S. 7 f.)

10 Interpretiert die Fabel. Folgende Gesichtspunkte können euch dabei helfen:
- Wer tritt in der Fabel auf?
- Wie werden die Spatzen beschrieben und charakterisiert?
- Was sagen sie und wie handeln sie?
- Übertragt es auf das Handeln der Menschen.
- Was will uns der Autor mit der Fabel sagen?

Die Zahl der Anhänger des Spatzen Scronkfinkle aus der Fabel wird gegenwärtig immer größer. Immer mehr Wissenschaftler warnen vor den Gefahren einer künstlichen Intelligenz. Könnte ein von der Völkergemeinschaft beschlossener internationaler Vertrag eine Lösung sein?

11 Was müsste in so einem Vertrag stehen? Wäre er überhaupt realisierbar? Lest dazu auch S. 138 ff.

Was du weißt und kannst

1. Mit eigenen Augen entdecken

a) Beschreibe die wichtigsten Merkmale eines wissenschaftlichen Experimentes.
b) Informiere dich über die aktuellen Preisträger von „Jugend forscht“ und berichte von Forschungen, die dir interessant erscheinen.
c) Zu Beginn des Leitfadens für die Teilnahme am Wettbewerb „Jugend forscht“ werden sieben Fachgebiete genannt, in denen geforscht werden darf. Welche Fachgebiete könnten das deiner Meinung nach sein? Überprüfe deine Vermutungen durch → **Internetrecherchen**.
d) Welche Forschungsarbeiten werden nicht zu „Jugend forscht“ zugelassen? Wähle einige aus und überlege, inwiefern diese Ausschlüsse gerechtfertigt sind.

2. Was heißt Wissenschaft?

a) – „Frustrierte Menschen reagieren aggressiv.“
– „Autofahren kann gefährlich sein.“
Sind diese Aussagen Hypothesen? Begründe deine Antwort.
b) Formuliere die vier Merkmale einer Hypothese.
c) Erkläre die Begriffe „wissenschaftlich“ und „Wissenschaft“.
d) Erkläre mit eigenen Worten, was man unter „Science Slam“ versteht.

3. Die Verantwortung der Wissenschaftler

a) Soll die Freiheit der Wissenschaft unbegrenzt sein oder muss die Ethik der Wissenschaft Grenzen setzen?
Setze dich mit dieser Frage an selbst ausgewählten Beispielen auseinander. Notiere und begründe deine Meinung dazu.
b) Zeige an Beispielen, dass es auch für Forschungen gesetzliche Grenzen gibt, und nimm Stellung dazu.
c) Berichte über „crisper“, ein Werkzeug der gegenwärtigen Genforschung. Inwiefern könnte es einmal für die Menschen sehr hilfreich werden?
Welche Gefahren könnten damit verbunden sein?
d) Verfasse zu „crisper“ eine Pro- und Kontra-Stellungnahme. Nenne weitere Beispiele zu „Wissenschaft – Chancen und Gefahren“.

„Die Möglichkeit einer missbräuchlichen Anwendung biologischer Forschungsergebnisse stellt ein ethisches Dilemma dar, da vielversprechende und hilfreiche Aspekte untrennbar mit bedrohlichen und besorgniserregenden Aspekten verbunden sind. Von diesem Dilemma ist nicht nur der Forscher selbst, sondern sind auch die Forschungseinrichtung, die forschungsfinanzierenden Institutionen und häufig der Staat betroffen.“

(Deutscher Ethikrat: Biosicherheit – Freiheit und Verantwortung in der Wissenschaft, © 2014 Deutscher Ethikrat, Berlin, S. 55)

e) Beschreibe drei Forschungsfelder, die in besonderer Weise von möglichem Missbrauch bedroht sind.
f) Erläutere „Das Prinzip Verantwortung“ von Hans Jonas.
g) Wie begründet der Philosoph Hans Jonas, dass auch die Forscher selbst für die Auswirkungen ihrer Forschungen verantwortlich sind? Was ist deine Meinung dazu?

4. PID: Darf die Medizin das eigentlich?

a) Erkläre, was PID ist und was bei der PID geschieht.
b) Neben der PID gibt es auch noch die PND (Pränataldiagnostik). Recherchiere, was PND ist und was dabei geschieht.
c) PID und PND werden unter ethischen Gesichtspunkten unterschiedlich bewertet. Verfasse ein Informationsblatt, das beide Verfahren und ihre Bewertung gegenüberstellt.
d) Was sind die wichtigsten Aussagen des Embryonenschutzgesetzes in Deutschland? Welche Auswirkungen hat es auf die unterschiedliche Bewertung von PID und PND?
e) Wertungen:

- „Wir möchten kein Kind nach unseren Wünschen, sondern nur, dass unser nächstes Kind gesund ist."
- „Die PID ist nur ethisch gerechtfertigt, wenn ein hohes Risiko vorliegt, dass das Kind erblich bedingt schwer krank oder schwer behindert ist."
- „Eine Selektion (Auslese) von lebenswertem und nicht lebenswertem Leben darf nicht stattfinden."
- „Die Unantastbarkeit der Würde des Menschen gilt auch für den Embryo. Selektion von Embryonen ist Tötung von menschlichem Leben."

Wer könnte diese Wertungen abgegeben haben? Lies dazu auch die Stellungnahmen auf S. 144f. und fasse deine eigene Einstellung dazu mit einer kurzen Begründung schriftlich zusammen.

5. Künstliche Intelligenz – Können superintelligente Maschinen die Menschheit bedrohen?

Der britische Astrophysiker Stephen Hawking ist einer der bedeutendsten Wissenschaftler der Gegenwart. Nicht der Krieg, sondern der Computer ist für ihn die größte Gefahr für die Zukunft der Menschen:

„Wenn die künstliche Intelligenz erst vollständig entwickelt ist", sagte Hawking der BBC, „dann könnte das das Ende der Menschheit bedeuten. Die künstliche Intelligenz würde gleichsam sich selbst betriebsbereit machen und sich immer schneller und schneller verändern und entwickeln. Die Menschen wären durch die langsame biologische Evolution begrenzt, sie könnten nicht mithalten und würden ersetzt."

(Georg Diez: Menschenwürmer; in: Der Spiegel 50/2014, S. 124)

Stephen Hawking ist durch eine schwere Nervenkrankheit fast vollständig gelähmt. Seit 30 Jahren kann er nicht mehr sprechen und verständigt sich über einen Sprachcomputer, der so weiterentwickelt wurde, dass Hawking ihn heute nur über seine Augenbewegungen steuern kann. Hawking warnt also vor den Gefahren der künstlichen Intelligenz und kann das nur, weil es ihm die künstliche Intelligenz ermöglicht.

a) Inwiefern sieht Hawking in einer möglichen Evolution der künstlichen Intelligenz die größte Gefahr für die zukünftige Existenz der Menschen?
b) Die künstliche Intelligenz verantwortungsbewusst weiterentwickeln? Formuliere dazu ethische Forderungen und begründe deine Auswahl.

Blick zurück

- *Sind die von dir erwarteten Themen und Aspekte angesprochen worden?*
- *Was hast du Neues erfahren? Was blieb unbeantwortet?*
- *Was war besonders interessant für dich?*
- *Was hat dich nachdenklich gemacht?*

Ökologie gegen Ökonomie?

1 Beschreibt das Bild.
- Was könnte der Junge gerade erfahren?
- Was will sein Vater ihm gerade sagen?

2 Schreibe einen Dialog.

Der Begriff „Ökologie" hat zwei Bedeutungen:
→ Ursprünglich bezeichnet er ein Teilgebiet der Biologie mit der Frage: Welche Beziehungen bestehen zwischen den Lebewesen untereinander und zu ihrer Umwelt?
→ Heute steht der Begriff hauptsächlich zusammenfassend für alle Bereiche des Umweltschutzes

3 Sammelt Begriffe und Beispiele, die euch zu „öko ... ökologisch ..." einfallen, und tauscht euch darüber aus.

4 Erklärt die Bedeutung des Begriffes „Bodenschätze" und bezieht dabei die unten stehenden Zitate mit ein.

2015
Internationales
Jahr des Bodens

„Es kann ein Jahrtausend dauern, bis ein Zentimeter fruchtbaren Bodens entsteht. Das allein macht schon deutlich, wie wichtig es ist, sorgsam mit den wertvollen Böden dieser Erde umzugehen."

(DGVN Wirtschaftliche Entwicklung, 13.01.2015)

„Der Boden ist die Haut der Erde. Was man dem Boden antut, tut man dem Menschen an."

(YouTube: Die verletzliche Haut der Erde, © Arte 2011)

Im Begriff „Ökonomie“ steckt das griechische Wort „oikos“ (Haus, Hauswirtschaft).
Heute versteht man unter Ökonomie alle Vorgänge der globalen Weltwirtschaft.

5 Beschreibt die nebenstehende Abbildung. Was hat sie für euch mit Ökonomie zu tun?

6 Nennt zehn Begriffe, die euch zum Stichwort „Ökonomie“ einfallen.

Die „CSCL Globe“, das größte Schiff der Welt, ist 400 m lang, 58 m breit und fasst 19 100 Container.

7 Wie hängen Ökologie und Ökonomie miteinander zusammen? Was sagen die Abbildungen dazu?

8 Überlegt Situationen, in denen
- die Ökologie im Konflikt mit der Ökonomie steht,
- die Interessen von Ökologie und Ökonomie gemeinsam berücksichtigt werden.

9 Formuliert zu „Ökonomie gegen Ökologie“ Fragen und Probleme, die euch noch interessieren, über die ihr mehr erfahren wollt und über die ihr gerne noch diskutieren möchtet.

1| Wie ökologisch/ökonomisch ist dein Handy?

Die Weltreise eines Handys

Ein Mobiltelefon enthält ungefähr 30 Metalle, die für die verschiedenen Funktionen benötigt werden. [...] Durch die weltweit massiv gestiegene Nachfrage nach Rohstoffen werden zunehmend größere Risiken für die Menschenrechte sowie für die Umwelt in Kauf genommen. Die Rohstoffe kommen häufig aus Minen aus verschiedenen Ländern in Südamerika, Afrika und Asien und werden oftmals unter Verletzung der Menschenrechte und internationaler Sozial- und Umweltstandards abgebaut.

Station 1:
Chile, Kupfer ➔ Wassermangel
Für die Leiterplatte (quasi das Gehirn eines Handys) wird Kupfer benötigt. Der Abbau von Kupfer verbraucht viel Wasser.

Station 2:
Mexiko, Silber ➔ Gift im Boden
Für die Leiterplatte wird Silber abgebaut. Beim Abbau werden Quecksilber und andere schädliche Stoffe freigesetzt.

Station 3:
Südafrika, Gold ➔ Landraub
Für die Leiterplatte und für die SIM-Karte wird Gold benötigt. Es entstehen immer mehr Gold-Minen. Die brauchen Platz.

Station 4:
Ost-Kongo, Coltan ➔ bewaffnete Konflikte
In jedem Handy ist ein Kondensator, der die Energie speichert. Dafür wird Coltan gebraucht.

Station 5:
Sambia, Kobalt ➔ Mineralstaub
Im Akku ist Kobalt verbaut. Beim Abbau entsteht giftiger Mineralstaub. Die Minenarbeiter sind dem schutzlos ausgesetzt.

Station 6:
Indien, Mikrokondensator ➔ schlechte Bezahlung
Ein Mikrokondensator sorgt dafür, dass sich der Akku schneller auflädt. Die Herstellerfirmen zahlen geringe Löhne.

Station 7:
China 1, Handy-Gehäuse ➔ 80 Stunden-Woche
Vor allem bei Stoßzeiten, wenn die Nachfrage besonders hoch ist, müssen die Arbeiter/innen bis zu 80 Stunden pro Woche arbeiten.

Station 8:
China 2, Touchscreen ➔ keine Schutzkleidung/Unfälle, Verätzungen
Touchscreens werden mithilfe giftiger Chemikalien hergestellt.

Station 9:
Thailand, Endmontage ➔ Zeitarbeit
Das Geld für die Vermittlung wird vom Lohn abgezogen. Die Rechte der Arbeiter/innen sind bei Zeitarbeitsfirmen kaum geschützt.

Station 10:
Deutschland, Verkauf, Nutzung ➔ Elektroschrott
In Deutschland werden Handys durchschnittlich 18 Monate genutzt. Die Menge an Elektroschrott erhöht sich ständig.

Station 11:
Ghana, Kabel verbrennen, um Kupfer zu erhalten ➔ giftige Plastikdämpfe
Um an das Kupfer zu kommen, verbrennen Menschen in Ghana Kabel am offenen Feuer.

Station 12:
Nigeria, Aluminium sammeln, schmelzen in Form gießen ➔ Lungenschäden, Luftverschmutzung
In Nigeria geschieht das meist über offenem Feuer und ohne Schutzkleidung.

(Text und Stationen nach: Folgen der Globalisierung am Beispiel Handy; in: Bildung für nachhaltige Entwicklung, Volkmar Lübke, Julia Otten, Ettina Zach, Germanwatch, Bonn 2015, S. 40)

1 Veranschaulicht und vertieft die globalen Zusammenhänge und Probleme der Rohstoffgewinnung, der Produktion, des Verkaufs, der Nutzung und Entsorgung eines Handys nach folgendem Vorschlag:

Vorarbeit:
- Fertigt 12 Stationenkarten an und verteilt sie auf Arbeitsgruppen.
- Jede Arbeitsgruppe kann zur jeweiligen Station weitere Informationen sammeln.

Material:
- ein ausreichend großes Wollknäuel und
- Umrissteile für eine große laminierte Weltkarte

Ablauf:
- Legt die Weltkarte auf dem Boden aus.
- Ein Sprecher der Station 1 befestigt seine Karte und den Anfang eines Wollknäuels an der jeweiligen Stelle der Karte und erklärt, was hier passiert.
- Ein Sprecher der 2. Station übernimmt das Wollknäuel, zieht den Faden bis zu seiner Station, befestigt Karte und Faden usw.

Am Ende sollte ein „Netz" kreuz und quer über die Welt aufgespannt sein.

Mögliche Fragen und Themen für die Auswertung:

- Inwiefern könnt ihr jetzt viel genauer sagen, woher euer Handy kommt?
- Was wisst ihr jetzt besser als vorher?
- Warum kommt es zu dieser „Weltreise eines Handys"?
- Erklärt ökologische und ökonomische Aspekte dieser Weltreise.
- Haben wir einen Einfluss auf die Produktionsbedingungen? Warum sollten wir Einfluss nehmen?
- Durchschnittlich kauft jeder in Deutschland nach 18 Monaten ein neues Handy. Muss das sein?
- Was könnten wir einfordern:
  - ➔ von der Politik?
  - ➔ von uns selbst?
- ...

(nach ebd., S. 23)

Der ökologische Rucksack

Jedes Produkt, das wir kaufen, trägt einen Rucksack: den ökologischen Rucksack. Und der ist viel schwerer als das eigentliche Produkt. Wenn wir einkaufen, verantworten wir auch etwas, das man nicht auf den ersten Blick sieht: Jedes Produkt verbraucht Energie und Ressourcen*, die auf den ersten Blick nicht zu sehen sind. Das gilt für den gesamten Lebensweg eines Produktes: von der Rohstoffgewinnung über Herstellung, Verpackung, Transport und Gebrauch bis hin zur Entsorgung. Alle diese Stationen zusammengefasst, werden auch als „Lebenszyklus eines Produktes" bezeichnet. Zusammengenommen füllen sie den sogenannten ökologischen Rucksack. Dieser ist zwar unsichtbar, wiegt aber oft sehr viel. Er hilft uns zu verstehen, wie viel „Natur" wir durch unser Einkaufverhalten verbrauchen und wie wir schonender damit umgehen können. [...]
Eine einfache Regel lautet: Je größer der ökologische Rucksack eines Produktes ist, desto umweltschädlicher ist es.

(www.vz-nrw.de)

2 Was sagen diese Zahlen über die „Ökobilanz*" eines Handys aus? Nenne die wichtigsten Gründe, warum der Rucksack so schwer ist.

DER ÖKOLOGISCHE RUCKSACK EINES HANDYS

Ein 80 g schweres Handy hat einen Rucksack von 75,3 kg, wiegt ökologisch also fast so viel wie vier voll gepackte Reisekoffer.

Grafik: Wuppertal Institut 2013, in Anlehung an BMBF (Hg.) (2012): Die Rohstoffexpedition. Lern- u. Arbeitsmaterial. Bonn. S. 8

2| Ökonomie – Wer hat was von ihr?

Was bringt uns die Ökonomie?

1 Spekuliert darüber, was alles in den einzelnen Einkaufstüten sein könnte. Sucht euch für jedes Bild einen Gegenstand aus der jeweiligen Einkaufstüte aus und betrachtet ihn unter folgenden Gesichtspunkten:
- Sein Lebenslauf von der Entstehung bis in die Einkaufstüte in Stichworten: Was waren dabei ökonomische Vorgänge?
- Menschen konnten dadurch etwas erwirtschaften. Was versteht man für den jeweiligen Gegenstand darunter? Was mussten die Menschen dabei überlegen und planen?
- Was bringt der Gegenstand für die Käufer, die Händler, die Hersteller ...?

2 Die Ökonomie ermöglicht uns ...
Schreibt dazu eine Zusammenfassung und verwendet dabei auch Begriffe wie „Grundbedürfnisse“, „Luxusbedürfnisse“, „Lebensunterhalt“, „Wohlstand“ ...

Sorgt die Ökonomie für ein gutes Leben?

3 Reicht für mich materieller Wohlstand für ein gutes Leben? Sprecht darüber in Form eines → **Blitzlichtes**.

4 Was hat ein Einkaufszentrum mit Wohlstand zu tun? Welche Güter könnt ihr dort finden, die für euch zu einem Leben in Wohlstand gehören?

5 Welche Bedürfnisse lassen sich nicht durch die Angebote eines Einkaufszentrums befriedigen? Begründet eure Antworten.

Kann man Wohlstand messen?

6 Wie wichtig sind euch die folgenden Werte? Übernehmt das Schaubild in euer Heft und tragt die entsprechenden Ziffern ein. Vergleicht eure Ergebnisse.

Geld (1), Zufriedenheit (2), Gesundheit (3), politische Teilhabe (4), soziale Sicherheit (5), Bildung (6)

unwichtig	weniger wichtig	wichtig	sehr wichtig
←			→

Der Wohlstand eines Landes wird gemessen durch die Berechnung des Bruttosozialproduktes (BIP). Darunter versteht man ein Maß für die ökonomische (wirtschaftliche) Leistung einer Volksgemeinschaft in einem bestimmten Zeitraum. Um das BIP zu ermitteln, wird der Geldwert aller in einem Jahr produzierten Waren und Dienstleistungen zusammengezählt. Je höher das Bruttosozialprodukt, desto größer der Wohlstand.
Wissenschaftler streiten momentan darüber, ob wir so den Wohlstand richtig messen:

„Ja“, sagen die einen. „Das Bruttosozialprodukt (BIP) ist der einzige Weg, um die Leistung der Wirtschaft – und damit den Wohlstand – verlässlich zu messen“.

„Nein“, sagen die anderen. „Denn worauf es ankommt, ist, dass es den Menschen gut geht, dass sie zufrieden sind und sich verwirklichen können. Das kann mit der Messzahl BIP nicht ausgedrückt werden.“

(Martin Eiermann: Grenzen, Wachstum, Wohlstand; in: Bundeszentrale für politische Bildung, Themenblätter, Nr. 92/ 2012)

7 Sucht für jeden der beiden Standpunkte Argumente und diskutiert darüber.

Wohlstand verpflichtet

Wirtschaftlicher Wohlstand wirkt sich auf viele Bereiche aus: Unternehmer, Beschäftigte, Auszubildende, Bildungswesen, Gesundheitswesen, soziale Leistungen usw.

➔ Wer ist verpflichtet?
➔ Wozu ist er verpflichtet?
➔ Warum ist er verpflichtet?

8 Wählt zu diesen Fragen in Kleingruppen jeweils einen Bereich aus und diskutiert über mögliche Antworten.

Wirtschaft und Moral

Ein Beispiel: Was haben eurer Meinung nach die Löhne und Gehälter von Arbeitern/Angestellten und Top-Managern mit Moral zu tun?

9 Diskutiert darüber, begründet eure Einschätzungen, benennt weitere Bereiche aus der Wirtschaftswelt und formuliert dazu Fragen zur Moral.

10 Verteilt die folgenden Texte auf Arbeitsgruppen, erläutert die Aussagen des jeweiligen Textes, vor allem für die moralischen Fragen, die aufgeworfen werden.

Ein Top-Manager:
„Gewinne sind moralisch gut. Verluste sind unsozial, nicht Gewinne. Gewinn heiligt aber nicht alle Mittel.
Anständige Geschäfte sind unser ureigenstes Interesse."

(Dieter Zetsche; in: Thomas Thieme: Wie steht es um Ethik und Moral am Markt? Stuttgarter Zeitung, 06.05.2013)

Ein Ökonom (Wirtschaftswissenschaftler) 1987:
„Ökonomisches Handeln hat immer auch moralische Dimensionen. […] Menschen, die miteinander leben, haben jedoch ein unverändertes Interesse daran, vor wirtschaftlicher Ausbeutung durch andere geschützt zu werden […]. Dagegen sind moralische Normen aufzurichten. […] Moralische Normen im wirtschaftlichen Leben wandeln sich und müssen sich wandeln. Doch letztlich bleibt ihr Ziel dasselbe, nämlich die Bewahrung der Menschen vor der Ausbeutung und Übervorteilung durch andere."

(nach: Helmut Hesse: Wirtschaft und Moral, Bursfelder Universitätsreden Nr. 6, Göttingen 1987, S. 10 f.)

Papst Franziskus im Jahr 2015:
„Das Prinzip der Gewinnmaximierung, das dazu neigt, sich von jeder anderen Betrachtung abzukapseln, ist eine Verzerrung des Wirtschaftsbegriffes: Wenn die Produktion steigt, kümmert es wenig, dass man auf Kosten der zukünftigen Ressourcen oder der Gesundheit der Umwelt produziert; wenn die Abholzung eines Waldes die Produktion erhöht, wägt niemand in diesem Kalkül[1] den Verlust ab, der in der Verwüstung eines Territoriums, in der Beschädigung der biologischen Vielfalt oder in der Erhöhung der Umweltverschmutzung liegt. Das bedeutet, dass die Unternehmen Gewinne machen, indem sie einen verschwindend kleinen Teil der Kosten einkalkulieren und tragen. Als ethisch könnte nur ein Verhalten betrachtet werden, in dem ‚die wirtschaftlichen und sozialen Kosten für die Benutzung der allgemeinen Umweltressourcen offen dargelegt sowie von den Nutznießern voll getragen werden und nicht von anderen Völkern oder zukünftigen Generationen'."

(Encyklika LAUDATIO SI, Über die Sorge für das gemeinsame Haus, Papst Franziskus, Libreria Editrice Vaticana, 2015; Zitat aus der Encyklika Caritas in veritate, Benedikt XVI. 2009)

---

[1] Kalkül: Berechnung

11 Tragt die Ergebnisse der einzelnen Gruppen vor und fasst nach folgenden Gesichtspunkten zusammen:
- Welche moralischen Fragen werden jeweils angesprochen?
- Welche Wertvorstellungen stehen hinter den Aussagen und Wertungen?
- Welche Werte sind euch dabei besonders wichtig? Begründet.

3| Nachhaltig wirtschaften – Warum eigentlich?

Wir handeln wirtschaftlich (ökonomisch) und gefährden unsere Lebensgrundlagen

Die weltweite (globale) Verflechtung von Wirtschaft, Handel und Verkehr führt dazu, dass wir auf der Erde ständig unwiederbringbar nicht nachwachsende Rohstoffe wie Öl, Kohle, Kupfer, Eisen usw. verbrauchen. Wir wissen, dass wir mit diesen Ressourcen* sparsam umgehen müssen, und wir wissen auch, dass wir mit erneuerbaren Ressourcen (nachwachsenden Rohstoffen, Tier- und Pflanzenbeständen als Ernährungsgrundlage) nur vernünftig umgehen, wenn wir von den „Zinsen“ leben und das „Kapital“ nicht antasten. Auf der nationalen Ebene führt dieses Bewusstsein dazu, dass immer mehr Unternehmen versuchen, nachhaltig zu wirtschaften, ohne z. B. Wettbewerbsfähigkeit oder Arbeitsplätze zu gefährden. Trotzdem belasten wir weltweit die Luft, das Wasser, den Boden, das Klima und unsere Nahrungsgrundlagen. Damit die Menschheit auf der Erde überlebt, müssen wir dauerhaft nachhaltig handeln und nachhaltig wirtschaften.

1. Informiert euch über den Begriff „Ressourcen“ und erklärt, welche ökologische und welche ökonomische Bedeutung er hat.

2. Von den „Zinsen“ leben und nicht das „Kapital“ antasten! – Zeigt die Umsetzung dieser Forderung an Beispielen der Forstwirtschaft und bezieht Stellung dazu.

Der Begriff „Nachhaltigkeit“ wurde erstmals vor 300 Jahren in der Forstwirtschaft erwähnt. Hier gilt seitdem die Regel, dass der jährliche Holzeinschlag nicht größer sein darf als die nachwachsende Holzmenge.

Erkläre es mir – Nachhaltiges Wirtschaften

Unter Nachhaltigkeit versteht man heute eine Entwicklung, die die Bedürfnisse der Gegenwart befriedigt, ohne zu riskieren, dass künftige Generationen ihre eigenen Bedürfnisse nicht befriedigen können. Die Nachhaltigkeit steht auf den drei Säulen: Umwelt, Wirtschaft, Soziales.
Nachhaltiges Wirtschaften bedeutet für uns:

- mit Rohstoffen sparsam umzugehen und die dazu nötigen technischen Entwicklungen zu fördern,
- nicht erneuerbare Rohstoffe durch nachwachsende zu ergänzen und Ersatzmöglichkeiten zu entwickeln,
- erneuerbare Rohstoffe nur in den Mengen zu nutzen, wie sie sich wieder regenerieren,
- die Umwelt nur mit so vielen Schadstoffen zu belasten, wie dort auch aufgenommen und abgebaut werden können,
- die menschliche Existenz zu sichern durch Schutz der Gesundheit, Chancengleichheit, Fairness, Erhaltung und Ausbau der sozialen Einrichtungen usw.

3. Erklärt „Nachhaltigkeit“ mit eigenen Worten.

4. Was heißt
   – „ökonomisch nachhaltig“,
   – „ökologisch nachhaltig“,
   – „sozial nachhaltig“?
   Bildet für die Beantwortung dieser Fragen drei Arbeits-

gruppen und stellt anschließend eure Ergebnisse vor. Mögliche Gesichtspunkte sind dabei:
Erklärung der Grafik, Sammeln von Beispielen und aktuellen Bezügen, Probleme der Umsetzung usw.

Warum sind wir zur Nachhaltigkeit verpflichtet?

5 Beschreibt die Karikatur und gebt ihr eine Überschrift.

6 Was beklagen die Kinder? Worüber denken sie nach?

7 Fasst zusammen, welche Aussagen zur Nachhaltigkeit ihr aus der Karikatur herausfinden könnt. Wie lässt sich daraus Nachhaltigkeit begründen?

Warum eigentlich?

Warum sollten wir heute Rücksicht auf das Wohlergehen künftiger Generationen nehmen?

Die Goldene Regel als Sprichwort:
„Was du nicht willst, das man dir tut, das füg auch keinem anderen zu."

8 Lässt sich daraus die Verpflichtung zur Nachhaltigkeit begründen? Tauscht eure Gedanken dazu aus.

Mit Ressourcen verantwortlich umgehen

Bei der Transformation der Erde durch die Kultur werden auch Güter verbraucht, die für spätere Generationen nicht mehr zur Verfügung stehen. Sofern es sich dabei um Güter handelt, deren einziger Wert im möglichen Verbrauch liegt – um Salz z. B. oder um organische Relikte wie Öl, Erdgas usw. –, ist solcher Verbrauch prinzipiell gerechtfertigt. Denn diejenigen, denen wir diese Güter hinterlassen würden, könnten damit auch nichts anderes machen, als sie zu verbrauchen. Es gibt freilich mehrere Gründe, die uns sparsamsten Verbrauch zur Pflicht machen. Der Übergang zu einem Zeitalter, das ohne diese Güter auskommen muss, kann nur sehr langsam erfolgen, wenn er ohne katastrophale Erschütterungen verlaufen soll; also müssen wir unseren Nachkommen zunächst genügende Reserven des sich nicht regenerierenden Kapitals hinterlassen. Es besteht ferner die Wahrscheinlichkeit, dass spätere Generationen von bestimmten Rohstoffen einen qualitativ höheren Gebrauch machen können, demgegenüber unsere heutige Nutzung Raubbau und Verschleuderung bedeutet.

(Robert Spaemann: Technische Eingriffe in die Natur als Problem der politischen Ethik; in: Ökologie und Ethik, hg. von Dieter Birnbacher, Reclam Verlag, Stuttgart 1980, S. 196)

9 Nach Spaemann sind wir zum sparsamen Verbrauch der Güter der Erde verpflichtet. Wie rechtfertigt er den Verbrauch von nicht erneuerbaren Gütern?

10 Wie begründet er die Verpflichtung zum sparsamen Umgang mit solchen Gütern? Nehmt Stellung dazu und ergänzt eventuell weitere Gründe.

Aufgaben zur Auswahl

a) Schreibe zur Nachhaltigkeit einen Artikel für ein „Umweltlexikon für Schüler".

b) Erstelle eine Mindmap zu „Ressourcen".

c) Verfolge einen Tag lang, welche Ressourcen du verbrauchst und wie du damit umgehst.

4| Ökologisch – ökonomisch wirtschaften

Grüne Technologien sind gefragt

1 „Erfindungen für eine bessere Welt" –
Ihr seid geniale Erfinder. Denkt euch Erfindungen aus, die die Welt verbessern, und stellt sie euch gegenseitig vor.

Zum Beispiel „tado":

Auf der Cebit, der weltweit größten Messe für Informationstechnik in Hannover, wurde 2015 „tado" vorgestellt. Es ist eine kostenlose App, die z. B. erkennt, wo ihr euch gerade befindet, wie die Wohnverhältnisse sind, welche Tageszeit gerade ist, und entsprechend die Temperatur im Haus regelt.

„Willkommen zu Hause! ‚tado' hat deine Wohnung schon aufgeheizt."
„Gute Nacht! ‚tado' hat ..."
„Der Letzte hat die Wohnung verlassen! ‚tado' hat ..."

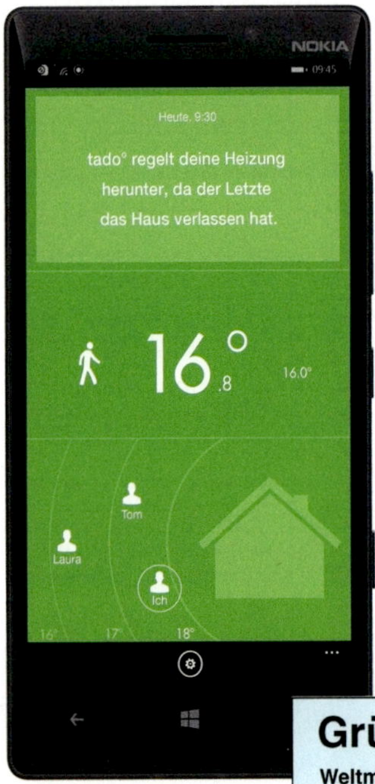

2 Ergänzt die angefangenen Sätze und diskutiert darüber, inwiefern „tado" die Welt grüner machen kann.

3 Die ökonomische Bedeutung der Umwelttechnologien auf dem Weltmarkt wächst ständig.
Sucht euch einen Bereich aus der nebenstehenden Grafik aus, recherchiert und notiert stichwortartig, was ihr herausgefunden habt.

GreenTech made in Germany

Das Bundesumweltministerium fördert die Entwicklung, den Einsatz und die Verbreitung von grünen Technologien. Seit 2007 erscheint „GreenTech made in Germany. Der Umwelttechnologieatlas für Deutschland". Vorgestellt und gefördert werden neue Technologien. Daraus einige Beispiele:

- ➔ Algen für den Flugzeugtank
- ➔ Intelligente Fensterscheiben
- ➔ Schwermetalle bleiben hängen
- ➔ Zweite Chance für ausrangierte Kleider

4 Sucht ein Beispiel aus, recherchiert dazu und notiert, was ihr Neues erfahren habt.

5 „Immer bessere Umwelttechnologien werden alle Probleme lösen."
„Das Problem sind wir. Wir müssen unser Verhalten ändern."
Führt ein Streitgespräch dazu.

6 Berichtet von GreenTech-Beobachtungen in eurer Umgebung.
– Vereinbart dann für Kleingruppen Besichtigungs-

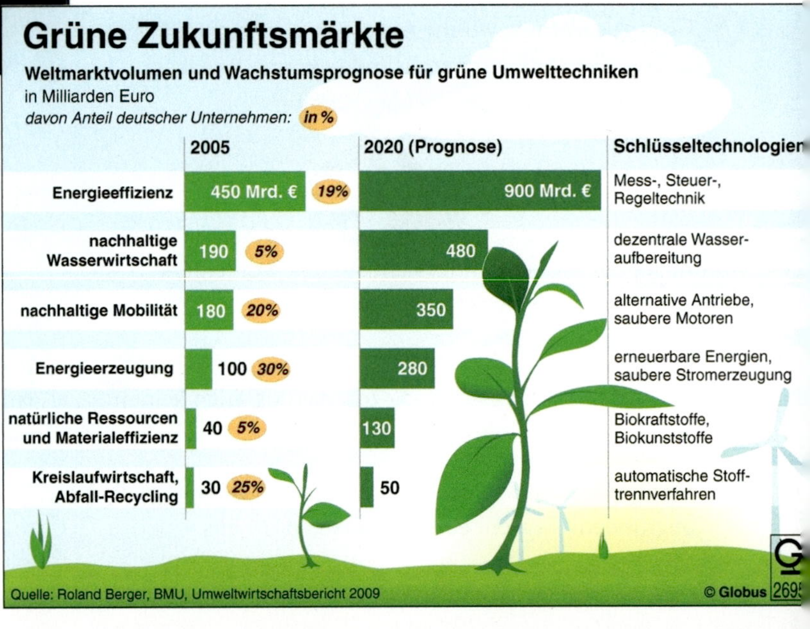

termine, z. B. in einem Unternehmen oder mit dem Besitzer eines Solardaches.
– Lasst euch die Technik vor Ort erklären und fragt nach möglichen Motiven.

Warum Unternehmen „grün" sein wollen

Es gibt auch immer mehr Unternehmen außerhalb der Umwelttechnologie-Branche, die freiwillig Umweltschutzmaßnahmen ergreifen, die über die staatlichen Vorschriften hinausgehen.

7 Machen sie das aus Eigennutz oder Umweltschutz? Diskutiert darüber.

Greenwashing – und die Folgen?

Nicht alles ist Bio, nur weil eine grüne Pflanze auf der Verpackung prangt. Zudem kommt auch Naturkosmetik nicht ohne Chemie aus. Die Flasche der Bodylotion ist mit einer Aloevera-Pflanze bedruckt und der Deckel der Gesichtscreme leuchtet in hellem Grün. Einige Verbraucher denken sich: In diesen Pflegeprodukten stecken viele natürliche Inhaltsstoffe. Doch oftmals liegen sie falsch. Denn nur weil die Verpackung in Naturtönen gestaltet ist, heißt es nicht, dass es sich um Naturkosmetik handelt. [...]
Greenwashing, was so viel wie „sich ein grünes Mäntelchen umhängen" bedeutet, hat in den Kosmetikregalen Einzug gehalten. [...] Der Verbraucher wird durch irreführende Angaben getäuscht.
Die Intention der Kosmetikhersteller ist dabei klar. Sie wollen mitverdienen am wachsenden Naturkosmetikmarkt.

(Andrea Wyrwoll: Greenwashing – grünes Mäntelchen für den Tiegel, Stuttgarter Nachrichten vom 21.08.2014)

8 Hat das „umweltfreundliche" oder „umweltfeindliche" Image eines Unternehmens Einfluss auf dein Kaufverhalten? Begründe deine Antwort für „Coca Cola Life" und für weitere Beispiele.

9 Welche Wirkungen sollen durch die Farbe Grün erreicht werden? Überlegt Beispiele dazu.

Erkläre es mir – Greenwashing

Als „Greenwashing" bezeichnet man es, wenn Werbemaßnahmen eines Unternehmens bei den Verbrauchern den Anschein erwecken, dass nachhaltige und ökologische Gesichtspunkte die Unternehmensphilosophie bestimmen. Die Unternehmen möchten damit ihr Image aufbessern und täuschen bewusst die Verbraucher, für die es oft nicht leicht ist, die Täuschung zu durchschauen, vor allem wenn Firmen ungeschützte Siegel und Zertifikate verwenden, die keinen Aussagewert haben.

10 Sammelt weitere Informationen über Greenwashing. Mögliche Gesichtspunkte:
- aufgedeckte Beispiele aus den letzten Jahren
- die aktuelle Situation
- Auswirkungen auf den Verbraucher
- Folgen für die betroffenen Unternehmen und für Unternehmen, die sich für Umweltschutz und Nachhaltigkeit engagieren

11 Worauf achtet ihr beim Einkaufen, wenn ihr umweltbewusst und nachhaltig handeln wollt? Tauscht eure Ergebnisse aus.

Nur die Begriffe
• biologisch, • Bio, • ökologisch, • öko sind weltweit gesetzlich geschützt: Das heißt, es gibt regelmäßig vorgeschriebene Kontrollen, die prüfen, ob die rechtlichen Bestimmungen auch eingehalten werden.

12 Was könnte im Einzelnen nachgeprüft werden? Denkt dabei auch an die drei Säulen der Nachhaltigkeit (s. S. 158).

5| Fairtrade – eine Erfolgsgeschichte

Fairer Handel – Was geht das mich an?

Fairer Handel – geht das überhaupt? Wie denke ich über Fairtrade?

1 Äußert euch zu diesen Fragen nach der Blitzlicht-Methode.

So geht es – Blitzlicht

- Setzt euch im Kreis zusammen und sprecht der Reihe nach über ein vorgegebenes Thema.
- Fasst euch kurz, höchstens 1 oder 2 Sätze.
- Eure Äußerungen werden nicht von den anderen kommentiert oder diskutiert.
- Bei mehreren Blitzlicht-Runden darf jeder einmal aussetzen.

2 Wo findet ihr Fairtrade-Produkte in der näheren Umgebung? Nutzt ihr diese Angebote?

Vom kleinen Weltladen zum Großhandel

1946 verkaufte eine amerikanische Geschäftsfrau nach ihrem Besuch als Entwicklungshelferin in Puerto Rico puertoricanische Näharbeiten in Nordamerika. Aus dieser Solidaritäts-Initiative einiger weniger Menschen entstand eine weltumspannende Bewegung für fairen Handel.

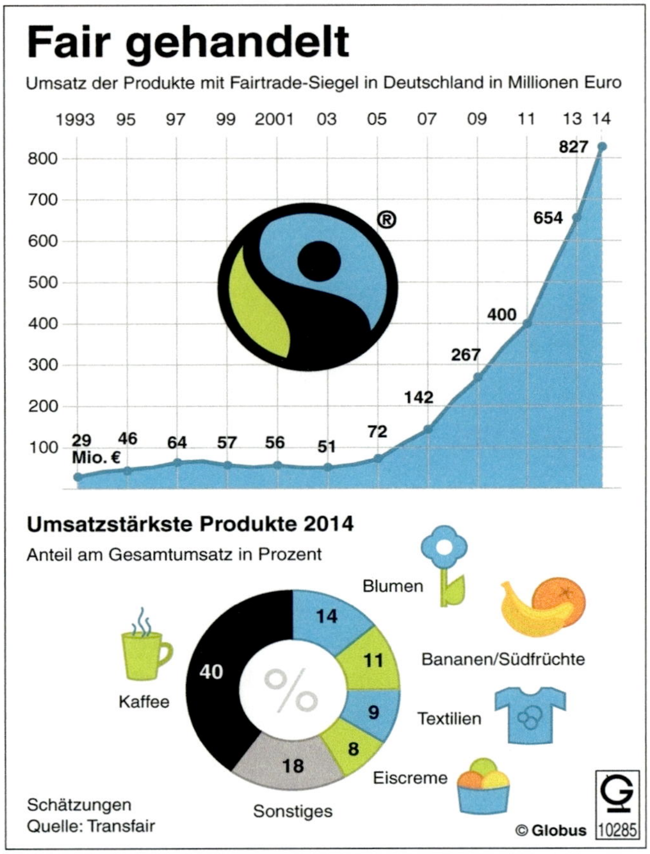

Im Jahr 1992 wurde in Deutschland der erste fair gehandelte Kaffee verkauft. 22 Jahre später klebt das Fairtrade-Siegel auf einer Vielzahl von Produkten, wie etwa auf Honig, Reis, Eiscreme und Kosmetikartikeln.

(aus: dpa-infografik)

3 Welche dieser fair gehandelten Produkte habt ihr schon gekauft? Was fehlt? Berichtet darüber.

Fairtrade hat das Ziel, das Ungleichgewicht im weltweiten Handel abzubauen, indem Bauern und Arbeiter gestärkt und ihre Lebensumstände in den ärmsten Ländern der Welt nachhaltig verbessert werden.

Die Fairtrade-Standards

Ökonomie

- Stabile Mindestpreise, die Produktionskosten und Lebenshaltungskosten decken
- Fairtrade-Prämie, die in soziale Projekte der Gemeinschaft investiert wird
- Langfristige Handelsbeziehungen zwischen Produzentenkooperativen und Importeuren

Soziales

- Arbeitsbedingungen nach Richtlinien der Internationalen Arbeitsorganisation (ILO)
- Gemeinschaftsprojekte
- Versammlungs- und Gewerkschaftsfreiheit
- Diskriminierungsverbot
- Verbot von illegaler und ausbeuterischer Kinderarbeit

Ökologie

- Liste verbotener Substanzen
- Umweltschonender Anbau
- Förderung des biologischen Anbaus durch einen Biozuschlag
- Verbot gentechnisch veränderter Organismen

(www.fairtrade-deutschland.de [05.02.2016])

4 Fairtrade will das Ungleichgewicht im Welthandel immer mehr verringern. An welche „Ungleichgewichte" denkt Fairtrade dabei? Welche Rolle spielen dabei die Produzenten in den Herstellungsländern? Lest dazu auch S. 112 f.

5 Sucht euch aus jedem der drei Säulen oben einen oder zwei Bereiche aus, die euch interessieren. Recherchiert dazu und erläutert möglichst an Beispielen, was damit gemeint ist und wie es umgesetzt wird.

Wie viel „fair" ist möglich? – Beispiel Kaffee

Mithilfe von Fairtrade haben sich im kenianischen Hochland mehrere Hundert Kleinbauern zu einer Kooperative zusammengeschlossen:

Peter Njonge (Fairtrade-Kleinbauer) bekommt heute für ein Kilo frisch geernteter Kaffeekirschen zwanzig Cent. Früher waren es doppelt und dreimal so viel:

„Man sagt uns, das liege am Weltmarkt. Es gebe einfach zu viel Kaffee. Aber wie sollen wir unsere Rechnungen bezahlen? Uns laufen doch die Kosten davon. Faire Löhne, die Fairtrade von uns verlangt, sind da kaum drin."

Esther Njeri arbeitet als **Lohnpflückerin** und bekommt einen Stundenlohn von 50 Cent:

„Auf den großen Plantagen richtet sich der Lohn nach dem Gewicht. Da verdient man auch schon mal drei Euro am Tag. Auch das reicht kaum zum Leben. Aber was sollen wir machen?"

An der Kaffeebörse in Nairobi werden Millionen umgesetzt. Ein Riesen-Geschäft.

Daniel Mbithi, Präsident der Kaffeebörse:

„Die meisten Händler interessiert allein die Qualität des Kaffees. Wie groß sind die Bohnen, wie ist ihr Aroma? Fairtrade-Kaffee ist eine Marktnische, mehr nicht. Die großen Handelshäuser fragen nicht nach sozialen Standards oder fairen Löhnen."

(nach: Peter Schreiber/ARD Studio Nairobi, www.daserste.de, 19.01.2014)

6 Der Kaffee-Bauer, die Lohnpflückerin, der Präsident der Kaffeebörse und ein Vertreter von Fairtrade setzen sich zu einer Lagebesprechung zusammen. Führt das Gespräch als → **Rollenspiel** durch.

Aufgaben zur Auswahl

a) Gestalte einen Werbe-Flyer für Fairtrade.

b) Schreibe einige Aspekte auf, die du zu Fairtrade noch wissen möchtest, und schicke sie als Anfrage an die Homepage von Fairtrade.

c) „Fairtrade, ein Tropfen auf dem heißen Stein?" – Nimm Stellung dazu.

6| Nachhaltig leben?

Brauchen wir einen neuen Lebensstil?

Reparieren statt Neukauf

In der Familie über Nachhaltigkeit sprechen

Gegen Umweltsünder protestieren

Bioprodukte, Fairtrade und regionale Produkte bevorzugen

Mehr Kontakte pflegen – weniger PC und Handy

1 Ein nachhaltiger Lebensstil muss ökologisch, ökonomisch und sozial sein (vgl. S. 158). Ordnet die Gedankensplitter zur Nachhaltigkeit diesen drei Säulen zu.

Wie nachhaltig ist mein Lebensstil?

2 Wählt aus diesen fünf nachhaltigen Verhaltensweisen drei aus und überlegt eure eigene Einstellung dazu:
... ist für mich unwichtig ↔ ... ist für mich sehr wichtig
Erstellt für jedes ausgewählte Beispiel eine Positionslinie.

So geht es – Eine Positionslinie bilden

Eine Positionslinie macht sichtbar, welchen Standpunkt ich einnehme:

- Denkt euch eine Linie quer durch das Klassenzimmer, entlang einer Wand, auf dem Schulhof usw. Ihr könnt auch einen Klebestreifen von ca. 10–12 Metern auf den Boden kleben.
- Markiert die Mitte als „unentschiedene Position".
- Stellt euch an der Stelle auf die Linie, die eurer Einstellung entspricht.
- Begründet eure Position.

(nach: Lothar Scholz: Methoden-Kiste, bpb 2010)

3 Bildet Kleingruppen, wählt eine nachhaltige Verhaltensweise aus und untersucht sie nach folgenden Gesichtspunkten:
- Wie könnte es sich auswirken, wenn möglichst viele danach leben? Denkt dabei an den Einzelnen, an das Zusammenleben der Menschen und an die wirtschaftlichen Auswirkungen.
- Was wäre, wenn niemand danach leben würde?

Tauscht eure Ergebnisse aus und sprecht darüber.

Beispiel: Repair Café – Wegwerfen? Denkste!

Ein Helfer im Repair Café in Köln zeigt, wie man ein kaputtes Radio reparieren kann.

Was macht man mit einem Stuhl, an dem ein Bein kaputt ist? Mit einem Toaster, der nicht mehr funktioniert? Mit einem Wollpullover mit Mottenlöchern? Wegwerfen? Denkste! Komm ins Repair Café und repariere es einfach wieder! Repair Cafés sind ehrenamtliche Treffen, bei denen die Teilnehmer alleine oder gemeinsam mit anderen ihre kaputten Dinge reparieren. An den Orten, an denen das Repair Café stattfindet, ist Werkzeug und Material für alle möglichen Reparaturen vorhanden. Zum Beispiel für Kleidung, Möbel, elektrische Geräte, Fahrräder, Spielzeug und vieles mehr. Vor Ort sind auch Reparaturexperten zugegen: Elektriker, Schneiderinnen, Tischler und Fahrradmechanikerinnen. [...]

Im Repair Café machen sie sich gemeinsam mit einem Fachmann oder einer Fachfrau an die Arbeit. Man kann dort immer eine Menge lernen. Wer nichts zu reparieren hat, nimmt sich eine Tasse Kaffee oder Tee. Oder hilft jemand anderem bei der Reparatur. Auf dem Lesetisch liegen verschiedene Bücher zum Thema Reparatur und Heimwerken – immer gut als Inspirationsquelle. [...]
Das Wissen, wie man Dinge repariert, verschwindet schnell. Wer dieses Wissen noch hat, wird von der Gesellschaft häufig nicht besonders hoch geschätzt und steht ungewollt am Rande. Das Wissen und Können dieser Menschen wird nicht oder nur sehr selten genutzt. Repair Café ändert das! Menschen, die am Rand der Gesellschaft stehen, zählen wieder. [...]
Im Repair Café lernen Menschen, Gegenstände auf andere Weise wahrzunehmen. Und sie ganz neu wertzuschätzen: Das Repair Café trägt zu einer Mentalitätsveränderung bei.

(www.repair-cafe-ffb.de [18.05.2016])

4 Erklärt den letzten Abschnitt des Textes.

5 Könntest du in einem Repair Café mithelfen? Was könntest du z. B. reparieren?

6 Inwiefern erfüllen die Repair Cafés alle drei Säulen der Nachhaltigkeit? Sammelt weitere Informationen zu Repair Cafés, beantwortet die Frage möglichst genau und nehmt Stellung dazu.

Projektvorschlag – Nachhaltigkeitstag

Organisiert in Zusammenarbeit mit anderen Fächern einen Nachhaltigkeitstag an der Schule. Ladet dazu Experten ein zu den Schwerpunkten ökologische, ökonomische und soziale Aspekte der Nachhaltigkeit.

7 Erstellt zu „Nachhaltigkeit" ein Begriffsnetz.

So geht es – Ein Begriffsnetz erarbeiten

→ Begriffskärtchen herstellen
- Jeder schreibt für sich möglichst viele Begriffe als Liste auf ein Blatt. Ihr könnt dazu auch das Ethikbuch benutzen.
- Sucht dann aus eurer Liste die für euch wichtigen Begriffe aus und schreibt sie jeweils einzeln auf ein Kärtchen.

→ Begriffskärtchen sortieren und aufkleben
- Teilt euch in Kleingruppen auf (höchstens vier), legt eure Begriffskärtchen auf den Tisch und legt die Karten weg, die ihr nicht kennt oder nicht braucht.
- Ordnet dann die ausgewählten Kärtchen auf einem Bogen Plakatpapier zu einem Netz. Achtet darauf, dass zwischen den Kärtchen noch Platz für beschriftete Pfeile ist, und klebt die Begriffe auf das Papier.
- Klebt zuerst in die Mitte ein größeres Kärtchen mit dem Begriff „Nachhaltigkeit".

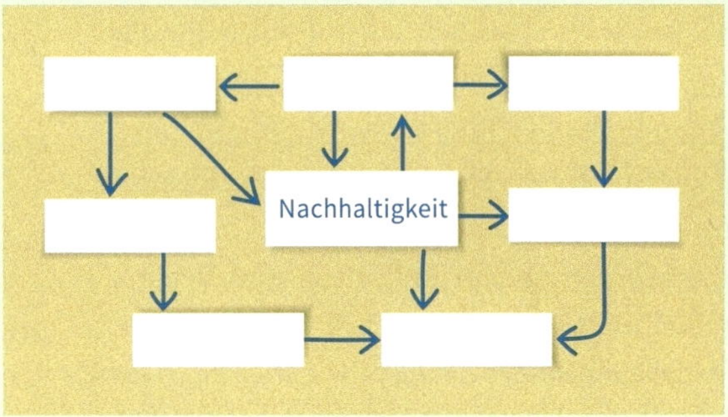

→ Zusammenhang durch Pfeile darstellen
- Zeichnet Pfeile zwischen Begriffen, die zusammenhängen.
- Formuliert stichwortartig solche Zusammenhänge und schreibt sie gut lesbar an die Pfeile.

→ Auswertung
- Präsentiert euer Begriffsnetz der Klasse; dabei sollte jedes Gruppenmitglied einen Teil übernehmen.
- Mögliche Gesichtspunkte: Was war für mich bei der Arbeit am Begriffsnetz schwierig? Welche Fragen ergaben sich für mich? Was möchte ich noch wissen?

Was du weißt und kannst

1. Wie ökologisch/ökonomisch ist dein Handy?

Fairphone – Handy fürs gute Gewissen

Rein optisch unterscheidet sich das Fairphone nicht von anderen Smartphones – das Besondere an ihm ist sein teilweise fair gehandeltes Innenleben. Ein Smartphone ist schön. Die Produktion ist jedoch von Ausbeutung und Umweltverschmutzung geprägt. Das zu ändern ist das erklärte Ziel des niederländischen Unternehmens Fairphone. [...] Diesen Sommer bringt Fairphone ein neues Modell heraus. 2016 sollen rund 200 000 faire Smartphones ihre Besitzer finden. [...]

Einhundertprozentig fair ist das Fairphone nicht. Das geben die Macher auf ihrer Website offen zu. Im Moment werden nur 2 der Metalle – Zinn und Tantal – aus konfliktfreien Minen im Kongo bezogen. Mehr Rohstoffe sollen dazukommen. [...] Fairphone hat darüber hinaus einen Sozialfonds für die Arbeiter in seiner Produktionsstätte in China eingerichtet und beteiligt sich an einem Sammelprojekt für Elektromüll in Ghana. Auf seiner Homepage bietet das Unternehmen zudem Ersatzteile und Reparaturanleitungen an. Damit will Fairphone die Lebensdauer seiner Handys verlängern: „Das nachhaltigste Handy ist das, das man besitzt." [...]

(Melanie Maier, Sonntag aktuell vom 08.03.2015, S. 4)

a) *Notiere stichwortartig, was du über das Innenleben, die Produktion und die Weltreise von Handys weißt.*

b) *Was versucht Fairphone zu verbessern? Fasse zusammen und bewerte es.*

c) *Was meint der Satz: „Das nachhaltigste Handy ist das, das man besitzt"? Ein kaputtes Handy reparieren oder neu kaufen? Was sagt Fairphone dazu? Was denkst du?*

d) *„Fairphones – das sind doch nicht einmal 1% der 30 Millionen Handys, die jedes Jahr in Deutschland verkauft werden. Das bringt doch nichts." Schreibe eine Stellungnahme zu dieser Aussage.*

e) *Würdest du ein Fairphone kaufen, wenn es deutlich mehr kosten würde als ein gleichwertiges anderes Handy? Begründe deine Entscheidung.*

2. Ökonomie – Wer hat was von ihr?

a) *Ergänze den Satz durch möglichst viele Aussagen: „Ohne Ökonomie ..."*

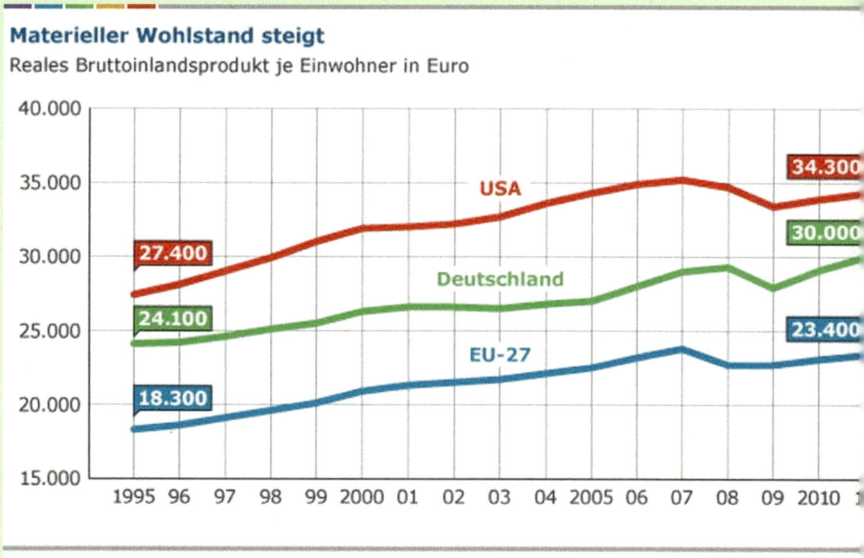

Quelle: Eurostat
© 2012 IW Medien

b) *Erkläre die Grafik und erläutere, wer vom wirtschaftlichen Wohlstand profitiert und warum es nicht ausreicht, damit das Wohlergehen eines Menschen zu messen.*

c) *Was hat für dich Wirtschaft mit Moral zu tun? Begründe deine Einschätzung an Beispielen.*

3. Nachhaltig wirtschaften – Warum eigentlich?

a) Unter Nachhaltigkeit versteht man heute drei Geltungsbereiche. Beschreibe sie und stelle sie grafisch dar.

b) Beschreibe die Karikatur und gib ihr eine Überschrift.

c) Wie lässt sich die Nachhaltigkeit und die Verpflichtung zu einem sparsamen Umgang mit Ressourcen begründen? Begründe deine eigene Einstellung dazu.

4. Ökologisch-ökonomisch wirtschaften

a) Erkläre die Begriffe „Ökologie" und „Ökonomie" und beschreibe unterschiedliche Interessen und Zielvorstellungen.

b) Erläutere den Unterschied (Motive, Handeln, Auswirkungen) an ausgewählten Beispielen für:

Ökologie ⇄ Ökonomie

Ökologie + Ökonomie

c) Schildere Beispiele zu „Greenwashing", erläutere mögliche Motive und schreibe einen Artikel für ein Schülerlexikon.

d) Informiere dich über Berufe, Ausbildungsplätze und Berufsaussichten für „GreenTech made in Germany".

5. Fairtrade – eine Erfolgsgeschichte

a) Welche Bedeutung hat Fairtrade heute für die Ökologie und für die Ökonomie? Welche Bedeutung hat Fairtrade für dich? Begründe deine Wertungen.

b) Schreibe zu den Fairtrade-Standards einen zusammenhängenden Text.

6. Nachhaltig leben

Lebensmittel nur ausnahmsweise wegwerfen

Erst aufbrauchen statt neu kaufen

Soziale Ungerechtigkeit und Diskriminierung wahrnehmen und darauf reagieren

Bewusst genießen statt gedankenlos konsumieren

a) Überprüfe für diese vier Beispiele, wie nachhaltig dein Lebensstil ist.

b) Wie viele Handys hast du schon besessen? Stehst du noch dazu oder siehst du das jetzt kritischer? Benenne für beide Möglichkeiten Gründe.

c) Schildere am Beispiel des Repair Cafés Möglichkeiten, eine nachhaltige neue Wegwerfkultur zu entwickeln. Notiere weitere Ideen dazu.

d) Zum Nachdenken:

„Ohne Menschen ginge es der Erde besser."

(Franz Alt, dt. Journalist, geb. 1938, im Gespräch mit dem Dalai Lama 2004)

Blick zurück

- *Sind die von dir erwarteten Themen und Aspekte zu „Ökologie gegen Ökonomie" angesprochen worden?*
- *Was hast du Neues zu den unterschiedlichen Interessen und Motiven von Ökologen und Ökonomen erfahren? Was blieb unbeantwortet?*
- *Was hat dich nachdenklich gemacht und was hat deine persönliche Lebensweise berührt?*

Vorurteil – Urteil – Wissen

Die Deutschen

1. Beschreibt, worum es jeweils in den beiden Cartoons geht. Welche Vorurteile werden deutlich?
2. Nennt weitere Vorurteile, denen ihr begegnet seid.
3. Welche Erfahrungen habt ihr dabei gemacht? Berichtet und sprecht darüber.
4. Was versteht ihr unter Vorurteilen?

5 Beschreibt und deutet die Zeichnung:
- Was muss die Schülerin bei ihrem Aufbau der Kisten beachten?
- Wer und was kann ihr dabei helfen?
- Warum ist sie angeseilt und trägt einen Schutzhelm?

6 Welchen Titel würdet ihr der Zeichnung geben?

Auf die Vernunft kommt es an

„Nehmt an, was euch nach sorgfältiger und aufrichtiger Prüfung am glaubwürdigsten scheint, es mögen nun Facta, es mögen Vernunftgründe sein; nur streitet der Vernunft nicht das, was sie zum höchsten Gut auf Erden macht, nämlich das Vorrecht ab, der letzte Probierstein der Wahrheit zu sein."

(Immanuel Kant: Kritik der Urteilskraft. Werke, Bd. 8, hg. von W. Weischedel, Darmstadt 1975, S. 252)

7 In dem Zitat des Philosophen Kant ist von „Prüfung", „Facta" (= Tatsachen) und „Vernunft" die Rede. Denkt darüber nach, welche Bedeutung diese Begriffe für die Schülerin in der Zeichnung haben.

8 Sammelt Fragen zum Thema „Vorurteil und Wissen", die euch wichtig erscheinen und über die ihr gerne nachdenken wollt.

1| Vorurteile – Von wem gegen wen?

1. Betrachtet den Cartoon und interpretiert ihn gemeinsam.

2. Was könnte der Angesprochene dem Mann antworten? Entwerft eine Sprechblase.

3. Sammelt Vorurteile – auch eure eigenen –, die euch besonders beschäftigt haben. Erläutert sie und sprecht darüber.

Erkläre es mir – Was sind Vorurteile?

Vorurteile begleiten unseren Alltag. Es handelt sich dabei um negative Einstellungen gegenüber Gruppen oder Personen, die einer bestimmten Gruppe angehören. Vorurteile beruhen oftmals nicht auf eigenen Erfahrungen, sondern werden übernommen. Sie sind unzulässige Verallgemeinerungen. An Wörtern wie „immer, alle, keiner" sind sie gut zu erkennen.

- Zum Problem der Verallgemeinerung findest du im Kapitel „Quellen der Erkenntnis" auf S. 185 weitere Ausführungen.

4. Welche der im Kasten genannten Merkmale von Vorurteilen schlagen sich im nebenstehenden Cartoon und in den von euch besprochenen Beispielen nieder?

Wir hätten da mal eine Frage ...

Die Ethik-Gruppe hat einen Experten in ihren Unterricht eingeladen. Prof. Ehrlich hat untersucht, wie Vorurteile entstehen und wie sie sich auswirken.

PROF. EHRLICH: Ich freue mich sehr, hier zu sein und eure Fragen zum Thema „Vorurteile" beantworten zu können. Also dann, los geht's.

PETRA: Mich interessiert vor allem, was Vorurteile sind und warum sie so weit verbreitet sind.

PROF. EHRLICH: Vorurteile sind vorgefertigte Meinungen. Sie haben mit der objektiven Wirklichkeit, die bloß verzerrt und einseitig wahrgenommen wird, nicht mehr viel zu tun. Wenn wir die Welt in bestimmte Schubladen einteilen, können wir uns in ihr besser orientieren und zurechtfinden.
So entwickeln sich Stereotype, wie etwa „Menschen mit dunkler Haut tanzen gern". Gefährlich wird ein Kategorisieren dann, wenn eine negative Wertung hinzukommt, wenn einem also zu dem Stichwort „dunkle Hautfarbe" sofort abwertende Adjektive wie „kriminell" oder „gewalttätig" einfallen.

OLIVER: Das leuchtet mir schon ein. Hier zeigt sich dann auch zugleich, dass Vorurteile bedenkliche Folgen haben können ...

PROF. EHRLICH: Genau! Vorurteile wirken wie ein Brett vor dem Kopf. Wir sehen und hören nur das, was wir sehen und hören wollen. Alles, was nicht in unser Weltbild passt, blenden wir aus. Diese Filter im Kopf sind sehr hartnäckig und es braucht viel Kraft, sie loszuwerden.

MEMET: Ja, das ist wohl schon richtig. Aber Vorurteile sind – das zeigt sich hier – auch nützlich für jene, die welche haben. Ich erinnere mich an eine Frau im Fernsehen, die auf einer Demo gegen Ausländer einem Reporter sagte, dass sie diese Montagsdemos deshalb so gut finde, weil sie ihr das Gefühl geben, zu einer Gruppe von Gleichgesinnten zu gehören, die sich verstehen und zusammenhalten.

PROF. EHRLICH: Gut, dass du das noch erwähnst. In der Tat, Vorurteile haben ohne Zweifel ganz wichtige Funktionen. Sie finden sich vor allem bei solchen Menschen, die unsicher sind und Angst haben. In unseren Studien finden wir immer wieder bestätigt, dass Unbekanntes und Fremdartiges Angst erzeugt. Ein Vorurteil bietet da eine gewisse Hilfe: Was fremd ist, muss auch schlecht sein; deshalb gehe ich ihm aus dem Weg, will nichts damit zu tun haben oder bekämpfe es. Das ist eine weitverbreitete Einstellung. Ein zweiter Punkt ist beinahe noch wichtiger: Mit Vorurteilen steigert man den eigenen Selbstwert. Wer sich stramm einer Gruppe anschließt, sich deren Haltung und Parolen zu eigen macht und sich von anderen Gruppen klar abgrenzt, ja sogar andere erniedrigt und schlechtmacht, kann sich selbst als etwas Besseres fühlen.

LINDA: Aber da stimmt dann doch etwas nicht! Wenn ich eine Gruppe brauche und andere heruntermache, um mein Selbstwertgefühl zu steigern, dann sollte ich erst mal daran arbeiten.

FINJA: Mir scheint, das wäre gar keine schlechte Möglichkeit, das eine oder andere Vorurteil loszuwerden.

SARAH: Einen sehr wichtigen Punkt haben wir bis jetzt nur gestreift: Was ist eigentlich so schlecht an Vorurteilen? Es gibt ja schließlich auch positive Voreingenommenheiten.

PROF. EHRLICH: Ja, das ist wirklich auch für den Ethik- und Philosophieunterricht ein außerordentlich wichtiger Punkt. Ich meine, Vorurteile sind in dreierlei Hinsicht unmoralisch: Vorurteile verletzen zum einen das Gebot, über andere Menschen nur anhand von sicherem Wissen zu urteilen. Zweitens: Vorurteile verstoßen gegen das Gebot der Gerechtigkeit als Gleichbehandlung. Die eigene Gruppe wird überbewertet, fremde Gruppen hingegen abgewertet. Und drittens: Vorurteile verstoßen auch gegen das Gebot der Mitmenschlichkeit. Andere Gruppen oder Personen werden nicht als Mitmenschen geachtet. Ein positives Sich-Hineinversetzen (Empathie) in andere findet nicht statt.

Der Pausengong ertönt. Die Schülerinnen und Schüler bedanken sich bei Prof. Ehrlich für seine klaren Worte. Etwas nachdenklich verlassen sie das Klassenzimmer ...

5 Erstellt in Gruppen einen Bericht für eure Schülerzeitung von der Stunde mit Prof. Ehrlich:
- Gliedert euren Text mit Kapitelüberschriften, z. B. „Warum sind Vorurteile unmoralisch?“.
- Nachdem ihr mit eigenen Worten erläutert habt, was der Experte zu den einzelnen Problemfragen gesagt hat, könnt ihr eure Meinung dazu in einem kritischen Kommentar schreiben: Was hat euch überzeugt, was weniger und aus welchen Gründen?

Durch eine andere Brille sehen

Welche Merkmale von Vorurteilen werden in dem Cartoon mit den Schubladen angesprochen? – Wie fühlen sich die Menschen in den Schubladen?

Aufgaben zur Auswahl

a) Die Meinung, kein Vorurteil zu haben, ist selbst das größte Vorurteil. – Was hältst du von diesem Urteil? Fasse deine Meinung in einem Beitrag für die Schulzeitung zusammen.

b) Wähle unter den gängigen Vorurteilen gegen Flüchtlinge eines aus, z. B. „Die Flüchtlinge nehmen uns unsere Jobs weg“, und führe mithilfe des Internets einen Faktencheck durch. Veröffentliche das Ergebnis auf der Homepage deiner Schule.

2| Was tun gegen Vorurteile?

1 Berichtet in Partnerarbeit von eigenen Vorurteilen, die ihr abbauen konntet.
- Wie habt ihr das geschafft? Was hat dabei eine entscheidende Rolle gespielt?
- Ist es euch leicht- oder schwergefallen?

2 Tragt eure Erfahrungen der ganzen Klasse vor und sprecht darüber. Welche Mittel und Wege, Vorurteile loszuwerden, haben sich für euch bewährt?

Aus Feinden Freunde machen: das Stanford-Experiment

Muzafer Sherif, Professor für Psychologie an der Univerity of Oklahoma, wollte mit dem folgenden Experiment herausfinden, wie sich Vorurteile unter Menschen abbauen lassen. Und das ging so:

22 elfjährige Jungen machten Urlaub in einem schön gelegenen Ferienlager. Sie waren in zwei Gruppen eingeteilt. Schon nach wenigen Tagen kam es – im Experiment bewusst herbeigeführt – zu unangenehmen Spannungen und Feindseligkeiten.

Beide Gruppen sollten schließlich in Spielen wie Baseball, Seilziehen und bei einer Schatzsuche gegeneinander antreten. Für die jeweiligen Sieger gab es tolle Preise. Durch diese Spiele wuchs die eigene Gruppe stärker zusammen. Gleichzeitig stiegen jedoch die Spannungen zwischen den Gruppen. Es kam sogar zu Gewalttätigkeiten. So verbrannte die eine Gruppe – sie nannten sich „Adler“ – die Fahne der anderen Gruppe, der „Klapperschlangen“. Letztere rächte sich schon bald danach.
Wie konnte man die Rivalen aber wieder einander näherbringen? Muzafer Sherif versuchte es mit folgender Methode – und hatte Erfolg: Eines Morgens brach die Versorgung mit Wasser im Lager zusammen. Sherif hatte dazu das Nötige veranlasst. Jetzt waren die Jungen gezwungen, gemeinsam nach der Ursache zu suchen und den Fehler zu beheben. Sie mussten zusammenarbeiten. Und binnen kurzer Zeit waren die Spannungen verflogen, die alten Rivalitäten waren verschwunden. Für Muzafer Sherif war somit klar: Der bloße Kontakt reicht nicht aus – gemeinsame Ziele und aktive Zusammenarbeit helfen beim Abbau von Vorurteilen.

3 Wie erklärt ihr euch, dass durch „aktive Zusammenarbeit“ Vorurteile abgebaut werden können?

4 Habt ihr ähnliche Erfahrungen gemacht? Berichtet davon und sprecht darüber.

Wie kann man gegen eigene und fremde Vorurteile ankämpfen?

Im Großen und Ganzen bin ich mir meiner eigenen Vorurteile bewusst – aber nicht aller und nicht in jedem Moment. Ich bemühe mich, über sie nachzudenken und sie zu entdecken, um sie zu bekämpfen. Das Hauptproblem ist, dass man viel leichter fremde als eigene Vorurteile wahrnimmt. (Jasmin, 16)

Sich selbst kann man immer dann bremsen, wenn man verallgemeinern will. Man muss kurz stoppen und nachdenken

… Bilde ich jetzt nicht Vorurteile, wenn ich verallgemeinere?
(Moritz, 15)

Zunächst ist es wichtig, dass man im ersten Schritt zugibt, Vorurteile zu haben, und dass man sich diese bewusst macht. Natürlich will ich keine Vorurteile haben, doch sie sind nun mal da. Es hilft meiner Meinung nach nur, die Wirklichkeit sich selbst und anderen so sachlich wie möglich zu zeigen. Eine große Rolle spielt bestimmt die Fähigkeit, sich auf Neues einzulassen, sich auszutauschen und vor allem offen und bereit dafür zu sein, seine Meinung zu ändern.
(Selma, 17)

5 Welche Mittel und Wege, Vorurteile abzubauen, werden von Jasmin, Moritz und Selma genannt?

6 Wie denkt ihr darüber? Warum ist es nicht leicht, die gemachten Vorschläge umzusetzen?

7 Erstellt in Gruppenarbeit einen Ratgeber gegen Vorurteile, indem ihr auch eure eigenen Erfahrungen und Ideen einbringt.

Warum eigentlich?

Warum ist es leichter, fremde Vorurteile als die eigenen Vorurteile wahrzunehmen?

Wir Schüler wollen nicht mehr wegsehen!

„Schule ohne Rassismus – Schule mit Courage" ist ein Projekt und eine Initiative von und für Schülerinnen und Schüler.

Vor einigen Wochen haben wir den Titel „Schule ohne Rassismus" bekommen. Die Kultusministerin war da, und ich habe als Schüler eine Rede gehalten. Ich habe gesagt, dass es an der Schule nicht mehr toleriert wird, wenn jemand fremdenfeindlich ist oder etwas gegen Flüchtlinge hat. Wir wollen niemanden ausgrenzen, keinen mobben, nicht mehr wegsehen, wenn es zu Anfeindungen und Rassismus kommt. Wir haben insgesamt 50 Flüchtlingskinder an der Schule, 25 davon sind schon in die einzelnen Klassen integriert. An unserer Schule hat es noch nie Beleidigungen oder Ausschreitungen gegeben. Wir spielen und lachen und lernen gemeinsam. Das ist für uns selbstverständlich. Wir machen keine Unterschiede. Um „Schule ohne Rassismus" zu werden, mussten 70 Prozent aller Schüler und Lehrer unterschreiben und damit einverstanden sein. Es haben 75 Prozent unterschrieben. In unserer Schulordnung gibt es einen Vermerk, dass jegliche fremdenfeindliche, gewaltverherrlichende und verfassungsfeindliche Symbole untersagt sind. Das Tragen von Springerstiefeln ist nicht erlaubt.
(Mehmet Celik, 15)

(Anne Hähnig/Jeannette Otto: Wir Schüler wollen nicht mehr wegsehen; in: DIE ZEIT, 05.11.2015, S. 70)

8 Informiert euch im Internet über das Projekt „Schule ohne Rassismus" unter www.schule-ohne-rassismus.org.

9 Die Schule als ein Ort, an dem ein vorurteilsfreier Umgang mit Fremden gelernt werden kann. – Wie denkt ihr darüber? Wie nützlich sind hierfür Projekte wie „Schule ohne Rassismus"?

Aufgaben zur Auswahl

a) Würdest du dafür stimmen, dass deine Schule den Titel „Schule ohne Rassismus" bekommt? Begründe deine Meinung.

b) Entwirf ein Logo zum Projekt „Schule ohne Rassismus – Schule mit Courage".

3| Vom Vorurteil zum Urteil … – Das Sokratische Gespräch

Raffael: Die Schule von Athen (1508 – 1511), in der Bildmitte im Hintergrund stehen der Schüler des Sokrates Platon (links) und dessen Schüler Aristoteles (rechts).

Sokrates (470 – 399 v. Chr.) sprach die Menschen auf der Straße an. Er verwickelte sie in ein Gespräch und stellte ihnen dabei Fragen, die sie zum Nachdenken bringen sollten. Er wollte ihnen zeigen, dass ihre für selbstverständlich gehaltenen Meinungen in Wirklichkeit Vorurteile waren.

Stellt euch vor, ihr befindet euch auf dem Marktplatz oder in der Philosophenschule im antiken Athen. Angeregt von dem sokratischen Fragen und Nachdenken habt ihr euch mit einer kleinen Gruppe von Neugierigen in eine ruhige Ecke zurückgezogen, um über eine ganz alltägliche Bemerkung, deren Sinn und Hintersinn, nachzudenken, nämlich darüber, was man eigentlich meint, wenn man sagt:

„Das war mir echt peinlich!“

1 Führt ein Sokratisches Gespräch zu „Das war mir echt peinlich!“.

So geht es – Das Sokratische Gespräch

- Bildet Kleingruppen (maximal sechs Schüler / Schülerinnen in einer Gruppe).
- Einigt euch auf einen Gesprächsleiter.
- In einem 1. Schritt schildern die Teilnehmer konkrete, selbst erlebte Situationen, in denen ihnen etwas „peinlich“ war. Verständnisfragen sind erlaubt. Die Beispiele werden schriftlich festgehalten.
- 2. Schritt: Die Beispiele werden geordnet, auf Gemeinsamkeiten und Unterschiede hin untersucht.
- 3. Schritt: Er liegt in der Frage: Welches sind die wichtigen Voraussetzungen für das Gefühl der „Peinlichkeit“? Was liegt ihm zugrunde? Es geht also um ein immer weiter zurückschreitendes Aufsuchen von allgemeinen Gründen.
- Schließlich: Wenn die Gruppe meint, den Satz gründlich genug untersucht zu haben, werden die gemeinsamen Ergebnisse schriftlich fixiert und es wird festgestellt, wo noch Uneinigkeit besteht und welche Fragen noch näher untersucht werden müssen.
- Die wirkliche Verständigung zwischen den Teilnehmern hat Vorrang vor einem schnellen Finden von Ergebnissen.

Regeln für die Gesprächsteilnehmer:

a) Hör genau zu, frage nach und versetze dich in den anderen!
b) Sprich in kurzen, klaren Sätzen!
c) Sag deine eigene, begründete Meinung!
d) Alle beteiligen sich aktiv am Gespräch und fühlen sich für einen konstruktiven Gesprächsverlauf verantwortlich!
e) Alle sind gleichberechtigt!
f) Ändere deine Meinung, wenn bessere Argumente dafür sprechen.
g) Nimm dir Zeit zum Denken!

Regeln für den Gesprächsleiter:

a) Halte deine Meinung zurück!
b) Achte darauf, dass die Teilnehmer ihre Ansichten anhand konkreter Erfahrungen erläutern!
c) Verlange Begründungen!
d) Sorge dafür, dass jeder jeden versteht!
e) Verfolge den roten Faden!
f) Zeige den nächsten höheren Schritt!
g) Lass das Gespräch gegebenenfalls ruhen, damit jeder nachdenken kann.

Gesprächsimpulse, die das Weiterdenken anregen sollen:

- Beispiele, bitte!
- Gründe, Argumente, bitte!
- Gehört das zum Thema?
- Hast du verstanden, was Nina gesagt hat?
- Resultate, gemeinsame Ergebnisse?

2 Wertet euer Sokratisches Gespräch zu „Das war mir echt peinlich!“ aus. Welche Schritte und Regeln erscheinen euch sinnvoll, welche sind euch in der Umsetzung schwergefallen?

3 Führt weitere Sokratische Gespräche über Themen eigener Wahl: z. B. „Warum soll man immer die Wahrheit sagen?“, „Muss ich mich an gegebene Versprechen halten? oder „Welche Grenzen hat Toleranz?“.

Der milde Zwang des besseren Arguments

„Ich halte es ja nicht erst jetzt, sondern schon immer so, dass ich nichts anderem in mir folge als dem Gedanken (= Logos), der sich mir beim Nachdenken als der beste erweist.“

(Platon: Kriton; in: Werke, Band 1, hg. von Ernesto Grassi, Rowohlt, Hamburg 1957, S. 78)

4 Werden wir am Ende eines Sokratischen Gesprächs weniger Vorurteile und klarere Begriffe haben? Diskutiert darüber.

5 Das Sokratische Gespräch als ideale Gesprächsform für den Philosophie- und Ethikunterricht? – Wie beurteilt ihr diese These anhand eurer eigenen Gesprächserfahrungen im Unterricht?
Veröffentlicht euer begründetes Urteil in einem Artikel in der Schülerzeitung oder im Internet.

4| Wissen aus guten Gründen

Was ich weiß ...?

a) Ich weiß, wie ich aussehe.
b) Ich weiß, dass ich traurig bin.
c) Ich weiß, dass das Blatt vor mir grün ist.
d) Ich weiß, wie man die Zähne putzt.
e) Ich weiß, wie man mit dem Computer umgeht.
f) Ich weiß viel über Comics, Computer und nichts über Mädchen ...

1 Setzt die Reihe mit weiteren Beispielen fort.

2 Erläutert in Kleingruppen, was mit „Wissen" jeweils gemeint ist, und diskutiert darüber.

Moderne Wissenschaften

Die modernen Wissenschaften haben unser Wissen enorm vermehrt. Was durch selbstständiges, mit der Vernunft und kritischem Denken betriebenes Forschen herausgefunden wird, gilt allgemein als „wissenschaftlich".

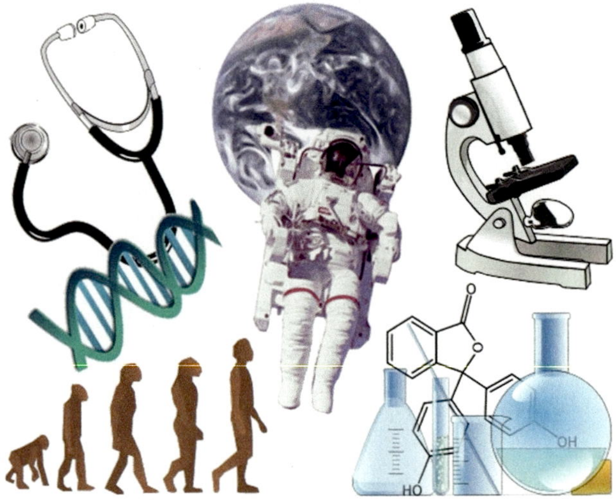

3 Welche Wissenschaften werden auf dem Bild dargestellt?

- Zum Thema „Wissenschaft" siehe auch das Kapitel „Wissenschaft und Verantwortung", S. 132 ff.

Was heißt wissenschaftlich?

Ein Interview mit Professor Klug:

INTERVIEWER: Sie haben schon viel geforscht und viele Bücher geschrieben, die allgemein als wissenschaftlich gelten. Was verstehen Sie unter „wissenschaftlich"?

KLUG: Das ist eine schwierige Frage und nicht gerade leicht zu beantworten. Ich will es mal versuchen. Ein Wissenschaftler, der wissenschaftlich arbeitet, hält sich an bestimmte Regeln. Zunächst einmal muss er das, was er behauptet, gut belegen und sachlich begründen.

INTERVIEWER: Was heißt „sachlich begründen"?

KLUG: Das heißt vor allem, dass er seine Meinungen auf nachprüfbare Fakten, Tatsachen stützt, dass er die Quellen nennt, die er benutzt hat, und dass er sich kritisch mit anderen Meinungen auseinandersetzt und versucht, mit den überzeugenderen Gründen seine Sicht der Dinge darzulegen.

INTERVIEWER: Das ist schon eine ganze Menge und sicher nicht immer leicht, oder?

KLUG: Sie haben recht. Die Versuchung ist manchmal ziemlich groß, die Fakten und Daten, die einem nicht so passen, einfach wegzulassen.

INTERVIEWER: Diese Grundhaltung, die Sie da gerade beschreiben, hat auch etwas mit Moral zu tun.

KLUG: Sicher, da haben Sie ganz recht. Sachlich zu bleiben, möglichst überzeugende Gründe zu suchen und nicht einfach willkürlich Dinge zu behaupten bedeutet auch, das eigene Ego nicht in den Vordergrund zu stellen.

INTERVIEWER: Aber kann die Wissenschaft objektiv sein?

KLUG: Ich glaube schon. Wenn wir versuchen, sorgfältig und genau zu arbeiten, jeden Schritt, den wir tun, kritisch überdenken und uns nicht in wilde Übertreibungen oder Vereinfachungen stürzen – wenn auch noch so viel Geld und Ruhm winken –, dann kommen wir diesem Ziel schon recht nahe.

(Es tritt eine längere Pause ein.)

INTERVIEWER: Herr Professor Klug, ganz herzlichen Dank für dieses Gespräch!

4 Was heißt wissenschaftlich? – Sammelt die von Professor Klug genannten Merkmale.

5 Führt „wissenschaftliches“ Arbeiten zu „sicherem Wissen“? – Diskutiert auch mit euren Biologie-, Physik- oder Chemielehrerinnen und -lehrern darüber.

Logisch, oder?

Um zu sicherem Wissen zu gelangen, ist es wichtig, die richtigen Schlüsse zu ziehen und zu schauen, ob die Prämissen, auf denen sie beruhen, stimmen.

Alle Menschen sind sterblich.	(➔ Obersatz, allgemeine Prämisse)
Sokrates ist ein Mensch.	(➔ Untersatz)
Also ist Sokrates sterblich.	(➔ Schlussfolgerung)

Erkläre es mir – Was ist ein Schluss?

Ein Schluss (Syllogismus = Zusammenrechnen, Zusammenzählen) besteht aus drei Sätzen. Der letzte ergibt sich logisch zwingend aus den beiden ersten. Er wird Konklusion (Schlussfolgerung) genannt. Die beiden Vordersätze heißen Prämissen. Sie werden vorausgesetzt. Der Schluss ist nur dann richtig, wenn die Prämissen richtig sind. Also kommt es vor allem darauf an, zu prüfen, ob Obersatz und Untersatz stimmen.

6 Formuliert Sätze eurer Wahl in Syllogismen um. Z. B.: Svenia macht nur geringe Fortschritte, weil sie den Lernstoff mechanisch auswendig lernt.
➔ Wer den Lernstoff mechanisch auswendig lernt, macht nur geringe Fortschritte.
➔ Svenia lernt den Lernstoff mechanisch auswendig.
➔ Also: Svenia macht nur geringe Fortschritte.

Urteile – solide begründet?

Der 1922 in London geborene amerikanische Philosoph Stephen Toulmin hat ein Argumentationsmodell aufgestellt, mithilfe dessen wir zu gut begründeten und insofern sicheren Urteilen kommen können.

Beispiel:

D: ⟶ C:

(Data = Tatsache)
Leni hat sich Geld geliehen und versprochen, es zu einem bestimmten Zeitpunkt zurückzuzahlen.

(Conclusion = Schluss)
Sie soll das Geld wie versprochen zurückzahlen.

↑

SR:
(Schlussregel)
Versprechen soll man halten. (allgemeine Daumenregel)

↑

VA:
(vertiefendes Argument)
Wenn keiner seine Versprechen hält, zerbricht auf Dauer jede Gemeinschaft.

Was ist richtig? – Was ist falsch?

Jürgens Vater ist operiert worden. Der Eingriff war sehr kompliziert und die Aussichten stehen ziemlich schlecht. Das bösartige Krebsgeschwür konnte nicht mehr entfernt werden. Vielleicht hilft noch eine Chemotherapie. Die Ärzte, die Mutter und Jürgen selbst sind sich einig: Dem Vater soll die Wahrheit über seinen Zustand verschwiegen werden.

7 Beantwortet die Frage mithilfe des Toulmin-Schemas.

8 Alle stimmen zu! – Stimmt es dann?

9 Beurteilt das Toulmin-Schema kritisch. Was leistet es bei dem Versuch, möglichst gut begründete Urteile zu fällen?

Was du weißt und kannst

1. Vorurteile

a) Vorurteil buchstäblich:
Findet jeweils passende Begriffe.
V – Voreiligkeit
O
R
U
R
T
E
I
L
Ordnet diese Begriffe dann zu einer Mindmap.

> „Dass wir Vorurteile haben müssen, folgt daraus, dass wir eher handeln als denken.“
>
> (Friedrich v. Schlegel, dt. Schriftsteller, 1772–1829)

b) Erläutert dieses Zitat und bezieht kritisch Stellung dazu.

c) „Menschen, die selbst unter Vorurteilen leiden, haben keine!“ – Sammelt Argumente für und gegen diese Behauptung und diskutiert miteinander.

d) Vorurteile erkennen, Vorurteile benennen: Entscheide dich für jene Sätze, von denen du glaubst, dass es sich dabei um Vorurteile handelt, die negative Folgen haben können:
- *„Arbeitslose sind faul und wollen überhaupt nicht arbeiten.“*
- *„Die Deutschen leben, um zu arbeiten, Franzosen arbeiten, um zu leben.“*
- *„Ausländer wollen sich nicht integrieren.“*
- *„Männer sind intelligenter als Frauen.“*

Überlegt, was ihr dagegen sagen könnt.
- *Weshalb sind Vorurteile so schwer abzubauen?*
- *Überlegt konkrete Projekte und Aktionen, um in eurer Schule wirksam etwas gegen Vorurteile zu unternehmen.*

e) Welche Vorurteile werden in dem Cartoon dargestellt?
- *Listet sie auf und ordnet sie den folgenden Begriffen zu: Geschlecht, Herkunft, Aussehen, Verhalten, Tätigkeit.*
- *Woran erkenne ich Vorurteile?*
- *Wem nutzen Vorurteile?*
- *Was kann man eurer Meinung nach dagegen tun?*

2. Das Sokratische Gespräch

Schiff des Theseus

Einer alten griechischen Sage zufolge gab es einen Helden, der Theseus hieß. Dieser befreite mit der Hilfe des Gottes Apollon viele Athener aus einem Labyrinth, worin ein schreckliches Ungeheuer hauste. Als Dank schickten die Athener jährlich das Schiff des Theseus als Festzug auf die Insel Delos. Das Schiff haben die Athener etwa 1000 Jahre aufbewahrt, indem sie immer statt des verfaulten Holzes neues und festes einziehen ließen. Am Ende lag in Piräus, dem Hafen Athens, ein Schiff, das noch genauso aussah wie das des Theseus, aber kein Stück des Schiffes (oder nur sehr wenige) hatte die berühmte Fahrt zum Labyrinth mitgemacht. Daher pflegten die Philosophen bei ihren Streitigkeiten über das Wachstum der Dinge sich immer auf dieses Fahrzeug zu berufen, sodass einige behaupteten, es wäre und bleibe dasselbe Schiff, andere hingegen, es wäre ein anderes.

War es noch das alte Schiff?

Ein Sokratisches Gespräch zwischen dem Lehrer, Paul, Marie und Hans:

PAUL: Also ich finde, es ist dasselbe Schiff, weil es noch gleich aussieht wie früher.

LEHRER: Du meinst, es sei dasselbe, weil es gleich aussieht. Was bedeutet überhaupt „dasselbe"? Kannst du mir ein Beispiel geben?

PAUL: Naja, eben genau das Gleiche. Marie z. B. hat denselben Füller wie ich: dieselbe Farbe, dasselbe Fabrikat, dieselbe Ausführung ...

Setzt das Gespräch so weit fort, bis ihr zu einem vorläufigen, gemeinsamen Ergebnis kommt.

3. Syllogistischer Schluss

Satz: Schüler dürfen im Unterricht kein Handy benutzen.

a) Formuliert diesen Satz in einen syllogistischen Schluss um:
- *allgemeiner Obersatz: Schüler dürfen im Unterricht ...*
- *Untersatz: Peter ...*
- *Conclusio/Schluss: ...*

b) Könnt ihr der Schlussfolgerung zustimmen?

c) Prüft den Ober- und Untersatz des Schlusses und überlegt, ob sie Prämissen enthalten, die gar nicht selbstverständlich sind.

4. Toulmin-Schema

a) Untersucht und prüft das Handy-Verbot mithilfe des Toulmin-Schemas.

b) Kann das Toulmin-Schema uns helfen, klarer und genauer zu diskutieren und zu argumentieren? Sprecht darüber.

Blick zurück

- *Sind die von dir erwarteten Fragen angesprochen worden?*
- *Was war besonders interessant für dich? Warum?*
- *Was hat dich besonders beeindruckt und nachdenklich gemacht?*
- *Mit welchen Fragen würdest du dich gerne weiter beschäftigen?*

Quellen der Erkenntnis

Die Lust der Fische

Chuang Tzu und Hui Tsu wandelten zusammen auf einem Uferdamm am Hao-Fluss.
Da sagte Chuang Tzu: „Sieh doch die Fische herauskommen und sich tummeln. Das ist die Lust der Fische."
Hui Tsu erwiderte: „Du bist doch kein Fisch. Woher willst du da die Lust der Fische kennen?"
Chuang Tzu sprach: „Du bist nicht ich. Woher also weißt du, dass ich nicht von der Lust der Fische weiß?"
Hui Tsu entgegnete: „Ich bin nicht du und weiß natürlich nicht, was du weißt. Aber da du jedenfalls kein Fisch bist, ist doch klar, dass du die Lust der Fische nicht kennst."
Darauf entgegnete Chuang Tzu: „[...] Du fragtest, woher ich die Lust der Fische kenne. [...] Ich weiß es von meinem Standpunkt auf dem Uferdamm hier oben über dem Hao-Fluss."

(Richard Restak: Die großen Fragen. Geist und Gehirn, übers. von Monika Niehaus, Verlag Springer Spektrum, Heidelberg 2014)

1. Lest die Geschichte mit verteilten Rollen.
2. Was soll mit dieser Geschichte gezeigt werden?

Rene Magritte: Das ist kein Apfel (1964)

3. Der Maler Magritte sagt: „Das ist kein Apfel." – Was meint ihr dazu?

„Ich denke, also bin ich!"

(René Descartes, franz. Philosoph, 1596 – 1650)

„Das Wissen gibt es nur in unserem Kopf. Noch nie hat es jemand gesehen."

(Volker Gerhardt, dt. Philosoph, geb. 1944)

„Die Wahrheit wird euch frei machen."

(Inschrift an der Freiburger Universität)

HAMLET: Seht ihr die Wolke dort, beinah in Gestalt eines Kamels?
POLONIUS: Beim Himmel, sie sieht auch wirklich aus wie ein Kamel.
HAMLET: Mich dünkt, sie sieht aus wie ein Wiesel.
POLONIUS: Sie hat einen Rücken wie ein Wiesel.
HAMLET: Oder wie ein Walfisch?
POLONIUS: Ganz wie ein Walfisch.

(William Shakespeare: Hamlet, hg. von Dietrich Klose, übers. von August Wilhelm Schlegel, Stuttgart 1969, S. 38)

4 Sucht euch eines der Zitate aus, interpretiert es in Partner- oder Gruppenarbeit und stellt es der Klasse vor.

5 Formuliert im Anschluss daran wichtige Fragen zum Thema „Quellen der Erkenntnis", mit denen ihr euch noch eingehender beschäftigen möchtet.

1| Wahrnehmung – Ich sehe was, was du nicht siehst …

Wie siehst du das?

Damit ich etwas wahrnehmen kann, sind zwei Dinge erforderlich: – Ich brauche gute Augen. – Es muss etwas geben, das ich wahrnehmen kann.	JA	NEIN
Ich nehme nur wahr, was vorhanden ist und solange etwas vorhanden ist.	JA	NEIN
Ich nehme die Dinge so wahr, wie sie wirklich sind.	JA	NEIN
Meine Wahrnehmungen decken sich weitgehend mit den Wahrnehmungen anderer Menschen.	JA	NEIN

1 Beantwortet die Fragen zunächst einzeln, vergleicht die Ergebnisse und diskutiert darüber.

Wahrnehmungsexperimente

(a) Eine/r denkt sich einen Vorgang aus, den sie/er der Klasse vorspielt. Anschließend wird von der Klasse dieser Vorgang genau beschrieben.

2 Vergleicht die Beschreibungen und erläutert die Unterschiede.

3 Beschreibt alltägliche Situationen, in denen ihr eure Umwelt subjektiv wahrnehmt – z. B. ich betrete das Klassenzimmer oder ich sitze im Stuhlkreis: Was nehme ich zuerst wahr und wie nehme ich es wahr? Erläutert euch gegenseitig eure Beobachtungen.

(b) Sie sollten gut aufpassen und die Pässe des weißen Teams zählen. Mit dieser Anweisung führten US-Psychologen Tausenden von Probanden einen 23 Sekunden langen Film vor. Darauf je drei Spieler in schwarzen und weißen Trikots, die sich einen Basketball zuwarfen.
Die Versuchsteilnehmer zählten brav und nannten am Ende ihr Ergebnis. Doch darum ging es nicht. Ob ihnen „etwas Ungewöhnliches“ aufgefallen sei, fragte das Team um Daniel Simons von der University of Illinois anschließend. „Nein“, gaben 80 Prozent der Beobachter zu Protokoll. Darauf ließen die Forscher das Video erneut laufen, diesmal ohne die Zählaufgabe. Nun sahen plötzlich fast alle den Gorilla bzw. den Menschen im Fellgewand, wie er seelenruhig an den Spielern vorbeitrottet, sich auf halbem Weg dem Betrachter zuwendet, mit den Händen auf die Brust trommelt und weiterbummelt – fünf Sekunden lang. Die „blinden“ Beobachter hatten die Figur nicht wahrgenommen.

(nach: Werner Siefer: Wahrnehmung. Im Sog der Sinne; in: FOCUS Magazin, Nr. 9/2008)

4 Warum hatten die Probanden den Gorilla nicht wahrgenommen?

5 Was sagt uns dieses Experiment über die Art, wie wir unsere Umwelt wahrnehmen?

Was ich wahrnehme …

- hängt davon ab, was mich gerade interessiert.
- hängt davon ab, was ich erwarte.
- hängt davon ab, in welcher Stimmung ich bin.

6 Findet Beispiele für die drei Aussagen.

7 Wovon hängt das, was ich gerade wahrnehme, noch ab? Ergänze die Aufzählung oben.

Ohne Zweifel, oder?

Kann ich ernsthaft bezweifeln, dass ich jetzt an einem Tisch sitze und dies schreibe, dass ich einen Bleistift in der Hand halte und dass ein Schreibblock vor mir liegt, auf den ich schon ein paar Notizen gemacht habe? Ähnlich kann ich doch nicht ernsthaft bezweifeln, dass ich in Deutschland und nicht in China bin. Es gibt wohl ein paar unstrittige Fälle von Erkenntnis, durch die wir den Begriff der Erkenntnis bilden können. Ohne die zweifelsfreien Fälle hätten wir überhaupt keine Vorstellung von Erkenntnis und nichts, womit wir die fragwürdigeren Fälle vergleichen könnten.

(nach: Nigel Warburton: Was können wir wissen, was dürfen wir tun?, Rowohlt, Hamburg 1998, S. 110)

8 Welches sind für dich Erkenntnisse, bei denen du ohne jeden Zweifel sicher bist? Tauscht euch darüber aus.

Optische Täuschungen

Das Sehen ist eines der wichtigsten Mittel, Informationen aus der Welt, die uns umgibt, zu erhalten. Häufig kommt es zu Fehlern der Wahrnehmung, den sogenannten optischen Täuschungen. Wir nehmen etwas wahr, das in Wirklichkeit gar nicht existiert.

Optische Täuschungen mit Linien

9 Sind die Linien parallel?

10 Welche Linie ist länger?

11 Was stimmt an dem Dreieck nicht?

12 Was ist das Verwirrende an den drei Bildern?

13 Wie erklärt ihr euch jeweils die Täuschung?

14 Wie sicher sind unsere optischen Wahrnehmungen? Können wir unserem Auge trauen? Diskutiert darüber anhand von Beispielen.

Warum eigentlich?

Warum macht es uns Spaß, solche Verwirrbilder anzuschauen?

Projektvorschlag

Dem Problem, ob und inwieweit unsere Sinneswahrnehmungen wahre Erkenntnisse liefern, könnt ihr fächerübergreifend in der Physik, der Biologie oder der Kunst nachgehen. Dokumentiert eure Ergebnisse auf einem Lernplakat oder veröffentlicht sie in eurer Schulzeitung oder im Internet.

2| Erfahrung als Quelle der Erkenntnis

Wie erkennen wir die Welt? Woraus schöpfen wir unsere Erkenntnisse? Stimmen unsere Vorstellungen mit der Wirklichkeit überein? Wie kommen unsere Vorstellungen überhaupt zustande und wie sicher sind sie? – Solche Fragen haben die Philosophen von Anfang an beschäftigt.

1 Durch welche Sinnesorgane sammeln wir unsere Erfahrungen? – Welcher „Sinn" (sehen/hören/schmecken/riechen/tasten) ist für dich persönlich besonders wichtig?

Durch eine andere Brille sehen

Wie würdest du einem Menschen, der von Geburt an blind ist, die Farbe einer Banane begreiflich machen? Führt dazu ein Partnergespräch. Einem Partner werden die Augen verbunden. Der andere beschreibt.

John Locke: Woher kommen unsere Erkenntnisse?

Der englische Philosoph John Locke (1632–1704) hat das Nachdenken über den Ursprung und die Sicherheit unserer Erkenntnisse durch seine Lehre stark beeinflusst.

Nehmen wir an, wir könnten in unserer Philosophiestunde ein Interview mit ihm führen und ihm die Gelegenheit geben, seine Gedanken uns zu erläutern, indem er auf unsere Fragen antwortet.

Die Philosophielehrerin begrüßt ihn und hat eine erste Bitte:

Herr Locke, ich möchte Sie bitten, uns den Kerngedanken ihrer Lehre über die menschliche Erkenntnis kurz darzulegen.

LOCKE: Ich will es versuchen! Eigentlich ist es ganz einfach, wenn man auf den ersten Schritt, den ich mache, achtet: Ich sage: Der menschliche Geist ist bei Geburt eine tabula rasa!

LENI: Tabula rasa bedeutet so viel wie unbeschriebenes Blatt. Stimmt das?

LOCKE: Genau! Der Geist ist leer, ist ein unbeschriebenes Blatt. So wie das weiße Blatt keine Buchstaben hat, so hat unser Geist keinen Inhalt.

ALI: Okay! Aber wie geht es dann weiter: Wie füllt sich der Geist mit Wissen und Erkenntnissen? Wie stellen Sie sich das vor?

LOCKE: Ja, und das ist jetzt ganz wichtig und eigentlich die Hauptthese meiner Lehre: Diese Inhalte, nach denen du fragst, stammen alle ohne Ausnahme aus der Erfahrung. Das griechische Wort für Erfahrung heißt Empirie. Daher bezeichnet man meine Lehre als Empirismus und mich als Empirist.

AISCHA: So weit, so gut. Aber was verstehen Sie genau unter Erfahrung?

LOCKE: Ich unterteile diesen zentralen Begriff in zwei Bereiche. Einmal bezieht sich unsere Erfahrung auf die Sinneswahrnehmung, zum anderen auf die Selbstwahrnehmung. Ich unterscheide also zwischen einer äußeren Erfahrung und einer inneren Erfahrung. Die äußere Erfahrung gewinnen wir durch unsere Sinne: durch das Sehen, Hören, Riechen, Schmecken oder Fühlen (Tasten). Die andere, innere Quelle der Erfahrung sind die Tätigkeiten unseres Geistes. Dabei handelt es sich um das Denken, Zweifeln oder Glauben. Der Geist hat nicht den leisesten Schimmer von irgendwelchen Erkenntnissen, wenn er sie nicht aus einer dieser beiden Quellen der Erfahrung empfängt.

SVEN: Alle unsere Erkenntnisse auf die Erfahrung zu gründen ist zwar ein einfacher, aber irgendwie ganz guter Gedanke. Die Gefahr, sich in irgendwelchen Hirngespinsten zu verrennen, ist hier klein, meine ich wenigstens. Ein

Empirist steht schließlich mit beiden Beinen auf dem Boden.

LOCKE: Ja, das versuche ich zumindest mit meiner Lehre. *Die Lehrerin beschließt das Gespräch und bedankt sich bei Locke, der freundlich lächelnd den Klassenraum verlässt.*

2 Lest das Interview mit verteilten Rollen.

3 Was habt ihr von den Ausführungen Lockes nicht verstanden? Welche weiteren Fragen hättet ihr gestellt? – Sprecht darüber und versucht, sie gemeinsam zu beantworten.

4 Schreibt mit eigenen Worten einen Artikel für ein Schülerlexikon über den „Empirismus".

Nur die Erfahrung zählt!

Sehen wir die Bibliotheken durch, welche Verwüstungen müssen wir da nicht anrichten? Greifen wir irgendeinen Band heraus, so sollten wir fragen: Enthält er irgendeinen auf Erfahrung gestützten Gedankengang über Tatsachen und Dasein? Nein. Nun, so werft ihn weg, denn er kann nichts als Blendwerk und Täuschung enthalten.

(nach: David Hume, engl. Philosoph und Empirist, 1711–1776; zit. nach: Herbert Schnädelbach: Erkenntnistheorie, Junius, Hamburg 2002, S. 121)

5 Wie findet ihr die Aufforderung David Humes? Begründet eure Meinung.

Achtung! Gefährliche Schlüsse …

Ist es richtig, von Einzelfällen, die uns in der Erfahrung vorliegen, auf einen allgemeinen Grundsatz oder ein allgemeines Gesetz zu schließen?

Beispiel:
(1) Prämisse: Alle Philosophen, von denen wir bis heute gehört haben, sind gestorben.
(2) Schluss (Konklusion): Alle Philosophen sind sterblich.

Erkläre es mir – Was heißt Induktion?

Man bezeichnet logische Schlüsse vom Besonderen zum Allgemeinen als Induktion. Wenn die Prämisse stimmt, so ist es noch lange nicht gesagt, dass auch die Konklusion stimmt, da hier von besonderen Einzelfällen auf allgemeingültige Aussagen geschlossen wird. Der Schluss eines induktiven Arguments geht über den Gehalt der Prämisse hinaus. Um bei dem Beispiel oben zu bleiben: Es ist grundsätzlich rein logisch nicht auszuschließen, dass es in Zukunft einen Philosophen geben könnte, der nicht stirbt. Induktive Schlüsse sind also bloße Hypothesen (Annahmen). Sie müssen stets überprüft und, wenn erforderlich, korrigiert werden. Vorurteile sind logisch gesehen immer unzulässige Verallgemeinerungen.

6 Findet und erörtert weitere Beispiele aus eurem Erfahrungsbereich.

7 Untersucht die Gefährlichkeit von induktiven Schlüssen.

Vom Besonderen zum Allgemeinen, z. B.:

Prämisse, auf Erfahrung gestützt: Hermann ist ein Fisch und lebt im Wasser.
Schluss, Verallgemeinerung: Alle Fische leben im Wasser.

Prämisse: Ich kenne nur unsportliche Franzosen.
Schluss: Alle Franzosen sind unsportlich.

Prämisse: Ich kenne zwei Australier, die gewalttätig sind.
Schluss: Alle Australier sind gewalttätig.

8 In welchen Beispielen hat die Verallgemeinerung schlimme Folgen?

- Zum Problem der Verallgemeinerung siehe auch das Kapitel „Vorurteil – Urteil – Wissen", S. 170.

Warum eigentlich?

Warum verallgemeinern wir so gerne?

3 | Vom Zweifel zur Gewissheit?

1. Woran zweifelst du häufig? – Was bezweifelst du nicht, sondern bist dir dessen ganz sicher?

2. Jeder sagt einen Satz, von dem er/sie sicher ist, dass er wahr ist. Die anderen versuchen, ihn jeweils zu widerlegen.

3. Wie gehst du mit deinen Zweifeln um? Sind sie für dich eher lästig oder eher nützlich? Diskutiert darüber.

Woran man zweifeln* kann ...

René Descartes (1590–1650) war Philosoph und Mathematiker.

René Descartes hat sich ein ehrgeiziges Ziel gesteckt: Er will durch eigenes Nachdenken zu einer unerschütterlichen Gewissheit über sich und die Welt um ihn herum vorstoßen.

„Alles, was ich bisher am ehesten für wahr gehalten habe, verdanke ich den Sinnen. Nun aber bin ich dahintergekommen, dass diese uns bisweilen täuschen, und es ist ein Gebot der Klugheit, denen niemals ganz zu trauen, die uns auch nur einmal getäuscht haben.

Mögen uns die Sinne auch täuschen, so gibt es doch sehr vieles andere, woran man nicht zweifeln kann; so z. B. dass ich jetzt hier bin, dass ich in meinem Wintermantel am Kamin sitze, dass ich dieses Papier mit den Händen betaste und Ähnliches.

Aber Halt! Bin ich denn nicht ein Mensch, der nachts schläft und dann alles das, und oft noch viel Unglaublicheres, im Traum erlebt. Wie oft glaube ich nachts im Traum hier zu sein, den Mantel anzuhaben und am Ofen zu sitzen – und dabei liege ich entkleidet im Bett.

Während ich genauer darüber nachdenke, wird mir ganz klar, dass nie durch sichere Merkmale der Schlaf vom Wachen unterschieden werden kann. Dies macht mich so stutzig, dass ich fast glaube, ich träume.

Ich muss schließlich eingestehen, dass man an allem, was ich einst für wahr hielt, zweifeln kann. Und so bin ich davon überzeugt, es gebe in Wirklichkeit gar nichts in der Welt, keinen Himmel, keine Erde, keine Körper: Also bin auch ich nicht wirklich da?“

(nach: René Descartes: Meditationen über die Grundlagen der Philosophie, Felix Meiner Verlag, Hamburg 1993, S. 15 ff.)

4. Hast du auch schon einen Traum gehabt, der dir völlig wirklich vorkam? Wie hast du dich dabei gefühlt? Welche Gedanken gingen dir durch den Kopf?

5. Stelle die Argumentationsschritte von Descartes dar. Welche Rolle spielt dabei der Zweifel?

„Cogito, ergo sum“ als unerschütterliche Gewissheit

In „Sofies Welt“, einem Roman über die Geschichte der Philosophie von Jostein Gaarder, unterhalten sich Sofie und Alberto über Descartes und seinen Versuch, zu absolut sicheren Erkenntnissen zu gelangen.

SOFIE: Descartes wollte vor allem sichere, d. h. wahre Erkenntnisse von der Welt bekommen. Er stellt als Erstes klar, dass wir zunächst an allem zweifeln müssen. Er wollte sein philosophisches System nämlich nicht auf Sand bauen.

ALBERTO: Danke für diese Hilfe, Sofie. Seine Zweifel gehen noch tiefer. Wir können nicht einmal dem vertrauen, was unsere Sinne uns erzählen. Vielleicht werden wir von ihnen zum Narren gehalten. Er ist schließlich zu der Erkenntnis gekommen: Es gibt eine Tatsache, deren er sich ganz sicher sein kann, nämlich: dass er zweifelt. Aber wenn er zweifelt, muss auch feststehen, dass er denkt, und wenn er denkt, dann muss feststehen, dass er ein denkendes Wesen ist. Oder, wie er selber sagt: „Cogito, ergo sum.“ Und das bedeutet? „Ich denke, also bin ich." Es überrascht mich gar nicht besonders, dass er zu diesem Schluss gekommen ist.

(nach: Jostein Gaarder: Sofies Welt. Roman über die Geschichte der Philosophie, Carl Hanser Verlag, München 1993, S. 282 f.)

6 Erläutere die einzelnen Schritte, wie Descartes vom allgemeinen Zweifel zu einer unumstößlichen Gewissheit gelangt.

7 „Ich denke, also bin ich" – Ist dies ein überzeugender Schluss? Tauscht euch in Partnerarbeit aus.

8 Verfasst einen Brief an Descartes, in dem ihr das, was euch an dem Satz überzeugt, und das, was ihr nicht verstanden habt oder womit ihr nicht einverstanden seid, zum Ausdruck bringt.

9 Wie wird in der Karikatur der Zweifel dargestellt? – Wäre Descartes wohl mit dieser Darstellung einverstanden?

fig. 76

10 Mit welchem Bild, mit welcher Zeichnung würdet ihr versuchen, den Zweifel zu veranschaulichen?

Vier Regeln des methodischen Vorgehens

Um zu sicheren Erkenntnissen zu gelangen, muss man sich nach Descartes an gewisse Regeln halten. Dieses methodische Regelwerk ist eine Leistung der Vernunft. Auf die Sinne, die uns häufig täuschen, können wir uns dabei nicht verlassen.

„**Die erste** besagt, niemals eine Sache als wahr anzuerkennen, von der ich nicht klar erkenne, dass sie wahr ist: d. h. Übereilung und Vorurteile sorgfältig zu meiden und über nichts zu urteilen, was sich meinem Denken nicht so klar und deutlich darstellte, dass ich keinen Anlass hätte, daran zu zweifeln.

Die zweite, jedes Problem, das ich untersuchen würde, in so viele Teile zu teilen, wie es angeht und wie es nötig ist, um es leichter zu lösen.

Die dritte, in der gehörigen Ordnung zu denken, d. h. mit den einfachsten und am leichtesten zu durchschauenden Dingen zu beginnen, um so nach und nach, gleichsam über Stufen, bis zur Erkenntnis der zusammengesetztesten aufzusteigen.

Die letzte, überall so vollständige Aufzählungen und so allgemeine Übersichten aufzustellen, dass ich sicher wäre, nichts zu vergessen."

(nach: René Descartes: Von der Methode des richtigen Vernunftgebrauchs und der wissenschaftlichen Forschung, übers. und hg. von Lüder Gäbe, Meiner Verlag, Hamburg 1997, S. 31 f.)

11 Welche der Regeln ist für ein klares Denken besonders wichtig? Warum?

12 Welche der Regeln könnt ihr z. B. für das Schreiben eines Aufsatzes oder das Lösen einer Mathematikaufgabe anwenden?

Erkläre es mir – Rationalismus

Man kann die Philosophie von Descartes als Rationalismus (lat.: ratio = Vernunft, Denken) bezeichnen. Im Zentrum seines Gedankengebäudes steht die Annahme: „Alles, was ich über mich und die Welt weiß, weiß ich nicht durch meine Sinne. Es ist einzig und allein mein Denken, meine Vernunft, die als zuverlässige Quelle meiner Erkenntnisse infrage kommt."

4| Wer hat recht – Der Rationalist oder der Empirist?

Wer spielt beim Erkennen eine wichtigere Rolle – die Sinne oder der Verstand? Oder ist es gar so, dass beide gleich wichtig sind, wenn wir zu sicheren Erkenntnissen kommen wollen? Die nachfolgende Bildbetrachtung kann uns einen ersten Hinweis liefern.

1 Betrachtet das Bild von Paul Klee. Was seht ihr darin? Sammelt eure spontanen Einfälle an der Tafel.

2 Schau den Titel des Bildes nach (S. 190). Betrachte dann das Bild noch einmal. Wie hat sich deine Wahrnehmung durch die Information verändert? Versucht, die Veränderung zu erklären.

Die Welt, wie wir sie sehen – nur eine Illusion?

Die Farbwahrnehmung „grün" ist eine Interpretation unseres Hirns. Bäume sind nicht grün. Sie sind so wenig grün wie Säuren sauer, Rosenduft lieblich oder Töne hoch sind.

(nach: Lutz Jäger: Die Welt, wie wir sie sehen – nur eine Illusion?; in: Ethik & Unterricht 3/06, Friedrich Verlag, Velber 2006, S. 11–15)

3 Sind Bäume tatsächlich nicht grün? – Was sagt der Text dazu? Wie denkst du darüber?

4 Erkundige dich beim Biologielehrer/bei der Biologielehrerin oder recherchiere im Internet, wie es zur Farbwahrnehmung kommt.

Leere Gedanken, blinde Anschauungen

Gedanken ohne Inhalt sind leer, Anschauungen ohne Begriffe sind blind. Der Verstand vermag nichts anzuschauen, und die Sinne nichts zu denken. Nur daraus, dass sie sich vereinigen, kann Erkenntnis entspringen.

(nach: Immanuel Kant: Kritik der reinen Vernunft; in: Werke in sechs Bänden, hg. von Wilhelm Weischedel, Band II, Wissenschaftliche Buchgesellschaft, Darmstadt 1998, S. 98)

5 Aus welchen Quellen entspringt nach Kant unser Erkennen? Versucht, mit seiner Aussage eure Erfahrungen bei der Interpretation des Bildes zu erklären.

Ein Gespräch mit dem Philosophen Kant im Rahmen einer Radiosendung „Philoaktuell" ...

MODERATOR: Herr Kant, Ihr Hauptinteresse gilt dem menschlichen Erkennen. Sie fragen, wie sichere und wahre Erkenntnisse gewonnen werden können. Könnten Sie uns kurz ihre Lehre erläutern?

KANT: Ich will es in wenigen Worten versuchen. – Frühere Philosophen meinten, dass sich beim Erkennen unser Verstand dem zu erkennenden Gegenstand anpasse.

Wenn in unserem Hirn ein getreues Abbild des Gegenstandes entsteht, haben wir ihn erkannt. Ich bin da ganz anderer Meinung: Nicht unser Verstand muss sich nach dem zu erkennenden Gegenstand richten, sondern der Gegenstand muss sich nach unserem Verstand richten. Ich

habe also das Verhältnis zwischen Verstand und Gegenstand auf den Kopf gestellt.

MODERATOR: Ist das dann die sogenannte kopernikanische Wende in der Philosophie?

KANT: Jawohl, das ist sie. Kopernikus hatte nämlich die revolutionäre Idee, dass nicht die Sonne sich um die Erde, sondern genau umgekehrt die Erde mit den Menschen sich um die Sonne dreht.

MODERATOR: Okay, so weit, so gut. Aber was heißt es denn, dass der Gegenstand, also die Welt da draußen, sich nach unserem Verstand richtet? Das hört sich doch recht komisch an, oder?

KANT: Ich will damit sagen, dass die Art und Weise, wie wir unsere Welt erkennen, nicht bloß von den Objekten da draußen abhängt, sondern entscheidend geprägt ist von unserem Verstand. Auf dessen besondere Art, die Gegenstände wahrzunehmen und mit Begriffen zu belegen, kommt es mir an.

MODERATOR: Das hört sich recht kompliziert an. Könnten Sie uns ein Beispiel geben?

KANT: Ein anschauliches Beispiel stammt von dem Dichter Heinrich von Kleist in einem Brief an seine Verlobte Wilhelmine. Er stellt sich vor, dass alle Menschen statt der Augen grüne Gläser hätten. Sie würden dann z. B. eine weiße Wand grün sehen. Die Tatsache, dass sie die Wand als grün sehen, liegt aber nicht an der Wand, sondern an ihrem Erkenntnisapparat, ihrem Verstand also. Kleist will offensichtlich sagen, dass die Art, wie wir unsere Welt erkennen, stets von unserem Verstand bestimmt ist. Und so sehe ich das auch!

MODERATOR: Irgendwie leuchtet das ja schon ein. Aber ich möchte noch einmal auf den Streit zwischen Rationalisten und Empiristen* zurückkommen. Die Empiristen behaupten ja, unsere Erkenntnisse entstammen ausschließlich der sinnlichen Erfahrung, die Rationalisten halten dagegen die Rolle des Verstandes im Erkenntnisprozess für besonders wichtig. Wie ist da Ihre Meinung?

KANT: Ich habe versucht, diesem Streit ein Ende zu machen. Beide haben nämlich recht und unrecht. Alle unsere Erkenntnisse fangen mit der Erfahrung an – das ist ein erster unverzichtbarer Schritt. Sie entspringen jedoch nicht allein der Erfahrung, denn keine Erkenntnisse kommen ohne Verstandesbegriffe aus. Beide müssen also zusammenarbeiten: die Sinne und der Verstand.

MODERATOR: Das war ein vortreffliches Schlusswort. Herzlichen Dank, Herr Kant!

6 Kant sagt, dass unsere Erkenntnisse aus zwei Quellen stammen:

der Sinneswahrnehmung → ERKENNEN ← **der Verstandestätigkeit**

der Sinneswahrnehmung		der Verstandestätigkeit
…		…
…		…
	ERKENNEN	

Übertragt das Schema in euer Heft. Vervollständigt es mit den im Text formulierten Aussagen über die Rolle der Sinne bzw. des Verstandes.

7 Die Philosophie Kants wird allgemein als „kopernikanische Wende“ bezeichnet. Was ist damit gemeint?

8 Was findet ihr an der Lehre Kants überzeugend? Was überzeugt euch weniger? Was habt ihr noch nicht so richtig verstanden? – Diskutiert darüber.

9 Inszeniert eine Podiumsdiskussion mit Descartes, Locke und Kant zum Thema „Wie kommen wir zu sicheren Erkenntnissen?“.

So geht es – Eine Podiumsdiskussion führen

- Erarbeitet zunächst in Gruppen eine kurze Darstellung der Lehren von Descartes, Locke und Kant zu einem ausgewählten Thema.
- Eine Gruppe bereitet die Moderation der Diskussion vor, indem sie Fragen an die Teilnehmer sammelt.
- Jede Gruppe bestimmt dann eine/n Vertreter/in für die Diskussion auf dem Podium.
- Der/die Moderator/in stellt Fragen an die Diskussionsteilnehmer.
- Die übrigen Gruppenmitglieder hören zu und können Fragen und Diskussionsbeiträge beisteuern.

Was du weißt und kannst

Seite 188:
Der Titel des Bildes von Paul Klee lautet „Garten am Bach" (1927).

1. Mit dem Verstand allein erkennen wir

Nehmen wir z. B. dieses Stück Bienenwachs. Es ist ganz frisch aus Honigscheiben gewonnen worden. Noch hat es nicht allen Honiggeschmack verloren. Ein wenig hat es auch noch von dem Duft der Blumen, aus denen es gesammelt wurde. Seine Farbe, seine Gestalt, seine Größe liegen offen zutage. Es ist hart, kalt, man kann es leicht anfassen, und wenn man mit dem Knöchel darauf klopft, gibt es einen Ton von sich. Kurz, alles ist ihm eigen, was zur ganz deutlichen Erkenntnis eines Körpers erforderlich erscheint. Doch sieh da, während ich rede, kommt es dem Feuer nahe; der Rest des Geschmacks vergeht; sein Duft verflüchtigt sich; seine Farbe ändert sich; seine Form verschwindet. Es nimmt zu an Größe, wird flüssig, wird heiß, kaum kann man es noch anfassen, und schlägt man darauf, so gibt es keinen Ton mehr. Bleibt es nun noch dasselbe Stück Wachs? Man muss es zugeben, niemand leugnet es, niemand ist anderer Meinung. Was an ihm also war es, das man so deutlich erkannte? Sicherlich nichts von dem, was im Bereich der Sinne lag; denn alles, was unter den Geschmack, den Geruch, das Gesicht, das Gefühl oder das Gehör fiel, ist ja jetzt verändert; das Stück Wachs aber bleibt. Aber warum? Es bleibt mir also nichts übrig, als zuzugeben, dass ich, was das Wachs ist, mir gar nicht bildlich ausmalen, sondern nur denkend begreifen kann. Was aber ist dieses Wachs, das sich nur denkend begreifen lässt? Nun, dasselbe, das ich sehe, das ich betaste, das ich mir bildlich vorstelle; aber seine Erkenntnis ist nicht Sehen, nicht Berühren, nicht Einbilden, sondern sie ist eine Einsicht einzig und allein des Verstandes.

(nach: René Descartes: Meditationen über die Grundlagen der Philosophie, 2. Meditation, Felix Meiner Verlag, Hamburg 1994, S. 53 f.)

a) Charakterisiert anhand des Textes die Lehre Descartes' von der menschlichen Erkenntnis.

b) Stellt die rationalistische Lehre der Erkenntnis der empiristischen gegenüber. Wo liegen die wesentlichen Unterschiede?

2. Klarheit im Denken und Reden

Doch die Suche nach Wahrheit ist nur dann möglich, wenn wir klar und einfach reden. In meinen Augen ist das Streben nach Einfachheit und Durchsichtigkeit eine moralische Pflicht aller Intellektuellen: Mangel an Klarheit ist eine Sünde, Aufgeblasenheit ein Verbrechen. [...] Oft können wir diesen Forderungen nicht gerecht werden und drücken uns nicht klar und verständlich aus, aber das zeigt nur, dass wir alle noch keine richtigen Philosophen sind.

(nach: Karl Popper: Objektive Erkenntnis, Hoffmann und Campe, Hamburg 1973, S. 57, S. 68–70 (Auszüge))

Vergleicht den Text von Popper mit den Methoden-Regeln von Descartes. Wo seht ihr Ähnlichkeiten, wo Unterschiede?

3. Wie kommen wir zu sicheren Erkenntnissen?

Schreibe einen Brief an Descartes über den Zweifel, indem du die Buchstaben als Satzanfänge verwendest.

V erehrter Herr Descartes!
E
R
S
T
A
N
D

4. Was wir unter Empirismus verstehen ...

Ein Empiriker leitet alles Wissen von dem ab, was die Sinne uns sagen. Wenn ich also sage oder behaupte, alle Frösche sind grün, so stimmt diese Aussage nur dann, wenn ich bisher nur grüne und keinen nicht-grünen Frosch mit meinen eigenen __________ gesehen habe. In unserem Denken und Bewusstsein gibt es nichts, das nicht zuvor in den Sinnen gewesen ist. Die Ansicht ist eine klare Kritik an __________. Wörter wie __________ oder „Ewigkeit“, die wir nicht sinnlich erfahren können, machen für den Empiriker keinen Sinn. Sie sind völlig __________. Wir sehen die Welt um uns herum, wir riechen, schmecken, fühlen und hören. Diese __________ bilden unsere Erfahrungen. Aber der __________ nimmt diese äußeren Eindrücke nicht nur __________ auf. Er tut etwas, er verarbeitet und __________ sie durch Nachdenken, Überlegen und __________. Locke unterscheidet zwischen den „Eindrücken“ und der __________.

a) Fülle die Lücken in deinem Heft mit folgenden Wörtern: Reflexion – Descartes – Verstand – Gott – leer – passiv – ordnet – Zweifeln – Sinneseindrücke – Augen

b) Halte ein Plädoyer vor der Klasse für oder gegen den Empirismus. Mache dir dazu auf einem Spickzettel ein paar Notizen.

5. Begriffe und Anschauungen ...

Was ist Kniga?

Sophie: Gedanken ohne Inhalte sind leer?

Kant: Sprechen Sie Russisch?

Sophie: Nein, leider nicht.

Kant: Gut. Nehmen wir den Begriff „kniga“. Sagt Ihnen das Wort etwas?

Sophie: Nichts.

Kant: Es entsteht kein Bild in Ihrer Vorstellung?

Sophie schüttelt den Kopf.

Kant: „Kniga“ heißt Buch auf Russisch. Erst dieser Hinweis füllt den Begriff mit der Vorstellung des Buches aus, das Sie aufschlagen, umblättern und lesen können.

Sophie: Und Anschauungen ohne Begriffe sind blind?

Kant: Was halten Sie in Ihrer rechten Hand?

Sophie: Einen Kugelschreiber.

Kant: Eine Kugel, die schreibt? Faselei! Das gibt es nicht.

Sophie: Äh dann ... ein Schreibgerät.

Kant: Jetzt verstehe ich erst. Die Anschauung dieses Dings ist für mich ein undefinierbarer Gegenstand, eine blinde Anschauung. Just, da Sie sagen, das sei zum Schreiben, obgleich keine Feder drin ist, just, da Sie den Begriff Schreibgerät einführen, ergibt die Anschauung dieses Begriffs für mich einen Sinn.

(www.br-online.de, 28.12.2007)

a) Gedanken sind ohne Inhalt leer. Und Anschauungen sind ohne Begriffe blind. – Erläutert diese beiden Sätze anhand des Gesprächs zwischen Kant und Sophie.

b) Führt den Dialog mit weiteren Beispielen fort.

6. Rationalismus – Empirismus

a) Fasst in Gruppenarbeit zusammen, was ihr unter „Rationalismus“ bzw. „Empirismus“ als die Quellen der Erkenntnis versteht.

b) Fertigt dazu zwei Lernplakate an:
- *Sucht Textzitate, mit denen ihr die zentralen Punkte belegen könnt.*
- *Hebt diese optisch durch Schriftgröße, Farben, Formen (Rechtecke oder Kreise) hervor. Ihr könnt auch Bilder oder Skizzen zur Veranschaulichung verwenden.*
- *Formuliert am Schluss, was ihr an den beiden Theorien gut oder auch weniger überzeugend findet.*
- *Stellt eure Plakate der Klasse vor und diskutiert darüber, welches ihr, was Aufbau und Verständlichkeit betrifft, für besonders gelungen haltet.*

Blick zurück

- *Schreibe auf, was du zum Thema „Quellen der Erkenntnis“ Neues erfahren hast und was dich besonders beeindruckt hat.*
- *Was ist dir schwergefallen?*
- *Womit würdest du dich gerne weiter beschäftigen?*

Sterben und Tod

„Nichts ist gewisser als der Tod – nichts ist ungewisser als die Stunde des Todes."
(Anselm von Canterbury, Philosoph, um 1033–1109)

„Es nimmt der Augenblick, was Jahre geben."
(Johann Wolfgang Goethe, dt. Schriftsteller, 1749–1832)

„Der Tod ist kein Unglück für den, der stirbt, sondern für den, der überlebt."
(Karl Marx, dt. Philosoph u. Ökonom, 1818–1883)

„So ist also der Tod, das schrecklichste aller Übel, für uns ein Nichts. Solange wir da sind, ist er nicht da, und wenn er da ist, sind wir nicht mehr."
(Epikur, griech. Philosoph, um 341–271/270 v. Chr.; aus: Epikur: Ausgewählte Schriften. Übersetzt und herausgegeben von Christof Rapp, 1. Auflage, Kröner, Stuttgart 2010)

„So weiß niemand vom Tod, ob er nicht vielleicht das größte aller Güter für den Menschen ist. Und doch fürchtet man sich vor ihm, als ob man genau wüsste, dass er das größte aller Übel ist."
(Platon, griech. Philosoph, 428/429 v. Chr. – 348/347 v. Chr.; aus: Platon: Apologie des Sokrates, übers. von Rafael Ferber, C. H. Beck, München 2011)

„Der Mensch rechnet mit der Unsterblichkeit und vergisst, mit dem Tod zu rechnen."
(Milan Kundera, tschech. Schriftsteller, geb. 1929)

1. Stell dir vor, du sitzt neben der alten Frau auf der Bank. Worüber könntest du mit ihr sprechen? Was könnte sie dir erzählen? Was würdest du sie gerne fragen? Protokolliere stichwortartig einen möglichen Gesprächsverlauf.
2. Wählt einzelne Zitate aus, verteilt sie auf Kleingruppen, erklärt die jeweiligen Aussagen an konkreten Beispielen und untersucht, ob sie für die heutige Zeit noch zutreffen.
3. „Was interessieren mich Sterben und Tod? Ich bin jung und möchte leben!" – Nehmt Stellung zu dieser Aussage.
4. Über Sterben und Tod spricht man nicht gern. Geht das euch auch so? Berichtet von euren Erfahrungen.

Mascha Kaléko

Memento

Vor meinem eignen Tod ist mir nicht bang,
Nur vor dem Tode derer, die mir nah sind.
Wie soll ich leben, wenn sie nicht mehr da sind?

Allein im Nebel tast ich todentlang
Und laß mich willig in das Dunkel treiben.
Das Gehen schmerzt nicht halb so wie das Bleiben.

Der weiß es wohl, dem gleiches widerfuhr;
– Und die es trugen, mögen mir vergeben.
Bedenkt: den eignen Tod, den stirbt man nur,
Doch mit dem Tod der andern muß man leben.

(Mascha Kaléko, Verse für Zeitgenossen
Erschienen 1958 im Rowohlt Verlag, Reinbek
© 2015 dtv Verlagsgesellschaft, München.
Aus lizenzrechtlichen Gründen folgt dieser Text nicht der reformierten Schreibweise.)

5 Notiert die Gedanken, die euch beim Betrachten der beiden Bilder auf dieser Seite einfallen.

6 „Memento" könnte man als Erinnerung übersetzen. An welche schmerzlichen Erfahrungen denkt Mascha Kaléko? Seid ihr mit ihrer Deutung einverstanden? Begründet eure Meinung dazu.

7 Formuliert zu „Sterben und Tod" Fragen und Probleme, die euch interessieren und über die ihr selbst noch sprechen möchtet. Bezieht auch Fragen mit ein, die öffentlich diskutiert werden.

1| Vom Umgang mit Sterben und Tod

Sterben und Tod begegnen

1 „Sterben und Tod“ – Welche Gedanken gehen dir dabei durch den Kopf?
Gestaltet dazu ein gemeinsames Bild nach folgender Anleitung:

So geht es – Zu einem Thema ein gemeinsames Bild gestalten

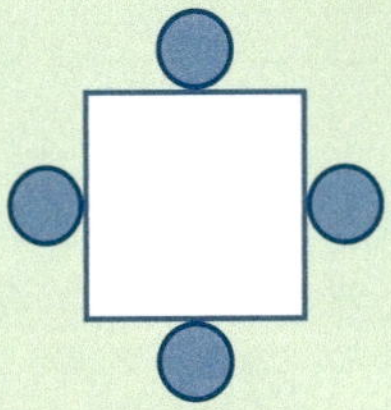

- Besorgt einen großen Bogen Papier, verschiedene Farben, Stifte, Marker usw.
- Setzt euch zu viert um euren Zeichenbogen.
- Gestaltet das Bild frei, ohne dabei zu sprechen. Ihr könnt schreiben, zeichnen, malen, farbig markieren usw. – nicht zu klein, der Bogen soll gemeinsam möglichst ganz ausgefüllt werden.
- Betrachtet nach ca. 10 Minuten gemeinsam die entstandenen Bilder und sprecht darüber. Jeder kann selbst entscheiden, wie viel er zu seinem Bild sagen möchte.

Mehr als 1 Million junger Menschen wollten am 24. Juli 2010 bei der Love-Parade in Duisburg eine ausgelassene Party feiern, als sie plötzlich Sterben und Tod begegneten. Bei einer Massenpanik in einem Tunnel mussten viele um ihr Leben kämpfen. Hunderte wurden schwer verletzt, 19 Besucher verloren ihr Leben.
Äußerungen von Teilnehmern: „Es war die Hölle, einfach nur entsetzlich.“
Reaktionen von Außenstehenden: „Wir sind fassungslos und bestürzt.“

2 Was meint ein Mensch, wenn er sagt: „Ich bin fassungslos“? Tauscht in Kleingruppen eure Gedanken dazu aus.

Sterben und Tod verdrängen?

„Was denken Menschen über Sterben und Tod?“
Aus Umfrageergebnissen:
Etwas weniger als die Hälfte aller Deutschen macht sich keine Gedanken über das eigene Sterben. Bei Jugendlichen ist der Anteil höher, aber selbst bei den über 60-Jährigen ist es noch mehr als ein Drittel. Insgesamt gibt ein Drittel der Befragten an, Sterben und Tod ganz zu verdrängen.
Bei Begegnungen und Gesprächen im persönlichen Umfeld spielt das Thema „Sterben und Tod“ – abgesehen von aktuellen Todesfällen – keine oder nur eine sehr geringe Rolle. Das gilt für zwei Drittel der Männer und etwas über 50 % der Frauen.
Etwa die Hälfte der Jugendlichen hat Angst vor dem Sterben. Oft geben sie als Grund an, dass sie nicht wissen, was nach dem Tod kommt. Bei den über 70-Jährigen hat nur etwa ein Viertel die gleichen Ängste.
Ganz anders sehen die Umfrageergebnisse aus, wenn es um die Bedeutung von „Sterben und Tod“ für Staat und Gesellschaft geht. Deutlich mehr als die Hälfte aller Befragten war der Meinung, dass sich die Gesellschaft zu wenig mit diesen Fragen beschäftigt.

3 Fasst die Ergebnisse dieser Umfrage in allgemeiner Form zusammen.

Warum eigentlich?

Warum verdrängen Menschen Sterben und Tod?

Lesetipp:
John Green: Das Schicksal ist ein mieser Verräter, Deutscher Taschenbuch Verlag, München 2014

Früher: Sterben und Tod gegenwärtig im Leben

In früheren Jahrhunderten hatten alle Menschen, auch Kinder, den Tod häufiger vor Augen. Die Gründe waren die geringere Lebenserwartung, viele unheilbare Krankheiten, die hohe Kinder- und Müttersterblichkeit, Seuchen, Hungersnot und Kriege.

4 Wie wirkt dieses Bild aus dem Jahr 1884 auf euch? Nehmt kritisch Stellung dazu.

5 Beschreibt es und versucht, Einzelheiten zu erklären.

Viel häufiger als heute fand Sterben und Tod im Kreis der Familie statt. Das Sterbezimmer war für den Sterbenden und die Angehörigen der Ort der letzten Begegnung, des Abschieds, und der Sterbende konnte noch die letzten Angelegenheiten regeln. In einer katholischen Familie besuchte der Pfarrer den Sterbenden und salbte ihn mit einem besonderen Öl, um so den Trost und die Hoffnung auf ein Weiterleben nach dem Tode zu stärken. Der Tod selbst war ein öffentliches Ereignis. Im Sterbezimmer wurden Kerzen angezündet, Blumen und Kränze wurden aufgestellt und das Läuten der Totenglocke der Kirche verkündete, was geschehen ist. Die Waschung, Einkleidung und Aufbahrung des Verstorbenen übernahmen oft Mitglieder der Familie oder Freunde. Angehörige wechselten sich ab in der Totenwache. Meist blieb der Tote bis zu drei Tage aufgebahrt, um Angehörigen, Freunden, Nachbarn und anderen die Gelegenheit zu geben, sich im Sterbezimmer zu versammeln und Abschied zu nehmen. Mit einem öffentlichen Leichenzug wurde der Tote vom Haus zur Kirche geleitet. Ein Ereignis, an dem oft das ganze Dorf teilnahm, um den Verstorbenen auf seinem letzten Weg zu begleiten.

6 Fasst die wichtigsten Aussagen des Textes stichwortartig zusammen.

Heute: Sterben und Tod am Rande des Lebens

Gerd Göckenjan, Professor für Gesundheitspolitik an der Universität Kassel, schreibt über das Sterben in unserer Gesellschaft:

Sterben ist heute ein allgegenwärtiges Geschehen, das sich in Institutionen und in kleinen Kreisen unmittelbar Betroffener leise und weitgehend unbemerkt für andere ereignet. [...] Wenn jemand im Sterben liegt, dringt das selten nach außen, ein eingetretener Todesfall ist kaum eine Information wert: keine Trauerbekleidung, keine Beerdigungsumzüge, kein Glockenläuten, keine Kondolenzpflichten. Abschiedsrituale sind auf das Nötigste und den kleinsten Kreis von Angehörigen beschränkt.
Sterben und Tod werden – so eine ältere, noch weitverbreitete Sichtweise – in der modernen Gesellschaft verdrängt und tabuisiert: eine zweifelhafte Diagnose. Richtiger ist, dass Sterben und Tod heute stärker als in der Vergangenheit private Ereignisse sind, die [...] keinen öffentlichen Pflichten unterliegen. Dieses Verständnis wird durch weitere soziale Umstände gestützt. Vor allem ist Sterben eine Angelegenheit der Alten und damit ein lange vorbereitetes und erwartetes Ereignis. Im hohen Alter sind die Beziehungsnetze ausgedünnt, auch das Verhältnis zu direkten Angehörigen ist gelockert, Verpflichtungen und Verantwortung gehen zurück oder werden nur noch eingeschränkt wahrgenommen. Und – die üblichen Sterbeorte sind Institutionen, Krankenhäuser und Heime. [...]

(Gerd Göckenjan: Sterben in unserer Gesellschaft; in: Politik und Zeitgeschichte (APuZ 4/2008))

7 Vergleicht mit dem vorigen Text und benennt stichwortartig einige Veränderungen, die Göckenjan beschreibt. Entsprechen sie euren Erfahrungen und Beobachtungen?

8 „Wenn ich einmal sterbe, dann möchte ich ..." – Vergleicht eure Aussagen und sprecht darüber.

2 | Was geschieht, wenn ein Mensch gestorben ist?

Abschied und Erinnerung

1. Beschreibt die Unterschiede der drei abgebildeten Bestattungsformen und vergleicht sie mit euren Vorstellungen von Abschied und Erinnerung.

2. Vereinbart einen Besuchstermin in einem Bestattungshaus in eurer Umgebung. Mögliche Themen: der Beruf des Bestatters, das Bestattungshaus, die verschiedenen Formen einer Bestattung, die Verpflichtungen der Hinterbliebenen, die Reaktionen der Menschen bei der Konfrontation mit dem Tod usw.

Es gibt zwei wichtige Bestattungsformen: die Erdbestattung und die Feuerbestattung. Zu einer Erdbestattung gehört das Begräbnis oder die Beerdigung und zu einer Feuerbestattung die Beisetzung der Urne. Es gibt viele Möglichkeiten, wie die Menschen mit der Asche verfahren können. Sie können sie z. B. auf einem Friedhof in einem Urnengrab beisetzen oder bei der Baumbestattung im Wurzelbereich eines Baumes. Das kann auch ein besonderer Platz in einem Friedwald sein. Es gibt auch ausgefallene Möglichkeiten wie die Diamantbestattung oder die Weltraumbestattung. Bei der Diamantbestattung entsteht durch hohen Druck aus der Asche ein „Erinnerungsdiamant“, der auch Substanzen des Verstorbenen enthält. Bei der Weltraumbestattung werden ein paar Gramm der Asche in den Weltraum transportiert. Die Wartezeiten dafür sind lang und die Kosten betragen mehr als 10 000 €.

3. Schildert den Ablauf einer Beerdigung, an der ihr selbst schon teilgenommen habt.

4. Erkundigt euch bei einem katholischen oder evangelischen Religionslehrer über den Ablauf einer christlichen Beerdigung. Berichtet darüber in der Ethikgruppe und erklärt auch den Sinn der einzelnen Handlungen.

Durch eine andere Brille sehen

a) Welche Vorstellungen und Motive haben Menschen, die z. B. die Asche unter Bäumen, auf einer Wiese oder im Meer verstreuen oder zu einem Diamant veredeln lassen?

b) Es gibt Menschen, die namenlos und anonym beerdigt werden wollen. Ihre Urne kommt dann zusammen mit anderen in ein anonymes Urnengrab. Denkt über mögliche Motive nach und bewertet sie.

5 Beerdigungen in Italien, Griechenland, der Türkei ...: Informiert euch darüber bei Mitschülerinnen und Mitschülern, die davon erzählen können.

Trauer und Trost

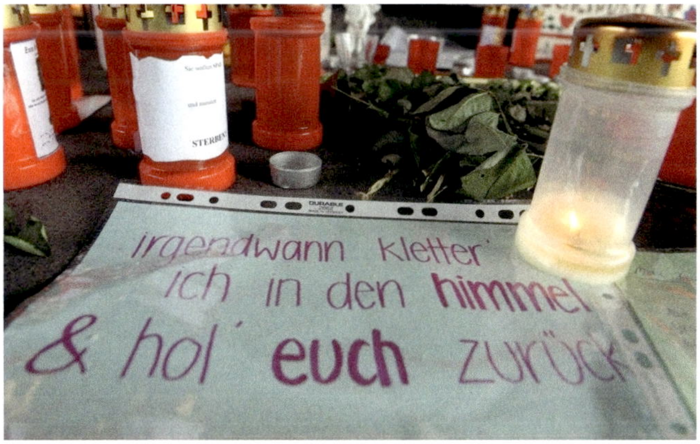

6 Stellt Vermutungen auf, was geschehen sein könnte und wer so seine Trauer zeigt. Was meint ihr dazu?

7 Denkt an Traueranlässe zurück, bei denen ihr dabei wart. Schildert dazu eure eigenen Trauergefühle und beschreibt euer Verhalten.

Ein geschmücktes hölzernes Kreuz an einer früheren Unfallstelle mit tödlichen Folgen an einer Landstraße. Unzählige sogenannte Straßenkreuze stehen zum Gedenken an Straßenrändern und sollen dabei an tödlich verunglückte Unfallopfer erinnern und mahnen.

8 Welche Motive haben Menschen, solche Unfallkreuze aufzustellen und sie oft jahrelang zu schmücken und zu pflegen?

Aus einem Unfallbericht zu einem tödlichen Absturz im Hochgebirge:

... die Rettungskräfte der Bergwacht riskierten ihr Leben, um den Verunglückten zu bergen ...

9 Nehmt Stellung zu dieser Aussage und überlegt dabei auch, warum es für manche Menschen ein unerträglicher Gedanke ist, jemand zu verlieren, ohne zu wissen, wo er begraben ist.

10 Welche Formulierungen für Sterben, Tod oder Trauer findet ihr in Todesanzeigen? Sucht euch Beispiele aus und nehmt Stellung dazu.

11 Ergänzt die folgenden Sätze und wertet sie aus:
– Getröstet hat mich, als (dass) ...
– Trost ist für mich, wenn ...

Durch eine andere Brille sehen

Gegenüber Trauernden die richtigen Worte zu finden ist oft schwer. Was könntest du machen, wenn du befürchtest, nicht das Richtige oder Passende zu sagen? Versetze dich in einen trauernden Menschen und überlege, auf welche Weise du ihn trösten könntest.

Aufgaben zur Auswahl

a) Notiere einige dir bekannte Beerdigungsrituale und schreibe dazu, ob und wozu man sie deiner Meinung nach braucht.

b) Fertige eine Zeichnung an oder entwirf ein Fotomotiv, das Trauer ausdrückt. Schreibe dazu, warum die einzelnen Bildelemente für dich wichtig sind.

c) „Trauern können ist keine Schwäche, sondern eine Stärke.“ Erläutere diesen Satz.

3 | Sterben in Würde?

Darüber wird diskutiert

Kein Sterbetourismus in die Schweiz und nach Holland

Sterben an der Hand, nicht durch die Hand

Bitte keine Schläuche!

Witwer klagt wegen Verweigerung der Todesdosis für seine schwerst leidende Frau

Sterbehilfeorganisation in der Kritik

Das Recht auf einen selbstbestimmten Tod?

Durchtrennung der Magensonde – Rechtsanwalt freigesprochen

1 Bildet Kleingruppen, teilt euch die Schlagzeilen aus aktuellen Sterbehilfediskussionen auf, betrachtet als Hilfestellung auch die folgenden Buchseiten und sprecht darüber:

- Um welchen Sachverhalt geht es eurer Vermutung nach bei der jeweiligen Aussage?
- Was wisst ihr darüber oder was habt ihr dazu schon gehört?
- Vertretet eure Einstellung dazu.

„Beim Sterben geht es um Respekt und Würde“

Aus einem Interview der Badischen Zeitung mit dem Arzt und Sterbebegleiter Jürgen Eisolt:

BZ: Herr Eisolt, hat Ihr Einsatz für die Hospizgruppe mit Ihrem Beruf zu tun?

Jürgen Eisolt: Ja. Ich habe als Assistenzarzt in Krankenhäusern viel unwürdiges Sterben gesehen. [...] Als ich 1990 von der Hospizbewegung hörte, habe ich mir vorgenommen, mich nach dem Ende meiner Berufstätigkeit dort zu engagieren.

Ich stehe heute nicht als Arzt am Sterbebett, sondern einfach nur als Mensch. Als Arzt habe ich um den Erhalt des Lebens gekämpft. Heute schaue ich passiv zu und begleite Menschen beim Sterben. Es geht um Respekt und Würde.

BZ: Sind Sie gegen die Apparatemedizin?

Eisolt: Ich bin dagegen, dass Leben künstlich verlängert wird. Viele Patienten haben sich selbst überlebt, weil sie durch moderne Intensivmedizin immer wieder zurückgeholt werden. Ich glaube, dass kein Mensch Opfer der Apparatemedizin werden möchte. [...] Der Sterbeprozess ist etwas ganz Natürliches und sollte durch medizinische Intervention möglichst wenig gestört werden. Dazu gehört auch der Verzicht auf den fast reflexartigen Einsatz von Sauerstoff [...].

BZ: Wird sich daran etwas ändern?

Eisolt: Ja. Aber nur, wenn Ärzte wieder lernen, den natürlichen Tod zu akzeptieren. Viele Ärzte haben wenig Kenntnis vom Sterbeprozess, weil sie nicht geschult werden. [...]

BZ: Haben Ärzte nicht auch oft einfach nur Angst, das Falsche zu tun?

Eisolt: Das stimmt. Sie müssen befürchten, wegen Unterlassung juristisch belangt zu werden. Auch Angehörige haben Angst, Entscheidungen treffen zu müssen. Deshalb ist es wichtig, sich selbst, Angehörige und Ärzte rechtlich abzusichern über Patienten- und Betreuungsverfügungen. [...]

(Sigrid Umiger; in: Badische Zeitung vom 20.01.2010)

2 Fasst zusammen, was Jürgen Eisolt unter Respekt und Würde beim Sterben versteht. Nehmt Stellung dazu.

Wie entscheiden?

Herr M., 66 Jahre alt, ist seit langem zuckerkrank. Als Folge der Krankheit ist er seit drei Jahren erblindet, und vor zwei Jahren wurde ihm das linke Bein amputiert. Er muss jede Woche dreimal zur Dialyse[1] und wegen lebensbedrohender

[1] Dialyse: Blutreinigung durch eine künstliche Niere

Durchblutungsstörungen wollen die Ärzte ihm auch das rechte Bein amputieren. Herr M. weigert sich und lehnt auch eine weitere Dialyse-Behandlung ab. Ärzte und Angehörige wollen ihn in den nächsten Tagen immer wieder zu einer Weiterbehandlung überreden. Herr M. bleibt bei seiner Entscheidung, die Ärzte respektieren sie und er stirbt kurze Zeit später.

Herr K. findet seine Frau, 62 Jahre alt, ohne Bewusstsein in der Wohnung. Sie wird in der Klinik sofort an eine Herz-Lungen-Maschine angeschlossen. Die Diagnose: Schlaganfall mit schweren Gehirnschädigungen. Es bestehen Chancen, dass sich die akute Lebensbedrohung abwenden lässt, aber es sind bleibende schwerste körperliche und geistige Behinderungen zu erwarten. Eine Weiterbehandlung überlassen die Ärzte der Entscheidung von Herrn K. Er ist der einzige Angehörige seiner Frau und er hat noch nie vorher mit ihr über so eine Situation gesprochen.

3 Welche Wertvorstellungen bestimmten das Geschehen und letztendlich die Entscheidung im Fall von Herrn M.? Beschreibt den Wertekonflikt, in dem sich Herr K. befindet, und diskutiert über beide Fallbeispiele.

Die Würde des Menschen und sein Recht auf Selbstbestimmung

Unter würdevollem Sterben versteht man:

- Anwendung aller lindernden Maßnahmen
- keine Leidensverlängerung durch Hightechmedizin
- Respekt vor der Selbstbestimmung gebrechlicher Menschen
- grundsätzliche Beachtung des Patientenwillens

4 Überlege für jeden der vier Punkte konkrete Beispiele.

5 In vielen Krankenhäusern gibt es Ethikräte* oder Ethikkommissionen. Fragt bei einem Krankenhaus in eurer Umgebung nach und vereinbart ggf. einen Gesprächstermin. Schreibt zuvor Fragen auf, die euch interessieren.

Erkläre es mir – Menschenwürde

Unter Menschenwürde versteht man den Wert und die Achtung, die einem Menschen allein wegen seines Menschseins zukommen. In der christlichen Lehre wird die Menschenwürde begründet mit der „Gottesebenbildlichkeit“, die aufgrund eines Schöpfungsaktes Gottes jedem Menschen zukommt. Der Philosoph Immanuel Kant (1724–1804) begründet die Menschenwürde mit der Vernunft, die den Menschen befähigt, moralisch zu urteilen und zu handeln.

Die Patientenverfügung

Mit einer Patientenverfügung kann ein Patient bestimmen, ob und in welchem Umfang medizinische Maßnahmen eingesetzt oder unterlassen werden, wenn er z. B. aufgrund einer Erkrankung oder eines plötzlichen Unglücksfalls nicht mehr in der Lage ist, eigenverantwortliche Entscheidungen zu treffen.

6 Unter dem Suchbegriff „Patientenverfügung“ findet ihr bei → **Internetrecherchen** eine Fülle von Ratgebern und Vordrucken. Fasst die Informationen in Form eines Referates zusammen.

7 Ein Arzt: „Ich lasse mich auf keinen Fall durch eine Patientenverfügung zwingen, die medizinische Grundversorgung zu verweigern.“ – Was könntet ihr diesem Arzt antworten?

Aufgaben zur Auswahl

a) Was würdest du in deine Patientenverfügung schreiben? Formuliere dazu einige Sätze, die für dich besonders wichtig sind.

b) Sollte sich ein Arzt unter allen Umständen an eine Patientenverfügung halten? Schreibe deine Meinung dazu auf und begründe sie.

c) „Statt über ‚Sterben in Würde‘ zu diskutieren, sollten wir uns mehr um ‚Leben in Würde‘ kümmern.“ – Erkläre an Beispielen, was mit diesem Satz kritisch angemerkt wird.

4 | Sterbehilfe in der Diskussion

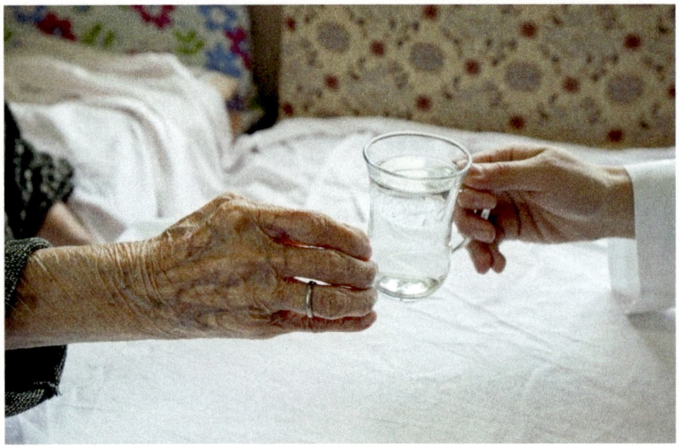

Erlaubt, strafbar, ethisch?

a) Der Arzt stellt einem Schwerstkranken, dem er medizinisch nicht mehr helfen kann und der sterben möchte, ein im Trinkglas aufgelöstes Gift an das Bett und verlässt das Zimmer.
b) Der Arzt gibt dem Schwerstkranken, der sterben möchte, ein im Trinkglas aufgelöstes Gift in die Hand, bleibt im Zimmer und begleitet den Sterbenden bis zu dessen Tod.

1 Welchen Arzt wünscht sich in diesem Fall deiner Vermutung nach der Schwerstkranke selbst?

2 Entscheide und begründe nach deinem Rechtsempfinden, wie du juristisch oder ethisch die beiden Situationen bewertest.

Ärztliche Suizidbeihilfe bald auch in Deutschland?

Unter Suizid versteht man heute die Selbsttötung oder den Freitod eines Menschen.
Nach dem „Eid des Hippokrates" (griech. Arzt um 400 v. Chr., vgl. S. 205) gilt heute noch, dass ein Arzt weder töten noch dazu Hilfe leisten darf. Ein Arzt, der Beihilfe zum Suizid leistet, verstößt gegen dieses ethische Grundprinzip. Juristisch ist die Beihilfe zur Selbsttötung nicht strafbar, aber für Ärzte gilt in besonderer Weise die Pflicht zur Hilfeleistung. Wenn er z. B. nach Eintritt der Bewusstlosigkeit des Kranken nichts unternimmt, riskiert er ein Strafverfahren.

Sterbehilfe-Debatte im Bundestag

2015 diskutierten die Abgeordneten des Bundestages ohne Fraktionszwang über eine neue gesetzliche Regelung vor allem für ärztliche Suizidbeihilfe. Im November 2015 verabschiedete der Bundestag einen neuen Gesetzentwurf zur Sterbehilfe. Danach ist in Deutschland künftig geschäftsmäßige Unterstützung der Selbsttötung – z. B. durch professionelle Sterbehilfeorganisationen – verboten. Aktive Sterbehilfe bleibt weiterhin strafbar.

3 Informiert euch über unterschiedliche Stellungnahmen zum neuen Gesetzentwurf zur Sterbehilfe. Tauscht eure Informationen aus und diskutiert darüber.

Argumente pro ärztliche Suizidbeihilfe

→ Tatsachen
Jeder dritte Arzt ist schon um Beihilfe beim Suizid gebeten worden.
→ das Gewissen
Für jeden Arzt ist eine Suizidbeihilfe eine schwere Gewissensentscheidung, die respektiert werden muss.
→ die Menschenwürde
Es geht darum, einem schwerstkranken Menschen ein Sterben in Würde zu ermöglichen, das er selbst bestimmen kann.

Aus Sicht eines Betroffenen:
„Das Einzige und Wichtigste, was ich für meinen besten Freund noch tun konnte, war die Vermittlung eines ärztlich betreuten Suizids. Dass ich dazu mit ihm in die Schweiz fahren musste, war menschenunwürdig."

Argumente kontra ärztliche Suizidbeihilfe

➔ Vertrauen
Patienten müssen sich darauf verlassen können, dass jedes ärztliche Handeln in allen Lebenssituationen dem Erhalt des Lebens dient.
➔ die fehlende Gewissheit
Wer kann sicher entscheiden, ob der Wunsch des Patienten, sein Leiden durch Suizid zu beenden, nicht auch durch andere Maßnahmen erfüllt werden kann?
➔ Missbrauch und Vermarktung
Das Risiko von Missbrauch und Vermarktung ist nicht auszuschließen, wenn mit der Vermittlung von ärztlich betreutem Suizid Geld verdient werden kann.

Aus Sicht eines Betroffenen:
„Die Vorstellung, dass ich als Arzt einem Patienten ein tödliches Medikament bereitstelle, ist für mich unerträglich. Mit dieser Gewissensbelastung könnte ich nicht leben."

Aktive Sterbehilfe bleibt in Deutschland strafbar

Wer dagegen verstößt, muss mit einer Freiheitsstrafe von sechs Monaten bis fünf Jahren rechnen.
Die wichtigsten Argumente:
➔ Die Absicht jeder medizinischen Behandlung muss in der Linderung des Leidens und nicht in der Beendigung des Lebens liegen.
➔ Ausnahmegenehmigungen in Extremfällen können zu einer Verschiebung der Grenzen und damit zu weiteren Tötungen führen. (Dammbruch-Gefahr)
➔ Nach christlicher Überzeugung ist menschliches Leben heilig und unantastbar. Gottes Gebot „Du sollst nicht töten" gilt für jedes Leben.

4 Welche Wertvorstellungen bestimmen diese Argumente? Welche Befürchtungen werden genannt? Wie beurteilt ihr selbst die aktive Sterbehilfe?

5 Führt eine Debatte zum Thema „Soll ärztliche Beihilfe zum Suizid erlaubt sein?".

Erkläre es mir – Sterbehilfe

Beihilfe zur Selbsttötung
Darunter versteht man die Hilfeleistung zur Selbsttötung, z. B. durch Beschaffung und Bereitstellung des tödlichen Medikaments. Da in Deutschland die Selbsttötung straffrei ist, wird auch die Beihilfe zur Selbsttötung nicht bestraft. Rechtliche Probleme kann es aber wegen des Straftatbestandes „Unterlassene Hilfeleistung" geben.

Aktive Sterbehilfe
Eine Tötung auf Verlangen, die beabsichtigt und aktiv den Tod herbeiführt, ist immer strafbar; auch dann, wenn der Patient es wünscht oder fordert.

So geht es – Eine Debatte führen

Eine Debatte ist ein Wortgefecht, eine Erörterung, in der sich Pro- und Kontra-Gruppen gegenüberstehen und jede Gruppe sich mit ihren Argumenten gegen die gegnerische Gruppe durchzusetzen versucht.

- Zur Vorbereitung setzen sich die Gruppen zusammen, sammeln Argumente für ihre Position, entscheiden sich für eine Reihenfolge der Argumente und wer sie vorträgt.
- Die Debatte wird von einer Sprecherin/einem Sprecher eröffnet und geleitet. Zu den Aufgaben der Sprecherin/des Sprechers gehört auch, darauf zu achten, dass die Vertreter/innen der jeweiligen Gruppen abwechselnd ihre Argumente und Beiträge innerhalb der festgelegten Zeitvorgabe vorbringen.
- Hinterher wird in der gesamten Gruppe nach einer Rednerliste (für die man sich melden muss) und in einem festen Zeitrahmen (meistens eine Minute pro Redebeitrag) diskutiert.
- Die Debatte wird mit einer abschließenden Abstimmung zur Problemfrage beendet.

5| In Würde bis zuletzt – zum Beispiel die Hospizbewegung

„Sterben ist Leben"

1 Das Bild zeigt Bewohner, Angehörige und Pfleger an einer Kaffeetafel in einem Hospiz. Beschreibt das Bild und fasst zusammen, was euch auffällt.

Zu den Anfängen der Hospizbewegung

Seit 40 Jahren kann man in Europa von einer Hospizbewegung sprechen. Die englische Sozialarbeiterin, Krankenschwester und Ärztin Ciceley Saunders eröffnete 1967 in einem Londoner Vorort das erste Haus für sterbende Menschen. Damit schuf sie eine Einrichtung, die nach außen zeigt, dass auch Sterbende ein Teil unserer Gesellschaft sind und das Recht haben, Raum einzunehmen. Dieses Haus nannte sie, anknüpfend an die mittelalterliche Bezeichnung für Herbergen an den Pilgerwegen, Hospiz.

Was ist ein Hospiz?

Die Wünsche eines sterbenden Menschen ernst zu nehmen bedeutet, ihm im Sterben seine Würde zu wahren, vielleicht sogar ihm die Menschenwürde wieder zurückzugeben.

1. Der vordringlichste und wichtigste Wunsch sterbender Menschen lautet: „Ich möchte nicht alleine sterben." Das bedeutet den Wunsch, im Sterben umgeben zu sein von denen, die einem nahestehen.
2. Der zweithäufigste Wunsch lautet: „Ich möchte ohne Schmerzen sterben."
3. Die dritte Gruppe der Wünsche könnte so formuliert werden: „Ich möchte Dinge noch zu Ende bringen dürfen." Es ist der Wunsch, Zeit und Raum genug zu haben, um letzte Dinge noch zu regeln.
4. Schließlich die spirituelle[1] Dimension der Wünsche. Es ist die Hoffnung, noch Möglichkeit zu finden, dem Sinn des Lebens und dem Sinn des Sterbens fragend nachzugehen und auch der Frage nach dem Danach sich stellen zu dürfen. [...]

Fünf Kennzeichen gelten für alle Hospize:

a) Der sterbende Mensch und seine Angehörigen stehen im Mittelpunkt des Dienstes.
b) Der Gruppe der Betroffenen steht ein Team zur Verfügung, das aus medizinischem Personal besteht und weitere Berufsgruppen mit einbezieht.
c) Die Einbeziehung freiwilliger Helferinnen und Helfer. Diese „Ehrenamtlichen" haben ganz eigenständige Aufgaben.
d) Auf dem Gebiet der Schmerztherapie hat die Hospizbewegung Bemerkenswertes geleistet. Schmerzfreies Sterben ist das oberste Ziel.
e) Ständige Fürsorge bedeutet, dass ein Hospizdienst rund um die Uhr erreichbar sein muss und dass auch die Begleitung der Familie nicht mit dem Tod eines Angehörigen beendet wird.

(nach: Johann Christoph Student: Was ist ein Hospiz?, Hospiz Stuttgart 1997)

---

[1] spirituell: auf eine religiöse Sinngebung des Lebens ausgerichtet

2 Erkläre an einzelnen Beispielen, wie die Mitarbeiter eines Hospizes die Wünsche eines sterbenden Menschen ernst nehmen.

Durch eine andere Brille sehen

Jedes Hospiz braucht Mitarbeiterinnen und Mitarbeiter, die ehrenamtlich bereit sind, sterbende Menschen beim letzten Abschnitt ihres Lebens zu begleiten.
- Welche Motive könnten sie zu ihrem Entschluss bewogen haben?
- Welche wichtigen Erfahrungen können sie machen?

Schreibt eure Vermutungen auf und ladet eine Hospizhelferin oder einen Hospizhelfer zu einem Gespräch in den Unterricht ein.

3 Könntet ihr euch vorstellen, selbst einige Stunden pro Woche in einem Hospiz mitzuhelfen oder einen Sitzwachen-Dienst zu übernehmen? Begründet eure Einstellung dazu.

Ambulante Hospizdienste und Sitzwachen

Die letzten Wochen ihres Lebens möchten viele Menschen in ihrer vertrauten Umgebung verbringen und zu Hause

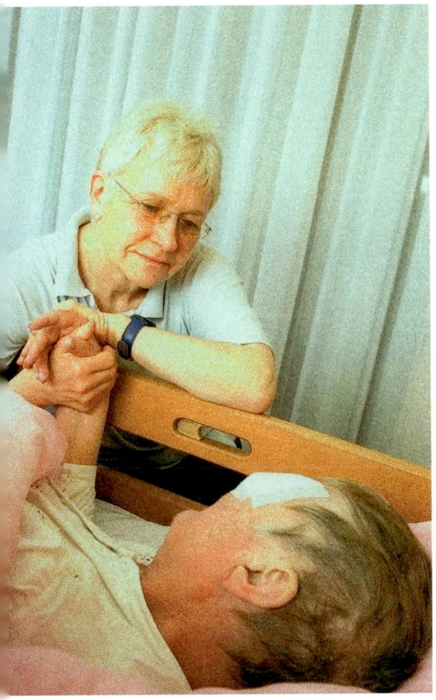

sterben. Ambulante Hospizdienste helfen dabei den Angehörigen und finden die notwendige Zeit, um die Bedürfnisse des sterbenden Menschen wahrzunehmen und ihnen so weit wie möglich gerecht zu werden. Sie nehmen alle kleineren oder auch größeren Wünsche des Sterbenden wichtig und versuchen, sie zu erfüllen. Ehrenamtliche Mitarbeiterinnen und Mitarbeiter leisten zum Beispiel durch die Übernahme von Sitzwachen einen wesentlichen Beitrag zur Begleitung der Sterbenden. Sie sitzen oft nur still am Bett oder hören aufmerksam zu, wenn die Sterbenden noch etwas sagen oder auch durch Gesten mitteilen wollen. Sie sprechen mit ihnen, halten die Hände, lesen ihnen etwas vor und betreuen auch die Angehörigen.

Erkläre es mir – Palliativmedizin (der Mensch im Mittelpunkt)

Immer mehr Krankenhäuser richten Palliativstationen ein. Der Begriff leitet sich vom lateinischen „pallium“ (Mantel) her. „Palliare“ heißt, den Mantel um jemanden breiten, einem unheilbar kranken Menschen Wärme und Schutz geben. Die Palliativmedizin will Patienten mit weit fortgeschrittener Erkrankung und begrenzter Lebenserwartung noch mit der bestmöglichen Lebensqualität versorgen.

4 Erkundigt euch nach einem Hospiz in eurer Umgebung und informiert euch z. B. durch Faltblätter oder → **Internetrecherche** über die Arbeit der jeweiligen Einrichtung.

Aufgaben zur Auswahl

a) Erstelle eine Mindmap zu „Hospiz“.

b) „Seit ich im Hospiz mitarbeite, verändern sich die Werte in meinem Leben.“ – Schreibe dazu ein mögliches Interview.

c) Ein Hospiz braucht ein neues Infoblatt. Verfasse dazu einen Text mit der Überschrift „Sterben ist Leben“.

Projektvorschlag – „Projekt Hospiz“

Ihr könnt ein solches Projekt am besten gemeinsam mit Mitarbeiterinnen und Mitarbeitern einer Hospizeinrichtung vorbereiten, planen und durchführen.

Was du weißt und kannst

1. Vom Umgang mit Sterben und Tod

a) Wie verhalten sich Menschen, wenn sie plötzlich, z. B. bei einem Unglücksfall, Sterben und Tod begegnen? Berichte von eigenen Erfahrungen.

b) Wenn sie nicht durch einen Anlass dazu gebracht werden, wollen sich die Menschen in der Regel nicht mit Sterben und Tod beschäftigen. Nenne mögliche Gründe und fasse zusammen.

c) Was meint man mit den Feststellungen:

– „Früher war Sterben und Tod für alle, auch für Kinder und junge Menschen, stets gegenwärtig."

– „Heute geschieht Sterben und Tod am Rande des Lebens."

Erkläre es an Beispielen und verfasse dazu ein vergleichendes Übersichtsblatt.

d) In einem Bestattungsinstitut spricht bei einer Trauerfeier ein Trauerredner zu den Angehörigen:

– Wie stellst du dir den Ablauf einer solchen Trauerfeier vor?

– Informiere dich über das Berufsbild „Trauerredner".

– Inwiefern belegt auch das neue Berufsbild „Trauerredner", dass heute Sterben und Tod mehr private Ereignisse sind als früher?

2. Was geschieht, wenn ein Mensch gestorben ist?

a) Ergänze die folgenden Sätze:

– Bei meiner Beerdigung möchte ich nicht, dass ...

– Bei meiner Beerdigung wünsche ich mir, dass ...

b) Beschreibe und bewerte an Beispielen die wichtigsten Unterschiede und Besonderheiten bei Bestattungsformen.

c) Benenne persönliche Motive, soziale Umstände und religiöse Hintergründe, wenn Menschen sich für eine bestimmte Bestattungsform entscheiden.

d) Wie zeigen Menschen nach außen, wenn sie trauern, und warum fällt es in einem Trauerfall den Außenstehenden oft schwer, den Angehörigen gegenüber zu zeigen, dass man mitfühlt und sie trösten möchte? Wie zeigt sich diese Unsicherheit?

3. Sterben in Würde

a) Sterben in Würde – Was heißt das?

– Zeige an Beispielen, was du darunter verstehst, und benenne wichtige Kennzeichen für würdevolles Sterben.

– Erkläre den Begriff „Menschenwürde".

– „Beim Sterben geht es um Respekt und Würde." – Warum ist das in der modernen Welt zu einem Problem geworden? Denke dabei an folgende Gesichtspunkte:

➔ die veränderte Lebenserwartung,

➔ „Apparatemedizin" als Schlagwort für die heutigen medizinischen Möglichkeiten der Lebensverlängerung auch bei Schwerstkranken,

➔ die rechtlichen Probleme.

b) Leben zu verlängern oder Leben abzubrechen ist manchmal ein schwerer Gewissenskonflikt.

– Schildere ein Fallbeispiel und zeige den Konflikt auf.

– Welche Wertekonflikte beeinflussen solche Entscheidungen?

c) – „Der Einzige, der das Recht hat, zu bestimmen, was bei seinem Sterben geschehen soll, ist der Sterbende selbst."

– „Selbstbestimmung ist der Kern der Menschenwürde."

Erläutere für diese Aussagen die Bedeutung einer Patientenverfügung. In welchen Fällen ist sie besonders wichtig?

d) In vielen Kliniken gibt es Ethikkommissionen. Wie bewertest du diese Einrichtungen?

4. Sterbehilfe in der Diskussion

a) Wenn ein Schwerstkranker sterben möchte und um Hilfe bittet – was ist erlaubt, strafbar, ethisch? Erläutere deine Gedanken dazu an einem Fallbeispiel.

b) Erkläre die Begriffe passive Sterbehilfe, aktive Sterbehilfe und Beihilfe zur Selbsttötung.

c) Notiere die wichtigsten Argumente pro ärztliche Suizidbeihilfe und kontra ärztliche Suizidbeihilfe und stelle sie in einer Liste gegenüber. Kennzeichne jedes Argument mit einem Wertigkeitssymbol oder einer entsprechenden Zahl für: besonders wichtig – sehr wichtig – wichtig – weniger wichtig – unwichtig.
Lässt sich daraus für dich eine Entscheidungsgrundlage finden? Begründe deine Antwort.

Der Eid des Hippokrates (ca. 460–370 v. Chr.)

Der griechische Arzt wurde vor allem bekannt durch den nach ihm benannten „Hippokratischen Eid", die erste moralische Richtschnur für den Arztberuf. In manchen Arztpraxen ist der Hippokratische Eid noch heute als Poster aufgehängt.
Der Hippokratische Eid in Auszügen:

- Ich schwöre bei Apollon dem Arzt [...] sowie unter Anrufung aller Götter und Göttinnen als Zeugen, dass ich nach Kräften und gemäß meinem Urteil diesen Eid und diesen Vertrag erfüllen werde. [...]
- Ich werde niemandem, nicht einmal auf ausdrückliches Verlangen, ein tödliches Medikament geben, und ich werde auch keinen entsprechenden Rat erteilen. [...]
- In wie viele Häuser ich auch kommen werde, zum Nutzen der Kranken will ich eintreten und mich von jedem vorsätzlichen Unrecht und jeder anderen Sittenlosigkeit fernhalten. [...]
- Über alles, was ich während oder außerhalb der Behandlung im Leben der Menschen sehe oder höre und das man nicht nach draußen tragen darf, werde ich schweigen und es geheim halten. [...]

(aus der Übersetzung von Axel W. Bauer 1993, www.umm-uni-heidelberg.de)

d) Welche Wertvorstellungen bestimmen das Berufsbild der Ärzte nach Hippokrates?

e) Inwiefern könnte man auch aus dem Eid des Hippokrates einen Wertekonflikt zum Thema „ärztliche Suizidbeihilfe" ableiten?

f) In Deutschland bleibt aktive Sterbehilfe verboten. Benenne die wichtigsten Gründe.

g) Informiere dich über aktive Sterbehilfe in anderen Ländern und nimm Stellung dazu.

5. In Würde bis zuletzt – zum Beispiel die Hospizbewegung

a) In einem Hospiz werden die Wünsche eines sterbenden Menschen ernst genommen. Welche Wünsche stehen hier im Vordergrund und was heißt konkret, „diese Wünsche ernst nehmen"?

Herzenswünsche e. V. ist ein bundesweit tätiger Verein, der schwerstkranken Kindern und Jugendlichen lang ersehnte Wünsche erfüllt, z. B. als besondere Gäste der Nationalmannschaft ein Länderspiel mitzuerleben.

b) Informiere dich über „Herzenswünsche e. V." und erläutere, warum solche Aktionen auf besondere Weise das Motto der Hospizbewegung „Sterben ist Leben" erfüllen.

Blick zurück

- *Sind die von dir erwarteten Themen zu „Sterben und Tod" angesprochen worden?*
- *Was hast du Neues erfahren? Was blieb unbeantwortet? Was hat dich nachdenklich gemacht?*
- *Hat sich deine eigene Einstellung zu „Sterben und Tod" verändert?*

Menschen- und Gottesbild in den Religionen

Ganz Israel feiert das Thora-Freudenfest.

Als Jude leben heißt ...

Als Christ leben heißt ...

Als Muslim leben heißt ...

1 Setzt die Sätze fort. Welche Aspekte religiösen Lebens zeigen die Bilder?

In der Bibel steht:
„Gott schuf also den Menschen als sein Abbild."

(1. Mose 1,27)

Der Physiker Georg Christoph Lichtenberg (1752–1799) meint dazu: „... das heißt vermutlich: Der Mensch schuf Gott nach dem seinigen."

2 Wie versteht ihr heute das Bibelzitat und was denkt der Physiker Lichtenberg über Gott?

3 Glaubst du an Gott?
Was waren deine Vorstellungen von Gott?
- als Kind?
- später?
- Und wie ist es heute?

4 Bildet Kleingruppen und versucht, die folgenden Fragen zu beantworten:

- Brauchen die Menschen Gott?
- Was erwarten die Menschen von Gott?
- Woher wissen Menschen, wie sie sich Gott vorstellen können?

Das Judentum ist die älteste monotheistische Religion. Heute gibt es weltweit 14 Millionen Juden. Der Davidstern ist das wichtigste Symbol. Abraham ist der Stammvater von Juden, Christen und Muslimen.

Moses ist der Begründer der jüdischen Lehre. Die Thora, das wichtigste Buch des Judentums, enthält die fünf Bücher Mose. Dort finden sich auch die Zehn Gebote.

Das Christentum ist mit knapp 2,3 Milliarden Anhängern die größte Religion. Auf dem Symbol sieht man die griechischen Buchstaben Chi und Rho, also die beiden Anfangsbuchstaben für Christus.

Die wichtigsten Schriften sind die vier Evangelien nach Matthäus, Markus, Lukas und Johannes. Sie sind im Neuen Testament (NT) zusammengefasst. Wesentlich für das Christentum sind das Bekenntnis zu Jesus Christus und der Glaube an das ewige Leben.

Der Islam geht auf den Propheten Mohammed zurück (570–632 n. Chr.). Zu ihm bekennen sich derzeit 1,6 Milliarden Muslime. Sie glauben, dass es nur einen Gott gibt, Allah, dessen Wort und Wille dem Propheten Mohammed geoffenbart wurde und im Koran aufgeschrieben ist.

5 Bildet drei Arbeitsgruppen und fasst nach der → **ABC-Methode** zusammen, was ihr über Judentum, Christentum und Islam schon wisst.

6 Beschreibt die Karikatur und erläutert mit eigenen Worten, was der Zeichner kritisch aufzeigen möchte.

7 „In der Geschichte der Menschen ist der Wahrheitsanspruch einer Religion der größte Feind des Friedens.“ – Benennt Beispiele, die diese Aussage bestätigen können. Gilt das auch noch heute?

8 Stellt zu „Menschen- und Gottesbild in den Religionen“ Fragen und Probleme zusammen, über die ihr noch mehr erfahren wollt, die aus aktuellen Anlässen auch öffentlich diskutiert werden und über die ihr selbst noch sprechen möchtet.

1| Gott und Mensch im Judentum

Gott zeigt sich den Menschen und schließt einen Bund

Die ersten beiden Bücher der Hebräischen Bibel erzählen von den Anfängen der Geschichte des jüdischen Volkes. Vor 4000 Jahren lebte Abraham mit seiner Sippe von Kleinviehnomaden in Haran, einer Stadt am großen Euphratknie in der heutigen Türkei nahe der syrischen Grenze – einem Zentrum der damaligen Götterverehrung. Dort spricht Gott ihn an und gibt ihm den Auftrag, nach Kanaan (dem späteren Israel) auszuwandern. Abraham glaubt und vertraut seinem Gott, folgt seinem Ruf und siedelt sich als Einwanderer (Immigrant) in Kanaan an. Gott verheißt (verspricht) Abraham und seinen Nachkommen, dem Volk Israel, seinen besonderen Schutz und verlangt als Gegenleistung, dass das Volk Israel sich stets zu ihm als dem einzigen Gott bekennt. Die Beschneidung wird zum Zeichen der Zugehörigkeit zu diesem Bund.

Moses bringt dem Volk Israel die Gesetzestafeln. (Kolorierter Holzschnitt, Julius Schnorr von Carolsfeld (1794–1874))

Der Vertrag Gottes mit seinem Volk am Sinai

Das Leben Mose fällt in die Zeit, als die Israeliten in Ägypten für den Pharao Sklavenarbeit leisten mussten. Mose lebt zunächst im Hause des Pharao und muss fliehen, als er einen Ägypter erschlägt, der einen Angehörigen des Volkes Israel misshandelt hat. In der Wüste Sinai sieht er einen brennenden Dornbusch, der aber vom Feuer nicht verzehrt wird. Als Mose näher kommt, spricht ihn Gott aus dem Dornbusch heraus an und beauftragt ihn, das Volk Israel aus der Sklaverei zu befreien und es aus Ägypten herauszuführen.
Die Israeliten können den Ägyptern endgültig entkommen und lagern am Berg Sinai, als Gott sich an Mose wendet und seinen Bund mit dem Volk Israel schließt. Ein Bund ist ein Vertrag gegenseitiger Verpflichtungen. Gott verpflichtet sich, sein Volk auch zukünftig für alle Zeit zu beschützen. Dafür verpflichten sich die Israeliten für alle Zeiten, Gott als den einzigen Gott zu bezeugen und seine Gebote zu beachten. Die Vertragsverpflichtungen der Menschen sind in den Zehn Geboten zusammengefasst. Moses hat sie auf zwei steinernen Tafeln auf dem Berg Sinai empfangen und dem Volk Israel überbracht.

1. Lest noch einmal die Zehn Gebote, ordnet und analysiert die einzelnen Vertragsbedingungen.
2. Kann man hier eurer Meinung nach von einem „Vertrag auf Augenhöhe“ zwischen gleichrangigen Vertragspartnern sprechen? Besorgt euch Schulbibeln und lest dazu Mose 3 (Buch Levitikus) 26,1–46. Wie stehen die Vertragspartner zueinander? Nehmt Stellung dazu und begründet eure Wertungen.
3. Was verheißt Gott dem Volk Israel?
4. Welche Bedeutung hat die Beschneidung für einen jüdischen Jungen? Recherchiere dazu im Internet.

Hat Gott sein Versprechen gehalten?

Der Rabbi von Kozk [...] hatte einst ein furchtbares Gebet an Gott gerichtet. Es war eine Zeit der Not, als er es sprach: „Herr der Welt, erbarme Dich unser. Rette uns. Zeige Dich endlich. Denn sonst ... sonst werden wir nicht mehr Dein auserwähltes Volk sein ... wir werden den Bund mit Dir aufkündigen!"

Eine schreckliche Drohung, die für Nichtjuden verrückt erscheinen mag. Denn was ist der Mensch schon im Angesicht Gottes? Wie kann er sich erdreisten, den Herrscher der Welt so herauszufordern? Er kann es, besser: Der Jude kann es, denn der Bund ist ein Vertrag, den beide Seiten, Gott und Abraham, in völliger Gleichheit miteinander geschlossen haben, als Gleichberechtigte. Und nicht nur der Mensch ist verpflichtet, den Bund einzuhalten, sondern auch Gott. Das macht den Bund so einzigartig. Ein jüdischer Mensch hat das Recht, Gott an sein Versprechen zu erinnern!

Im Getto Theresienstadt[1] wurde vor sechs Jahren eine geheime Synagoge in einem Hinterhof entdeckt. Jahrzehntelang war sie als Ziegenstall benutzt worden. Die Bewohner wussten, was das für ein Raum war, doch sie wollten es den Verwaltern der Gedenkstätte nicht verraten, damit keine Touristenströme in ihre Nachbarschaft, mitten ins Getto, kämen. [...] Auf jeden Fall war dieser kleine Raum, die Synagoge, sehr gut erhalten. Die Juden hatten wohl heimlich Farbe entwendet und die Wände verziert: mit Davidsternen, mit aufgemalten Kerzen, in Ermangelung echter Kerzen, und mit Bibelsprüchen. Auf einer Wand steht, natürlich auf Hebräisch, ein denkwürdiger Satz: „Wir haben Deinen Namen nie vergessen, Herr, vergiss auch Du uns jetzt nicht!"

(Paul Spiegel: Was ist koscher?, Ullstein Verlag, Berlin 2003, S 163 f.)

---

[1] Das Getto (abgegrenztes jüdisches Wohnviertel) Theresienstadt wurde 1941 von den Nationalsozialisten als Sammel- und Durchgangslager für die Juden Böhmens und Mährens eingerichtet.

5 Der Rabbi bittet in seinem Gebet Gott nicht um Hilfe, sondern fordert die Vertragserfüllung. Fasst dazu die Erklärungen Paul Spiegels zusammen, diskutiert darüber und bezieht Stellung dazu. Denkt dabei auch an die Zeit des Nationalsozialismus, in der 6 Millionen Juden unmenschlich verfolgt und grausam ermordet wurden.

Wie kann Gott das zulassen?

Der Journalist Uri Avnery:
„Der Gott, der Auschwitz zugelassen hat, kann nur unmoralisch sein oder gar nicht existieren."

Der jüdische Sänger Roman Cycowski:
„Wenn man an Gott glaubt, muss man sagen, Gott ist gerecht. Er weiß, was er tut. Es gibt keine Lösung für dieses Problem."

(Pressemitteilung für „Jüdische Porträts", Haus der Geschichte; www.hdg.de [25.08.2015])

6 Diskutiert über die beiden Aussagen und nehmt Stellung dazu.

7 Gibt es auch Situationen, in denen Christen oder Muslime fragen: „Wie kann Gott das zulassen?" Welche Vorstellungen von Gott verbinden sich damit? Beschreibt Beispiele.

Aufgaben zur Auswahl

a) Ergänze: Meine Vorstellungen von Gott sind ...

b) „Ein Gott, der redet und handelt" – Inwiefern kann man damit das jüdische Gottesbild beschreiben? Nenne Beispiele und fasse deine Gedanken dazu zusammen.

c) „Wie kann Gott das zulassen?" – Beziehe diese Frage auf aktuelle Beispiele und schreibe eine Stellungnahme.

2| Die Juden als Kinder Gottes

Juden aus der Ukraine, die nach Israel auswandern, auf dem Flughafen in Tel Aviv

Ein strenggläubiger (orthodoxer) Jude betet an der Klagemauer in Jerusalem.

Wer ist Jude?

In fast jedem Land der Erde leben Juden. Wer schon einmal in Israel war, kann dort Juden aus mehr als 120 Ländern antreffen. Das allein zeigt schon, dass es ein typisch jüdisches Aussehen gar nicht geben kann, so unterschiedlich sind die Erscheinungsformen.
Wer aber ist ein Jude oder eine Jüdin?
Jüdisch ist zunächst einmal jeder, dessen Mutter Jüdin ist. Selbst wenn ein Mensch die Religion in jeder Form ablehnt, ist er Jude, wenn er von einer jüdischen Mutter geboren wurde. Manchmal können Nichtjuden einen Juden auf der Straße durchaus erkennen. Doch das liegt nicht an seiner körperlichen Erscheinungsform, sondern an seiner Kleidung und an seiner Haar- und Barttracht. [...]
Es ist ein Jude im schwarzen Kaftan, mit langem Bart, Schläfenlocken und einem merkwürdig unkonventionellen[1] Hut, oftmals mit einer Pelzkrempe. So sieht ein frommer Jude aus, denken viele Nichtjuden, und sind ganz irritiert, wenn sie einen normal gekleideten Mann treffen, im Anzug oder in Jeans, der einfach nur ein kleines Käppchen, eine Kippa, trägt und von sich behauptet, er sei ein frommer Jude.

(Paul Spiegel: Was ist koscher?, Ullstein Verlag, Berlin 2003, S. 142 ff.)

---

[1] unkonventionell: nicht den herkömmlichen Vorstellungen entsprechend

1. Beide Abbildungen zeigen Juden. Welchen Eindruck machen die Bilder auf euch? Beschreibt die wichtigsten Unterschiede.
2. Wie beantwortet Paul Spiegel die Frage: „Wer ist Jude?"?
3. Jeder kann Jude werden. Informiert euch über die Voraussetzungen, die dazu erfüllt werden müssen, und fasst eure Ergebnisse zusammen.
4. Ein junger Jude in Deutschland verliebt sich in eine Nichtjüdin.
   – Welche Probleme können sich ergeben?
   – Welche Entscheidungen muss das junge Paar treffen?

Auf „du und du" mit Gott?

[...] wer das Musical „Anatevka" schon einmal gesehen hat, der weiß, wie Tewje, der Milchmann, ständig mit Gott über sein Schicksal hadert, mit ihm Diskussionen führt über

Dinge des täglichen Lebens. Hier wird ein sehr jüdisches Lebensgefühl vermittelt. Wir Juden sind die Kinder des Einen und Einzigen und haben daher zu ihm ein Verhältnis, wie ein Kind zu seinem Vater: ehrfurchtsvoll, mit viel Respekt, manchmal sogar mit ein wenig Angst, doch sehr familiär, auf „du und du", und damit auch oft im Streit mit ihm.

(Paul Spiegel: Was ist koscher?, Ullstein Verlag, Berlin 2003, S. 59f.)

5 Die Juden als Kinder Gottes: Beschreibt die einzelnen Aspekte dieses besonderen Verhältnisses, diskutiert darüber und fasst zusammen, welches Bild vom Menschen sich daraus ergibt.

6 Welche Anlässe kann man sich vorstellen, um mit Gott im Streit zu liegen? Sucht Beispiele aus eurem alltäglichen Leben.

7 Ein Gott, bei dem man sich beklagen und mit dem man streiten kann. – Wie gefällt euch dieses Gottesbild? Nehmt Stellung dazu und beschreibt andere Vorstellungen vom Umgang der Menschen mit Gott.

Sich zu Gott bekennen – „Höre Israel"

„Höre, Israel! Jahwe[1], unser Gott, Jahwe ist einzig. Darum sollst du den Herrn, deinen Gott, lieben mit ganzem Herzen, mit ganzer Seele und mit ganzer Kraft. Diese Worte, auf die ich dich heute verpflichte, sollen auf deinem Herzen geschrieben stehen. Du sollst sie deinen Söhnen wiederholen. Du sollst von ihnen reden, [...] wenn du dich schlafen legst und wenn du aufstehst. Du sollst sie als Zeichen um das Handgelenk binden. Sie sollen zum Schmuck auf deiner Stirn werden. Du sollst sie auf die Türpfosten deines Hauses und in deine Stadttore schreiben."

(5. Mose: 6,4–9)

(www.bibelwerk.de)

---

[1] Jahwe: der Name Gottes

8 Inwiefern ist der Anfang von „Höre Israel" das jüdische Glaubensbekenntnis? Wozu bekennen sich Juden?

Sich bekennen durch äußere Zeichen

Die Mesusa
Die „Mesusa" (hebräisch: Türpfosten) ist ein kleiner Behälter in Kapselform, früher oft aus kunstvoll geschnitztem Holz, heute meist aus Metall. Sie wird am rechten Türpfosten der Haustür befestigt. Auch hier wird ein Pergamentstreifen mit Thorastellen und dem „Höre Israel" zusammengerollt und in die Kapsel gelegt. Man berührt sie, wenn man durch die Tür geht.

9 Welche Bedeutung hat nach jüdischem Verständnis eine „Mesusa" am Türpfosten? Welchen Sinn könnte das Berühren haben?

10 „Sich zu etwas bekennen durch äußere Zeichen" – Wie bewertet ihr es, wenn Menschen ihre religiösen Bekenntnisse nach außen zeigen?

11 Weitere äußere Zeichen sind „Kippa", „Tallit", „Zizit" und „Tefillin". Recherchiert, worum es sich dabei handelt und welche Bedeutung sie haben.

3| Gott und Mensch im Christentum

Haben wir den gleichen Gott?

Ben ist Jude, Fatima ist Muslima und Michael ist Christ. Sie unterhalten sich nach der Schule auf dem Heimweg über das Christentum:

FATIMA: Die Christen sagen doch immer wieder „Im Namen des Vaters, des Sohnes und des Heiligen Geistes". Das verstehe ich überhaupt nicht.

BEN: Ich auch nicht. Wir glauben nur an einen Gott. Daneben gibt es keine weiteren Gottheiten.

MICHAEL: Das gilt auch für uns. Ich denke Juden, Christen und Muslime haben den gleichen Gott.

BEN: Das kann nicht sein. Dass Gott einen Sohn hat, ist für uns nicht vorstellbar. Das wäre Gotteslästerung.

FATIMA: Bei uns auch. Jesus gilt bei uns als großer Prophet und nicht als Sohn Gottes.

MICHAEL: Für uns gibt es auch nur den einen Gott. Er zeigt sich aber den Menschen in drei Gestalten: als Vater, Sohn und Heiliger Geist.

FATIMA: Der Heilige Geist, was macht der eigentlich?

MICHAEL: Wir glauben, dass er die geistige Kraft Gottes ist, die in jedem Menschen wirkt.

BEN: Das ist ja praktisch. Wenn ich in Mathe nicht mehr weiter weiß, dann wende ich mich an den Heiligen Geist, dass er mir mit göttlicher Erleuchtung weiterhilft.

MICHAEL: So einfach kann man sich das nicht vorstellen.

BEN: Vielleicht müssen wir uns das ja gar nicht vorstellen können. Wir Juden halten ja auch viele Regeln ein aus Liebe zu Gott und nicht, weil wir sie verstehen.

1 Welche Schwierigkeiten haben Fatima und Ben mit dem christlichen Gottesverständnis? Kann Michael aus christlicher Sicht weiterhelfen?

Jesus – der Sohn Gottes

„Im Namen des Vaters, des Sohnes und des Heiligen Geistes." Mit dieser Formel und dem Kreuzzeichen werden Christen getauft und durch das Leben begleitet. Christen glauben an einen einzigen Gott. Es ist der gleiche Gott, der nach der hebräischen Bibel die Welt erschaffen hat. Christen glauben aber auch, dass Jesus von Nazareth der Sohn Gottes ist und sie glauben an den Heiligen Geist, der von Gott gesandt ist, um die Christen in ihrem Glauben zu bestärken. Dies ist für Christen ein Glaubensgeheimnis, das man weder begründen noch erklären kann.

„Gott, der Heilige Geist und Jesus" (Mosaik von Antoine Molkenboer)

2 Beschreibt das „Dreieinigkeits-Mosaik". Wie hat der Künstler versucht, dieses Glaubensgeheimnis bildhaft darzustellen?

3 Vor allem katholische Christen machen das Kreuzzeichen[1]. Berichtet von Situationen, in denen Menschen das Kreuzzeichen machen, und sprecht darüber.

---

[1] Kreuzzeichen: für Christen ein dreifaches Zeichen, ein Bekenntnis zu Leiden, Tod und Auferstehung von Jesus Christus

Was heißt „Gott hat einen Sohn"?

Der christliche Glaube an die Dreieinigkeit Gottes wird von den anderen monotheistischen Religionen (Judentum, Islam) abgelehnt und kritisiert, weil die Vorstellung von drei Gottheiten in einem Gott ihrem strengen Monotheismus, dem Glauben an den einen und einzigen Gott, widerspricht. Der Schweizer Theologe Hans Küng versucht in folgendem Text, den Dreieinigkeitsbegriff so zu erklären, dass auch Juden und Muslime gemeinsam mit Christen darüber sprechen und diskutieren können:

- An Gott, den Vater, glauben, heißt nach dem Neuen Testament, an den einen Gott glauben: Diesen Glauben an den einen Gott haben das Judentum, das Christentum und der Islam gemeinsam.
- „Vater" wurde […] oft missverstanden: „Vater" darf nicht wörtlich im Gegensatz zu „Mutter" verstanden werden, sondern symbolisch. […]
- An den Sohn Gottes glauben, heißt, an des einen Gottes Offenbarung im Menschen Jesus von Nazareth glauben.
- An den Heiligen Geist glauben, heißt, an Gottes wirksame Macht und Kraft in Mensch und Welt glauben.

(Hans Küng: Christentum und Weltreligionen, Piper Verlag, München 1984, S. 188 f.)

4 Wären Ben, Fatima und Michael mit dieser Erklärung einverstanden? Könnte sie ihnen weiterhelfen?

5 „Vater" kann ein Symbol sein für … Schreibt eure Antworten auf Zettel, heftet sie an eine Wand und tauscht euch darüber aus.

6 Sucht im Kalender nach Feiertagen, an denen Christen sich auf besondere Weise zur Dreieinigkeit Gottes bekennen.

Aufgaben zur Auswahl

a) Gestalte eine Grafik zur christlichen Dreieinigkeitsvorstellung.

b) Fasse zusammen, wie Hans Küng versucht, die Gottessohnschaft von Jesus zu erklären.

c) Die Taube als christliches Symbol – Informiere dich und fasse schriftlich zusammen.

Dieses Gebet beten alle Christen

Dieses Gebet befindet sich an der Wand einer Kirche in Jerusalem. Die Kirche heißt Paternosterkirche (Pater noster = Vater unser), weil sie an der Stelle steht, wo Jesus selbst dieses Gebet seinen Freunden gelehrt haben soll. Das Vaterunser ist das bekannteste Gebet des Christentums und ist an den Wänden der Paternosterkirche in 140 Sprachen dargestellt – für die wichtigsten Sprachen auch in Blindenschrift.

7 Wo und bei welchen Anlässen habt ihr das Vaterunser schon gehört?

8 Welches Verständnis von Mensch und Gott wird in diesem Gebet dargestellt? Äußert eure Meinung dazu.

9 Das Gebet besteht aus verschiedenen Bitten. Erklärt einige Bitten und diskutiert darüber, ob sie für die heutige Zeit noch passen.

4| Leben in der Nachfolge Christi

Das Kreuz wird zum Symbol des Christentums

Dem Kreuz als Symbol für das Christentum begegnet man im alltäglichen Leben in vielen Formen vom „Roten Kreuz" bis zum „Kreuz-Tattoo".

1. Erzählt dazu von euren Beobachtungen und wie ihr darüber denkt.

2. Welche Rolle spielt das Kreuz für das Leben Jesu und für die Entstehung des Christentums? Berichtet, was ihr davon schon wisst.

Jesus stirbt am Kreuz …

Der Jude Jesus verkündet nicht einen jüdischen Gottesstaat und auch nicht die Errichtung einer Kirche. Vielmehr das kommende Gottesreich mit seinen Verheißungen und Maßstäben. Doch seine Botschaft und seine Praxis führen zur Konfrontation mit dem religiösen-politischen Establishment[1]: ein Konflikt auf Leben und Tod! Zu radikal seine Kritik an der überkommenen Religiosität und an der Machtausübung der Herrschenden. Zu liberal* sein Umgang mit dem Religionsgesetz, mit Sabbat, Reinheits- und Speisevorschriften. Zu skandalös seine Solidarisierung mit den Armen, Armseligen, „armen Teufeln": Ihn erbarmt des Volkes. Zu viel Nachsicht zeigt er zum Ärger der Frommen mit Gesetzesbrechern, den „Sündern". Im Einzelfall Vergeben ohne Ende, Verzicht ohne Gegenleistung, Dienst ohne Rangordnung – darauf zielen seine Parabeln* und seine Praxis. […] Das furchtbare Ende ist bekannt. Er starb als junger Mann von gut 30 Jahren, nach erstaunlich kurzem Wirken von höchstens drei Jahren oder vielleicht nur wenigen Monaten. Verraten und verleugnet von seinen Schülern und Anhängern, verspottet und verhöhnt von seinen Gegnern. Verlassen von Gott und den Menschen. Auf die grauenhafteste Weise stirbt er, wie man es nach römischer Rechtsprechung Verbrechern mit römischem Bürgerrecht nicht zumutete. Nur entlaufene Sklaven und politische Rebellen starben so: am Kreuzesgalgen. Das letzte Lebenszeichen des Gequälten ein Schrei. Seither ist das Kreuz das Erkennungszeichen der Christen. Und es ist das Kreuz, das es ihnen ermöglicht, auch das Negative in Menschenleben und Gesellschaft, Leid, Schuld, Sinnlosigkeit und Tod zu bewältigen.

(Hans Küng: Spurensuche, Piper Verlag, München 1999, S. 234f.)

[1] Establishment: herrschende Gruppe, höhere Klasse

3. Beschreibt die drei Konflikte, die nach Küng zur Verurteilung und zum Tod Jesu führten.

4. Das Kreuz ist mehr als das Erkennungszeichen der Christen. Was wird noch durch das Kreuz symbolisiert?

… und überwindet den Tod

Es gibt keine Augenzeugen für die Auferstehung Jesu. Die biblischen Texte über die Auferstehung sind keine Berichterstattung im heutigen Sinne. Für die Christen ist die Auferstehung Jesu die Grundlage ihrer Hoffnung auf ein Leben nach dem Tod in Gemeinschaft mit Gott.

Matthias Grünewald: Auferstehung Christi (1510–1515)

5. Beschreibt das Gemälde von Matthias Grünewald.

Ostern, das höchste Fest der Christen

Durch die Auferstehung Jesu hat für Christen das menschliche Leben einen Sinn bekommen, der über den Tod hinausgeht. Deshalb feiern Christen Ostern, das Fest der Auferstehung Jesu, als ihr höchstes Fest.

Gläubige in einem griechisch-orthodoxen Gottesdienst entzünden in der Nacht zum Ostersonntag Osterkerzen.

6 Beschreibt Gründe, warum für Christen das Licht ein zentrales Symbol ist.

7 Wie stellt ihr euch ein solches Reich Gottes vor?

8 Die Zukunft planen – aus Sicht des Christentums heißt das: „Wir müssen mit unserem Reich heute danach streben, immer mehr zu einem Reich Gottes zu werden." Was müsste sich nach und nach verändern? Haltet ihr einen solchen Weg für realisierbar?

Die Würde des Menschen aus christlicher Sicht

Der Mensch hat eine einzigartige Stellung in der Welt. Er allein ist nach dem Bild und Gleichnis Gottes geschaffen. Er vertritt in diesem Sinne Gott in seiner Hoheit und mit seiner Macht. [...] Dies sagt zunächst einmal etwas aus über den Menschen selbst. Weil er Bild und Gleichnis Gottes ist, hat er von dieser Auszeichnung her eine eigene Würde. [...] Als Ebenbild Gottes darf er nicht Mittel zum Zweck werden. Niemals darf der Mensch zu anderen, außerhalb seiner selbst liegenden Interessen verzweckt werden. [...] Darin ist die Würde des Menschen begründet. [...]
Außerdem ist der Mensch immer nur ganz in der Doppelausgabe von Mann und Frau. Auch hier ist keiner einfach dem anderen Untertan. [...] Der Mensch selbst ist immer Mitkreatur, mitverantwortlich für seine Mit- und Umwelt und bleibt Teil der Schöpfung.

(Bischof Karl Lehmann: Vortrag bei der Akademietagung „Leben als Bild Gottes" am 30.06./01.07.2000 in Freiburg im Breisgau; www.geocities.com; 09.12.2007)

9 Erörtert das von Bischof Karl Lehmann beschriebene christliche Menschenbild und bezieht kritisch Stellung dazu.

Warum eigentlich?

Warum hoffen Menschen auf eine zukünftige bessere Welt?

Erkläre es mir – Jesus Christus und das Reich Gottes

Christus ist ursprünglich ein Ehrentitel und bedeutet der „Gesalbte". Bereits kurze Zeit nach der Auferstehung Jesu bekannten sich seine Anhänger zu Jesus Christus. Das besagt, Jesus ist der „Christus", der „Gesalbte", der „Heilsbringer" für die Menschen. „Dein Reich komme" heißt es im Vaterunser, im wichtigsten Gebet der Christen, weil Jesus den Menschen als Evangelium (Frohe Botschaft) verkündet hat, dass das Reich kommen wird. Es bezeichnet eine Welt, in der alle Schuld vergeben wird und Leid, Schmerz und Tod ein Ende haben. Mit dem Wirken Jesu Christi ist nach dem Glauben der Christen diese neue, zum Besseren veränderte Welt angebrochen. „Als Christ leben" heißt demnach, Jesus nachzufolgen und sich einzusetzen für eine Welt ohne Ungerechtigkeit und Gewalt, für ein friedliches Zusammenleben der Menschen ohne Diskriminierung und Ausbeutung und mit der Nächstenliebe als wichtigste Regel.

5| Gott und Mensch im Islam

Gott ist einzig und Mohammed ist sein Prophet

Mohammed bei der Säuberung der Kaaba von Götzenbildern (Buchseite mit Miniatur, um 1590, Ausschnitt)

Mohammed wird 570 n. Chr. in Mekka geboren. Seine Eltern sterben früh und Mohammed wird von seinem Onkel aufgezogen. Er heiratet mit 25 Jahren die reiche Kaufmannswitwe Chadidscha und hat 15 Jahre später ein außergewöhnliches Offenbarungserlebnis. In einer Höhle bei Mekka erscheint ihm der Engel Gabriel und offenbart ihm, dass er als Gesandter Gottes berufen ist, als Prophet Allahs, des einzigen wahren Gottes. Im Koran werden später die Offenbarungen Gottes festgehalten. Als er in Mekka mit seinen Verkündigungen beginnt und die Vielgötterei bekämpft, bricht offene Feindschaft aus und Mohammed flieht 622 n. Chr. von Mekka nach Medina, später das Jahr 1 der muslimischen Zeitrechnung. In Medina wächst seine Anhängerschaft schnell, eine religiöse Gemeinschaft entsteht. Mohammed plant die Rückkehr nach Mekka und zieht dort 630 als Sieger ein. Seine neue Religion, der Islam, breitet sich jetzt sehr schnell aus. Als Mohammed 632 stirbt, beherrscht der Islam fast die ganze arabische Halbinsel.

1 Sammelt, was ihr über den Koran schon wisst.

2 „Islam" bedeutet „sich Gott hingeben." Welches Verständnis von Gott haben gläubige Muslime? Wie sehen sie ihr persönliches Verhältnis zu Gott? Bittet muslimische Mitschülerinnen und Mitschüler, mit euch darüber zu sprechen und zu diskutieren.

3 Nach dem Bilderverbot im Islam dürfen weder Gott noch Mohammed abgebildet werden. Wie ist das auf dem Bild gelöst?

4 Macht eine → **Internetrecherche** zum islamischen Bilderverbot.

Allah ist der Einzige!

Jede Sure des Korans beginnt mit: „Im Namen Allahs, des Allerbarmers, des Barmherzigen!"
„Sprich, er ist Allah, ein Einziger (1), Allah, der Absolute (ewig Unabhängige, von dem alles abhängt) (2). Er zeugt nicht und ist nicht gezeugt worden (3), und ihm ebenbürtig ist keiner (4)." (Sure 112)
„Er ist Allah, außer Dem kein Gott ist; Er ist der Herrscher, der Einzig Heilige, der Friede, der Verleiher von Sicherheit, der Überwacher, der Erhabene, der Unterwerfer, der Majestätische. [...] (23) Er ist der Schöpfer, der Bildner, der Gestalter. Ihm stehen die schönsten Namen zu. Alles, was in den Himmeln und auf Erden ist, preist ihn, und Er ist der Erhabene, der Allweise. (24) (Sure 59)

(die ungefähre Bedeutung des Al-Qur'an Al-Karim in deutscher Sprache, Übersetzer und Herausgeber: Abu-r Ridã Muhammad Ibn Ahmad ibn Rassoul, Verlag Islamische Bibliothek, Köln 2000)

5 Welche Namen beziehen sich auf das Handeln Allahs gegenüber den Menschen? Gibt es Widersprüche? Setzt euch kritisch damit auseinander.

Die Bestimmung des Menschen

Auch für den Islam bedeutet der Tod nicht das Ende, sondern den Übergang in eine andere Form des Weiterlebens. Wie Christen glauben auch Muslime, dass der „Jüngste Tag“, das „Jüngste Gericht“, kommen wird, bei dem die Menschen auferstehen und sich vor Gott verantworten müssen. Auf Menschen mit guten Taten wartet das Paradies, auf Menschen mit schlechten Taten die Hölle. Die Freuden des Paradieses und die Qualen der Hölle werden im Koran mit sehr anschaulichen Bildern beschrieben. Über 130-mal benützt der Koran das Bild des Gartens, in dem die frommen und rechtschaffenen Menschen in Herrlichkeit wohnen werden. Ein zentraler Aspekt für gläubige Muslime ist die Hoffnung auf Vergebung:

„[...] verzweifelt nicht an Allahs Barmherzigkeit; denn Allah vergibt alle Sünden. Er ist der Allverzeihende, der Barmherzige.“ (Sure 39,53)

6 Vergleicht die Aussagen im Text mit euren Vorstellungen von einem Jenseits.

Das Bild zeigt „Die Himmelfahrt des Propheten Mohammed“. Er reitet auf dem Buraq, der Heiligen Stute mit Menschenhaupt, geleitet vom Erzengel Gabriel.

Kritik an der Jenseitsorientierung

Unabhängig davon, wie Menschen sich Himmel oder Hölle vorstellen, sie sehnen sich nach Hoffnungsbildern, die über den Tod hinausgehen. Wenn Religionen das Erreichen des Himmels abhängig machen vom „wahren Glauben“ und von den „Taten auf der Erde“, dann können sie diese Sehnsucht missbrauchen und Menschen manipulieren.
Die aus Somalia stammende niederländisch-amerikanische Politikerin Ayaan Hirsi Ali kritisiert in ihrem Buch „Reformiert euch“ eine fatale Ausrichtung des Islam auf das Jenseits und berichtet dazu aus ihrer Kindheit:

Nach den frühesten Lektionen, die ich verabreicht bekam, ist unser Leben auf Erden kurz und vergänglich. In meiner Kindheit bekam ich den Tod zahlloser Menschen mit: Verwandte, Nachbarn und Fremde starben an Krankheiten und Mangelernährung, durch Gewalt und Unterdrückung. Der Tod war immer im Gespräch. [...]
Ich machte keinen Plan mit einer Freundin, ohne mich mit den Worten zu verabschieden: „Bis morgen, wenn ich noch lebe“ oder: „So Allah will“, und die Worte waren aufrichtig gemeint, denn ich wusste doch, dass ich jederzeit sterben konnte. Auch wurde mir beigebracht, dass unser Leben eine einzige Prüfung ist. Um sie zu bestehen, musste man eine Reihe von Geboten beachten und alles Verbotene meiden, um nach dem Jüngsten Gericht Allahs ins Paradies zu gelangen, an einen realen Ort mit Wasserquellen und Palmen voller Datteln. Auf die Art wurde ich als kleine Muslimin von frühester Kindheit an dazu erzogen, mein Tun, meine Gedanken, meine Kreativität anstatt ins Hier und Jetzt ins Jenseits zu investieren. Letztendlich wurde mir die Lehre verabreicht, dass das wahre, ewige Leben erst beginnt, wenn man gestorben ist.

(Ayaan Hirsi Ali: Reformiert euch, Knaus Verlag, München 2015, S. 132)

7 Inwiefern kann die Jenseitsorientierung einer Religion Menschen manipulieren? Bezieht die Kindheitserfahrungen von Ayaan Hirsi Ali mit ein. Findet man das auch bei anderen Religionen? Setzt euch kritisch damit auseinander.

6| „So steht es im Koran?“

Das Problem der Koranauslegung

Im Koran finden sich Suren, die auf den ersten Blick sich widersprechende Aussagen machen. Je nach Auslegung des Korans kann man damit z. B. die Rechte der Frauen stärken oder den gewaltfreien Umgang mit Angehörigen anderer Religionen zur Pflicht machen.

„Es gibt keinen Zwang im Glauben.“

(Sure 2,256)

„O ihr Ungläubigen! Ich diene nicht dem, dem ihr dient, und ihr dient nicht Dem, Dem ich diene. Und ich werde nicht Diener dessen sein, dem ihr dient, und ihr werdet nicht Diener Dessen sein, Dem ich diene. Ihr habt eure Religion und ich habe meine Religion.“

(Sure 109,1–6)

1 Wie müssen demnach Angehörige verschiedener Religionen miteinander umgehen? Bezieht dabei auch das Bild oben mit ein.

Daneben gibt es aber auch Suren, die vor allem gegen die Ungläubigen gerichtet sind und zur Gewalt und zum Töten aufrufen. Zum Beispiel:

„Und wenn die heiligen Monate abgelaufen sind, dann tötet die Götzendiener, wo immer ihr sie findet, und ergreift sie und belagert sie und lauert ihnen aus jedem Hinterhalt auf.“

(Sure 9,5)

„Und wer für Allahs Sache kämpft, alsdann getötet wird oder siegt, dem werden Wir einen gewaltigen Lohn geben.“

(Sure 4,74)

2 Bewertet diese Aussagen in Bezug auf das heute immer enger werdende Zusammentreffen verschiedener Religionen und Kulturen.

Beispiel Dschihad – Heiliger Krieg?

3 Was verbindet ihr mit den Begriffen „Dschihad“, „Dschihadisten“? Tauscht euch darüber aus.

4 Auf dem Bild seht ihr auch die „Schwarze Flagge des IS“. Informiert euch darüber und überlegt, aus welchen Motiven der Demonstrant sie bei der Demo zeigt.

Nach Feststellungen des Innenministeriums gab es 2012 immer wieder gegenseitige Provokationen und gewalttätige Ausschreitungen bei Kundgebungen islamistischer Gruppen und Gegendemonstrationen gewaltbereiter Islamgegner. Es gab auch islamistische Demonstranten, die anschließend als „Dschihadisten“ nach Syrien oder in den Irak reisten, dort teilweise bei Kampfhandlungen getötet wurden oder wieder nach Deutschland zurückkehrten.

5 Welches Verständnis von Dschihad haben diese Demonstranten?

„Dschihad“ müsste eigentlich im religiösen Sinne nicht mit Heiliger Krieg, sondern mit Heiliger Kampf übersetzt werden. Das bezieht sich dann auf alle Anstrengungen, sein Leben richtig zu führen. Die Dschihadisten dagegen sehen sich als Kämpfer Allahs, als Gotteskrieger des Islamischen Staates, die sich im Heiligen Krieg befinden und so eine religiöse Pflicht erfüllen, indem sie die Ungläubigen vernichten. Werden sie getötet, sind sie Märtyrer, die mit dem Paradies belohnt werden.
Wie kommt es zu solchen widersprüchlichen Koranaussagen? Welche Rolle spielen dabei die Biografie Mohammeds oder der Zeitpunkt der Entstehung der einzelnen Verse? Das folgende Interview mit Rudolph Peters, einem Spezialisten für islamisches Recht, gibt darauf Antworten:

Die älteren Verse über die Ungläubigen besagen, dass man sie zum Islam einladen, mit ihnen diskutieren soll. Verse, die eher gegen Lebensende Mohammeds geoffenbart wurden, besagen, tötet sie, wo ihr sie findet. Die Aggressivität nimmt zu, weil sich die Beziehungen zu den Ungläubigen verschlechtern und weil die Erwartungen Mohammeds, Christen und Juden für den Islam zu gewinnen, enttäuscht werden. Die zuletzt geoffenbarten Suren, auch Schwert-Verse genannt, enthalten nach mittelalterlicher Interpretation den Befehl, Nichtmuslime bedingungslos zu bekämpfen. Moderne Muslime würden widersprechen, weil die vielen älteren Verse mit ihrer friedlicheren Aussage nicht von den jüngeren aufgehoben werden können.

(Hartmut Kistenfeger: Interview mit Rudolph Peters; in: Focus, 42/2001)

6 Wie erklärt Rudolph Peters die unterschiedlichen Aussagen zum Umgang der Muslime mit Ungläubigen? Was heißt das für die Muslime heute? Welches Verhalten würdet ihr erwarten?

7 Ladet einen Experten in den Unterricht ein und diskutiert mit ihm mögliche Koranauslegungen zu den Bereichen Gewalt, Krieg, Frieden, Ungläubige usw.

Zeitgemäße Auslegung religiöser Schriften – ein grundsätzliches Problem?

Wie weit ist es möglich, die Inhalte der Thora, des Neuen Testaments oder des Korans so zu übersetzen, dass sie den Bedürfnissen der Menschen heute gerecht werden können?

8 Führe dazu eine Internetrecherche zu den Begriffen „Fundamentalismus, Dogmatismus und Islamismus“ durch.

So geht es – Recherchieren im Internet

- Mache dir zunächst klar, was genau du suchst.
- Die ersten Treffer in der Rangliste sind nicht immer die wichtigsten.
- Achte darauf, wer der Inhaber der Website ist und wer im Impressum erscheint. Wenn du unsicher bist, frage nach.
- Sammle nicht nur Informationen, die dir interessant erscheinen, sondern frage auch:
  - ➔ Welche Motive, welche Absichten und welche Wertvorstellungen haben die Verfasser?
  - ➔ Wen wollen sie ansprechen und welche Ziele verfolgen sie?
- Eine einzige Quelle genügt oft nicht. Überprüfe und vergleiche mit anderen: Informationen, Sprache, Verständlichkeit, Kapitelüberschriften usw.

Was du weißt und kannst

1. Gott und Mensch im Judentum

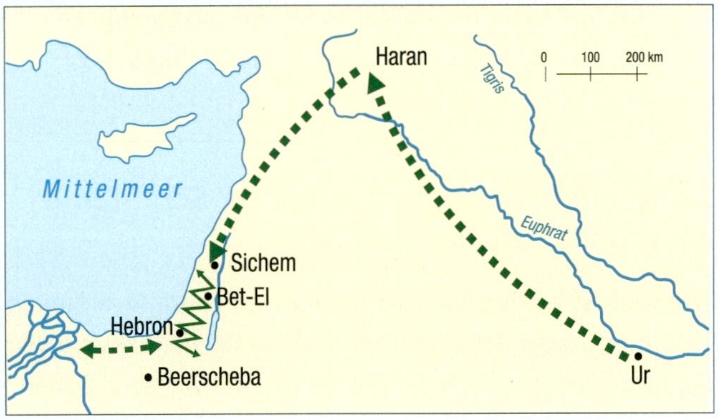

Der Weg Abrahams

a) Gott zeigt sich den Menschen und redet.
Fasse die Anfänge der Geschichte des Volkes Israel stichwortartig zusammen.

b) Warum gilt Mose als der Stifter der jüdischen Religion? Beschreibe dazu auch das Bild von Chagall.

c) Zum Bund, den Gott mit den Menschen schließt:
- *Wie kam es dazu?*
- *Die Verpflichtungen des Volkes Israel*
- *Die Verpflichtungen Gottes*

Auf diesem Bild hat der Künstler Marc Chagall Mose vor dem brennenden Dornbusch dargestellt (1966).

d) Immer wieder in der Geschichte wurden Juden verfolgt und getötet. Zuletzt, als in der Zeit des Nationalsozialismus 6 Millionen Juden unmenschlich verfolgt und grausam ermordet wurden.
Hat Gott sein Versprechen gehalten, hat er seine Vertragsverpflichtungen erfüllt? Wie sehen das die Juden? Beschreibe unterschiedliche Stellungnahmen.

2. Die Juden als Kinder Gottes

a) Wer ist Jude? Kann man Juden an ihrer äußeren Erscheinung erkennen? Fasse kurz zusammen.

b) Kann man auch Jude werden? Erkläre, wie das möglich ist.

c) Benenne mögliche Probleme, die sich aus „jüdisch-nichtjüdischen" Partnerschaften ergeben können.

d) Für Juden ist „Höre Israel" ein wichtiger Bestandteil ihres religiösen Lebens. Zeige das an verschiedenen Beispielen.

e) Beschreibe für verschiedene Alltagsereignisse, was es für Juden heißt, „Kinder Gottes" zu sein.

f) Beschreibe und erkläre verschiedene äußere Zeichen, mit denen gläubige Juden sich zu ihrem Gott bekennen. Beziehe dazu auch das Bild mit ein.

3. Gott und Mensch im Christentum

a) Erkläre den Begriff „Dreieinigkeit" oder „Trinität".

b) Warum glauben Christen, dass Jesus von Nazareth der Sohn Gottes ist?

c) Das Kreuzzeichen ist das verbreitetste Ritual im Christentum.
- *Was geschieht dabei? Wie könnte man die einzelnen Gesten deuten?*
- *Was bekennen Christen, wenn sie sich bekreuzigen?*

4. Leben in der Nachfolge Christi

a) Das Kreuz ist mehr als ein Erkennungszeichen für Christen. Es ist ein Symbol für die wichtigsten Grundlagen des christlichen Glaubens. Fasse sie stichwortartig zusammen.

b) Erkläre die Begriffe „Jesus Christus" und das „Reich Gottes". Was heißt „als Christ leben"?

c) Was verändert sich für Menschen, die an die Auferstehung Christi glauben? Beziehe in deine Überlegungen auch folgendes Beispiel mit ein:

Wenige Monate vor seiner Hinrichtung durch die Nationalsozialisten verfasste der evangelische Theologe und Widerstandskämpfer Dietrich Bonhoeffer ein Gedicht als Gruß für seine Angehörigen. Die letzte Strophe dieses Gedichtes lautet:

Von guten Mächten wunderbar geborgen
erwarten wir getrost, was kommen mag.
Gott ist bei uns am Abend und am Morgen,
und ganz gewiss an jedem neuen Tag.

(www.dietrich-bonhoeffer.net [05.04.2016])

5. Gott und Mensch im Islam

a) Welche Vorstellungen von Gott haben Muslime?

b) „Das Leben auf der Erde ist eine Prüfung." – Welche Bedeutung hat dieser Satz für die Bestimmung des Menschen nach der Lehre des Islam? Nimm Stellung dazu.

c) Islamkritiker kritisieren, dass das Menschenbild im Islam zu jenseitsorientiert ist. Erkläre an Beispielen, was sie damit meinen.

d) Ergänze die Sätze:
„Ohne den Glauben und die Überzeugung, dass ..., bin ich kein Jude."
„Ohne den Glauben und die Überzeugung, dass ..., bin ich kein Christ."
„Ohne den Glauben und die Überzeugung, dass ..., bin ich kein Muslim."

6. „So steht es im Koran?"

a) Schreibe zum Begriff „Dschihad" einen Artikel für ein Schülerlexikon.

b) Zeige an zwei Beispielen auf, dass es zum Thema „Der Islam – eine Religion des Friedens?" widersprüchliche Verse gibt, und erläutere, inwiefern das für heutige Konflikte eine Bedeutung hat.

c) Wie kann man die Lehre des Islam vom „Missbrauch der Lehre" trennen?

Ayaan Hirsi Ali schreibt dazu:

Es gibt zu viele widersprüchliche Schriften und zu viele Beispiele aus dem Koran [...], welche die Dschihadisten zur Rechtfertigung ihres Handelns heranziehen können. Deswegen glaube ich, die beste Lösung wäre, wenn Geistliche, Imame, Gelehrte und Staatsoberhäupter überall auf der Welt den Dschihad für *haram* (verboten) erklären würden, weil es dann eine klare Trennlinie gäbe.

(Ayaan Hirsi Ali, a. a. O., S. 237)

d) Was ist im Text mit „klarer Trennlinie" gemeint? Nimm Stellung zum Text und begründe deine Einschätzung.

Blick zurück

- *Welche Fragen, die dich in dem Kapitel „Menschen- und Gottesbild in den Religionen" interessiert haben, kannst du jetzt beantworten?*
- *Was hast du Neues erfahren? Was war besonders interessant für dich, auch aus der Sicht aktueller Konflikte und Probleme?*
- *Hat sich dein eigenes Verständnis vom Menschen- und Gottesbild in den Religionen verändert?*
- *Womit würdest du dich gerne noch weiter beschäftigen?*

Anhang

Kurzbiografien

Descartes, René (1596–1650)	Französischer Mathematiker und Philosoph. Er wurde in La Hayne (Touraine) 1596 geboren und starb 1650 in Stockholm. Er war seit 1618 in Kriegsdiensten in den Armeen des Statthalters Moritz v. Nassau sowie des Kurfürsten von Bayern. 1621 kehrte er in die Heimat zurück, reiste dann durch Europa und lebte seit 1629 meist in den Niederlanden, seit 1649 in Stockholm, wo er die Königin Christina unterrichten sollte. Er starb jedoch schon nach vier Monaten. Aus Furcht vor der Verfolgung durch die Kirche ließ Descartes seine Schriften zuerst anonym erscheinen. Seine Philosophie setzt in erster Linie auf kritisches, rationales (= vernünftiges) Denken. Ein grundsätzlicher Zweifel an allen überlieferten Lehren soll zu klaren und überprüfbaren Erkenntnissen führen.	31, 35, 181, 186 f., 189 ff., 191
Freud, Sigmund (1856 – 1939)	Sigmund Freud wurde 1856 in Freiberg (Mähren) geboren und ist 1939 in London gestorben. Er ist als Arzt und Psychoanalytiker einer der Begründer der modernen Psychologie. Seiner Meinung nach besteht die menschliche Seele aus drei Teilen: dem ES (das Unbewusste und die Triebe), dem ÜBER-Ich (die Gesellschaft: Eltern, Lehrer, Medien mit den sozialen Normen) und dem ICH (das bewusste, eigene Denken und Urteilen). Wichtig ist, dass das ICH als eine Art Kontrollorgan zwischen den eigenen Trieben und den gesellschaftlichen Normen vermittelt. Es kann dabei zu zwei Fehlleistungen kommen: Entweder kann das Individuum die eigenen Triebe nicht im Zaum halten (= der nicht-angepasste Mensch, Chaot) oder das ICH richtet sich ausschließlich nach den anderen (= der über-angepasste Mensch).	16 f.
Gaarder, Jostein (geb. 1952)	Norwegischer Schriftsteller von Romanen und Kurzgeschichten, oft mit philosophischem Hintergrund. Mit „Sofies Welt“ (1991) erreichte er Weltruhm. Der Roman ist mittlerweile in 50 Sprachen übersetzt und wurde 1999 verfilmt.	103, 186
Gadamer, Hans-Georg (1900 – 2002)	Deutscher Philosoph, der von 1949 bis an sein Lebensende in Heidelberg lebte und lehrte. Seine Philosophie dreht sich vor allem um die Probleme des Auslegens und Interpretierens von Texten. Ein Hauptinteresse gilt dabei der antiken Philosophie, insbesondere den Werken von Plato.	61
Hawking, Stephen (geb. 1942)	Britischer Physiker und Astrophysiker. Seine Bücher über moderne Physik machten ihn auch einem Publikum außerhalb der Fachwelt bekannt. 1963 erkrankte er an einer Sonderform von ALS, die einen extrem langsamen Krankheitsverlauf hat. Er ist auf den Rollstuhl angewiesen, kann seit 1985 nicht mehr sprechen und benutzt einen Sprachcomputer, den er durch Bewegungen seiner Augen steuert. In Vorträgen warnte er vor möglichen Risiken und Gefahren der künstlichen Intelligenz, die langfristig die Existenz der Menschen auf der Erde gefährde.	151

Hobbes, Thomas (1588 – 1679)	Englischer Philosoph und Staatstheoretiker. In sein Geburtsjahr fiel die Schlacht gegen die spanische Armada. Später floh er vor dem englischen Bürgerkrieg nach Frankreich. Diese Kriegserfahrungen prägten sein Leben und sein Menschenbild. Großen Einfluss auf sein Werk hatte aber auch die Bekanntschaft mit den führenden Gelehrten seiner Zeit: Francis Bacon, René Descartes und Galileo Galilei. In seiner Staatslehre geht Hobbes von einem Urzustand aus, in dem ein „Krieg eines jeden gegen jeden" herrscht und der nur durch die Übertragung der Macht auf einen Souverän in einem Gesellschaftsvertrag beendet werden kann.	128f., 131
Jonas, Hans (1903 – 1993)	Deutsch-amerikanischer Philosoph und Religionswissenschaftler. Im Zentrum seines Denkens und Forschens steht der Dualismus (Trennung) von Mensch und Natur in einer von Technologie bestimmten Gesellschaft, den er in seiner Ethik der Verantwortung des Menschen für die Natur („Das Prinzip Verantwortung") aufheben will.	133, 140 f., 150
Kant, Immanuel (1724 – 1804)	Deutscher Philosoph und einer der bedeutendsten Denker der Neuzeit. Als Vertreter der Aufklärung begründet er in seinem Hauptwerk „Kritik der reinen Vernunft" die neue Erkenntnistheorie, die sich mit den Möglichkeiten und Grenzen menschlicher Erkenntnis beschäftigt. Auch mit seiner Ethik „Kritik der praktischen Vernunft" steht er am Beginn der modernen Philosophie.	71, 129, 131, 169, 188 f., 191, 199
Küng, Hans (geb. 1928)	Schweizer Theologe und bedeutender katholischer Religionsphilosoph. Seine Kritik an der kirchlichen Lehrmeinung zur Unfehlbarkeit des Papstes, zum Verbot der Empfängnisverhütung, zur Unmöglichkeit der Frauenordination (Frauen als katholische Priesterinnen) und zum Festhalten am Zölibat (Ehelosigkeit für katholische Priester) führte zu Konflikten mit der katholischen Amtskirche. Küng setzt sich für den interreligiösen Dialog ein und ist Stifter und war erster Präsident des Projektes „Weltethos".	213 f.
Lennon, John (1940 – 1980)	Britischer Musiker, Komponist, Autor, Filmschauspieler und Friedensaktivist. Er war Mitbegründer der Rockband „The Beatles" und war Sänger und Gitarrist. Neben Paul McCartney schrieb er die meisten Stücke für die Beatles. Nach der Trennung der Band startete er eine erfolgreiche Solokarriere und war mit seinem zweiten Album „Imagine" (1971) weltweit sehr erfolgreich. 1980 wurde er in New York von einem geistig verwirrten Attentäter erschossen.	117
Locke, John (1632 – 1704)	Englischer Philosoph und einer der Begründer des englischen Empirismus. Empiristen sind der Meinung, dass nur durch die sinnliche Wahrnehmung, also durch Erfahrung, die Menschen zu Wissen gelangen können. Locke studierte in Westminster und Oxford Naturwissenschaften und Medizin, lebte als Arzt und Erzieher im Hause des Grafen von Shaftesbury und war zeitweise in Staatsämtern tätig. In seiner Staatslehre entwickelte er fortschrittliche liberale Gedanken. Im Zentrum steht das Individuum, dessen Freiheit der Staat zu garantieren und zu schützen hat. Mit seiner Forderung – „So viel Staat wie nötig und so viel Freiheit wie möglich" ist er zum Begründer des modernen Liberalismus geworden.	23, 184 f., 189

Marx, Karl (1818 – 1883)	Deutscher Philosoph, politischer Journalist und Kritiker der bürgerlichen Gesellschaft. Er bemühte sich um eine wissenschaftliche Analyse und eine Kritik des Kapitalismus; seine Hauptwerke: „Manifest der kommunistischen Partei“ (1848), „Das Kapital“ (1867).	96, 103, 106, 114, 192
Moody, Raymond A. (geb. 1944)	Amerikanischer Psychiater und Philosoph, setzte sich als einer der ersten Wissenschaftler systematisch mit den Nahtoderfahrungen von Menschen auseinander, die klinisch tot waren und wiederbelebt werden konnten. Moody sammelte und erforschte dazu viele Fallbeispiele. Seine Ergebnisse veröffentlichte er erstmals 1975 in dem Buch „Leben nach dem Tod“, das weltweit über 13 Millionen Mal verkauft wurde.	32, 35
Picasso, Pablo (1881 – 1973)	Spanischer Maler, Grafiker und Bildhauer, der zu den bedeutendsten Künstlern des 20. Jahrhunderts gehört. Eines seiner berühmtesten Werke ist „Guernica“, ein monumentales Gemälde, in dem er die Schrecken des Spanischen Bürgerkrieges künstlerisch umsetzte. Für den Pariser Weltfriedenskongress entwarf er das Motiv der Taube, das weltweit zum Friedenssymbol wurde.	117 f.
Platon (427 – 347 v. Chr.)	Griechischer Philosoph, der seine Philosophie in zahlreichen Dialogen dargestellt hat. Die Hauptgestalt dieser Dialoge ist Sokrates. Platon stammte aus einem der vornehmsten Geschlechter Athens und war jahrelang Schüler des Sokrates. Er starb der Sage nach bei einem Hochzeitsmahl.	30, 35, 174 f., 192
Sokrates (469 – 399 v. Chr.)	Von Sokrates selbst ist nichts überliefert. Er hat nichts geschrieben. Über sein Leben, seine Gedanken erfahren wir vor allem von seinem Schüler Platon (427 – 347 v. Chr.). Sokrates wurde 469 v. Chr. geboren. Sein Vater war Bildhauer, seine Mutter Hebamme. Er selbst lernte das Bildhauerhandwerk und nahm am Peloponnesischen Krieg teil. 399 v. Chr. wurde er angeklagt und zum Tode verurteilt. Ihm wurde die Abwendung von den alten Staatsgöttern und Gefährdung der Jugend vorgeworfen. Er lehnte die mögliche Flucht aus dem Gefängnis ab und wurde noch im selben Jahr durch das Trinken des Schirlingsbechers hingerichtet.	30, 35, 174, 179
Sölle, Dorothee (1929 – 2003)	Deutsche evangelische Theologin, weltweit bekannt und als Friedensaktivistin umstritten, wirkte in der Friedensbewegung und in zahlreichen kirchlichen und ökumenischen Organisationen mit. Ihr engagiertes Eintreten für soziale Gerechtigkeit sorgte auch in nicht kirchlichen Kreisen für Kontroversen.	102, 114
Spaemann, Robert (geb. 1927)	Deutscher Philosoph, Professor für Philosophie und Pädagogik an den Universitäten Stuttgart, Heidelberg, München. Veröffentlichungen zur Ethik, Philosophie und Geschichte der Philosophie. Bekannt wurde er auch durch sein Engagement für die Erhaltung der Natur und die Bewahrung der Schöpfung. Spaemann fordert einen Bewusstseinswandel für den zunehmenden Fortschritt in Wissenschaft und Technik.	159
Weizsäcker, Carl Friedrich von (1912 – 2007)	Deutscher Physiker, Philosoph und Friedensforscher. Wissenschaft, Verantwortung und Moral sind nach Weizsäcker angesichts der immer schnelleren Weiterentwicklung von Informationstechnik und Gentechnologie untrennbar miteinander verbunden.	138

Glossar

Arbeit
Unter dem Begriff „Arbeit“ werden menschliche Tätigkeiten zusammengefasst, die auf einen Zweck oder auf ein Ziel ausgerichtet sind. Dazu gehört insbesondere das Ausüben eines Berufes, die Erwerbstätigkeit und das bewusste und schöpferische Handeln eines Menschen (z.B. Künstler). Einfache oder auch körperlich schwere Arbeit verliert in den Industrienationen heute immer mehr an Bedeutung durch zunehmende Automatisierung und Computertechnik. Qualifizierte Arbeit wird dadurch immer wichtiger.

Deutscher Ethikrat
Der Deutsche Ethikrat besteht aus 26 Mitgliedern, darunter sind Wissenschaftler aus den verschiedensten Wissensgebieten. Dazu kommen noch Personen, die in besonderer Weise mit ethischen Fragen vertraut sind, und Vertreter der Kirchen. Der Ethikrat fördert die Diskussion und die Auseinandersetzung mit wichtigen ethischen Fragestellungen durch öffentliche Veranstaltungen. Er wird als Beratungsgremium der Bundesregierung beauftragt, bei politischen Entscheidungen, die in der Öffentlichkeit unter ethischen Gesichtspunkten unterschiedlich diskutiert werden, entsprechende Gutachten und Empfehlungen zu erstellen.

Embryonenschutzgesetz
Das Embryonenschutzgesetz stellt vor allem Regeln auf für die künstliche Befruchtung und für den Umgang mit Embryonen, die dabei erzeugt werden. Als Embryo gilt jede befruchtete menschliche Eizelle sowie jede von einem Embryo entnommene Zelle. Nur ein Arzt darf mit Einwilligung der Frau eine künstliche Befruchtung vornehmen. Die dabei entstehenden Embryonen sind geschützt und dürfen nicht zu Forschungszwecken missbraucht werden. In Deutschland ist auch jede gentechnische Veränderung in Keimzellen (Eizellen, Spermazellen) verboten. Das gilt auch für die Leihmutterschaft, für künstliche Befruchtung von Eizellen zu Forschungszwecken und für die Auswahl von Spermazellen, um das Geschlecht festzulegen.

Empirismus
Philosophische Lehre, dass alle gültige Erkenntnis auf Erfahrung, besonders auf Beobachtung und Experiment gegründet ist. Einer der Hauptvertreter des Empirismus ist David Hume. Er empfiehlt seinen Lesern, sich bei der Lektüre eines Buches zu fragen: „Enthält es eine auf Erfahrung sich stützende Untersuchung über Tatsachen? Falls dem nicht so ist, so werfe man es ins Feuer; denn es kann nur Spitzfindigkeiten und Blendwerk enthalten.“

Entfremdung
Ein Prozess, in dessen Verlauf der Mensch seine Beziehung zur Arbeit, zur Gesellschaft und zu sich selbst verliert und der zu einem Gefühl der Machtlosigkeit und Sinnlosigkeit führt. Für Karl Marx liegt die Ursache der Entfremdung in der entfremdeten Arbeit, die Menschen im Austausch gegen Geld für einen meist unbekannten Unternehmer verrichten müssen, um ihren Lebensunterhalt fristen zu können. Dadurch werden Menschen zur Ware gemacht und sind nicht mehr Menschen. Unter Entfremdung versteht man heute auch allgemein eine Beziehungslosigkeit und Distanzierung z. B. gegenüber einem politischen System.

Ethos
Das Ethos eines Menschen, einer Gruppe oder der gesamten Gesellschaft ist die Zusammenfassung des Verhaltens, das, aus ethischem Bewusstsein heraus, von der Anerkennung geltender Werte bestimmt wird.

Freiheit
Frei zu sein bedeutet, tun zu können, was man will. Unfrei sind wir dann, wenn wir uns nicht aus eigener Kraft bewegen können, wenn wir z.B. von jemandem festgehalten oder gefesselt werden. Unfrei sind wir auch dann, wenn wir nicht frei entscheiden können, etwas zu tun oder zu unterlassen, sondern uns jemand unser Handeln diktiert; so z.B. wenn wir in einer Gruppe nicht das tun können, was wir eigentlich wollen, sondern nur das, was die Gruppe will.
Eine grenzenlose Freiheit kann es nicht geben. Die Freiheit des einen hört dort auf, wo die Freiheit des anderen beginnt. Wir müssen also, wenn wir das tun, was uns gefällt, auch an die anderen, deren Wünsche und Interessen denken. Sie gilt

es zu respektieren. Eine sinnvoll eingegrenzte Freiheit kommt auch in der Goldenen Regel zum Ausdruck: „Was du nicht willst, das man dir tut, das füg auch keinem anderen zu."

Gewissen

Allgemein eine „innere Stimme", die uns hilft, zwischen Gut und Böse, zwischen Richtig und Falsch zu unterscheiden. Dieses sich allmählich entwickelnde Wissen wird vor allem durch Eltern, Freunde, Medien oder auch durch eigene Veranlagungen und Erfahrungen bestimmt.

Goldene Regel

„Was du nicht willst, das man dir tut, das füg auch keinem anderen zu."
Die in diesem Satz ausgedrückte Fairness findet sich in allen Weltreligionen, schon bei Konfuzius (551–479 v. Chr.), dann in ähnlicher Form im Judentum, Christentum, Islam, Buddhismus oder Hinduismus. Es handelt sich also um eine sehr alte, allgemein gültige ethische Grundregel des menschlichen Miteinanders.

Kapitalismus

Der Kapitalismus ist eine Form der Wirtschaftsordnung, bei der das Kapital, also Maschinen, Fabrikgebäude, Fahrzeuge, Geld usw., im Privatbesitz von Unternehmern oder von Kapitalgesellschaften (Aktiengesellschaften) ist. Der Staat schützt dieses Privateigentum und die Unternehmer können ohne Eingriffe des Staates nach den Gesetzen der Marktwirtschaft (Angebot und Nachfrage) arbeiten und arbeiten lassen. Dabei wollen sie möglichst viel Gewinn erzielen. Bevor es die heutigen Gesetze zum Schutz der Arbeiter gab, führte es dazu, dass die Arbeiter oft unter schweren Bedingungen für wenig Lohn arbeiten mussten. Besonders im 19. Jahrhundert, in der Zeit der Industriellen Revolution, verarmten die Arbeiter immer mehr und es kam zu politischen Gegenbewegungen. Karl Marx (1818 – 1883) war der schärfste Kritiker des kapitalistischen Systems.

Katechismus

Der Katechismus enthält die Grundfragen des christlichen Glaubens und die Antworten auf die sozialen, ethischen und religiösen Fragen unserer Zeit nach der Glaubenslehre der christlichen Kirchen.

Kategorischer Imperativ

Der Philosoph Immanuel Kant (1724–1804) hat mit dem kategorischen Imperativ ein grundsätzliches ethisches Prinzip formuliert: „Handle so, dass die Grundlage deines Handelns für alle Menschen als allgemeines Gesetz aufgestellt werden kann." Wenn du z. B. stehlen willst, musst du überprüfen, ob du ernsthaft willst, dass für alle Menschen ohne Ausnahme die Regel gilt, dass sie stehlen dürfen.

Liberalismus – liberal

Der Begriff „Liberalismus" kommt von den lateinischen Begriffen *liber* = frei und *liberalis* = freiheitlich.
Er bezeichnet eine philosophische und politische Bewegung mit der Forderung, die staatliche Macht gegenüber den Bürgern einzuschränken. Die freie Entfaltung der einzelnen Person in eigener Verantwortung steht im Vordergrund. Geistige, weltanschauliche, politische und staatliche Zwänge werden abgelehnt. Die wichtigsten Prinzipien des Liberalismus sind:

- das Recht auf Selbstbestimmung (Glaubensfreiheit, Meinungsfreiheit, Durchsetzung der Menschenrechte, Gewissensfreiheit, Pressefreiheit usw.)
- die Einschränkung der politischen Macht
- keine Einschränkung und Bevormundung der persönlichen Freiheit durch den Staat
- eine Wirtschaft, die sich nach ihren eigenen Gesetzen reguliert auf der Grundlage des persönlichen Eigentums.

Menschenwürde

„Die Würde des Menschen ist unantastbar" (Grundgesetz, Artikel 1, Satz 1).
Dem Menschen kommt von Geburt an ein Eigenwert zu, den es grundsätzlich und ausnahmslos zu achten gilt. Jeder Staat, jeder Wissenschaftler, überhaupt jedes Individuum muss diese vorgegebene Würde respektieren. Daraus folgt z.B., dass kein Mensch ohne seine ausdrückliche Zustimmung für wissenschaftliche Experimente benutzt werden darf. Daraus folgt auch, dass selbst jene, die gegen bestehende Gesetze und Normen verstoßen, doch noch den Grundwert, der ihnen als Menschenwesen zukommt, eben diese Würde, behalten.

Nanotechnologie

Nano ist die Vorsilbe für die Maßeinheit Nanometer (nm), die ein Millionstel von 1 Millimeter beträgt. Mit den Erkenntnissen der Nanotechnologie ergeben sich zahlreiche neue Möglichkeiten in der Erforschung, Bearbeitung und Produktion von Gegenständen, z. B. für die Medizintechnik, für die chemische Industrie, für die Informationstechnik oder für die Versiegelung von Oberflächen verschiedenster Art. Da durch die Nanotechnologie viele Stoffe neue chemische und physikalische Eigenschaften bekommen, deren Auswirkungen noch nicht ausreichend erforscht sind, ergeben sich auch Risiken.

Ökobilanz

Die Ökobilanz ist ein Verfahren, um für ein Produkt alle Vorgänge, die die Umwelt betreffen, zu erfassen und zu bewerten. Die Auswirkungen auf die Umwelt werden während des gesamten Lebensweges des Produkts systematisch erfasst. Neben der Produktion, der Nutzungszeit und der Entsorgung werden z. B. auch die Gewinnung und Herstellung der Rohstoffe sowie die teils erheblichen Umweltbelastungen bei der Gewinnung von Energieträgern (Kohle, Erdöl, Gas) mit eingerechnet. Das gemeinsame Ziel aller Ökobilanzen ist es, mögliche ökologische Schwachstellen zu erkennen und sie nach besten Kräften zu beseitigen.

Parabel

Eine Parabel ist eine kurze Erzählung mit einem lehrhaften Inhalt. Es geht um Fragen der Ethik, der Moral, des Zusammenlebens der Menschen, um religiöse Vorstellungen usw. Durch das Übertragen dieser Fragen in eine bildhafte Vorstellungswelt wird die Lehre verständlich und bringt den Leser zum Nachdenken und zum Erkennen des richtigen Lebens.

Philosophie

Griech. = Liebe zur Weisheit. Unter Philosophie versteht man allgemein das Streben des menschlichen Geistes, das Wesen und die letzten Zusammenhänge all dessen, was ist/existiert, zu erkennen. Dies ist vornehmlich das Ziel der theoretischen Philosophie. Der praktischen Philosophie (Ethik) geht es um die gültigen Werte, die dem menschlichen Miteinander ganz praktisch zugrunde liegen bzw. zugrunde liegen sollten.

Im Mittelpunt stehen also Grundsätze und Normen einer geglückten Lebensführung und Gestaltung einer auf überzeugenden Werten gegründeten Gesellschaft.

Theoretische wie praktische Philosophie (Ethik) leben entscheidend vom kritischen Nachdenken (Reflexivität). Alle Aussagen, Behauptungen oder Forderungen und Gebote müssen einer kritischen Überprüfung standhalten, sollen sie sich als „gültig“ erweisen. Philosophie als Tätigkeit (= Philosophieren) ist also in erster Linie kritische Reflexion.

Plurale Identität

Mit der Identität einer Person meint man ihren Charakter. Bestimmte unverwechselbare Charaktereigenschaften verändern sich im Laufe der Zeit nicht wesentlich und bilden so den Kern der jeweiligen Person. Personen gehören jedoch, heute mehr denn je, einer Vielzahl (= Plural) von unterschiedlichen Gruppen an. Diese Zugehörigkeit zu einer Gruppe (z. B. als Frau, Feministin, Heterosexuelle, Umweltschützerin ...) wirkt sich auf die personale Identität aus. Sie weitet sich aus zu einer pluralen Identität.

Rassismus

Rassismus ist ein Schlagwort für eine Haltung, bei der die eigene Rasse oder ethnische Gruppe mit biologischen Begründungen als kulturell und gesellschaftlich überlegen betrachtet wird. Andere Rassen oder ethnische Gruppen werden als minderwertig abqualifiziert. Der Rassismus ist eine Form der Diskriminierung. Er kann zur Unterdrückung und Verfolgung von Menschen bestimmter Herkunft führen, im Extremfall auch zu Versuchen, sie zu vernichten (Völkermord).

Rationalismus

Die philosophische Lehre, nach der die Welt weitgehend unabhängig von der Sinneserfahrung alleine mit der Vernunft erkannt werden kann. Die Vernunfterkenntnisse sind für den Rationalisten sicherer und wertvoller als die durch die Sinne gewonnenen Erkenntnisse. Als Vorbild reiner Vernunfterkenntnis gilt die Mathematik. Wie sich die Sätze der Mathematik logisch aus ersten Sätzen (Axiomen) ergeben, so muss auch die Philosophie von obersten Ideen und Prinzipien ausgehen und alles weitere logisch-rational aus diesen ableiten.

Rechtsstaat

Der Staat muss das bestehende Grundgesetz, die Verfassung und alle bestehenden Gesetze beachten. Das heißt, alles was der Staat macht, muss nach den dadurch vorgegebenen Regeln geschehen. Die Rechte der Bürgerinnen und Bürger eines Rechtsstaates werden durch den Staat geschützt. Das Gegenteil eines Rechtsstaates ist ein Polizeistaat oder eine Diktatur.

Ressourcen

Ressourcen sind natürliche Produktionsmittel (Rohstoffe) für die Wirtschaft. Sie werden in erneuerbare (Wälder, Fische, Erde, Wasser, alle Formen erneuerbarer Energie usw.) und nicht erneuerbare (Kohle, Erdöl, Erdgas, Eisen, Aluminium, Kupfer, Zinn, Uran usw.) eingeteilt. Die Erhaltung der Ressourcen durch nachhaltiges Handeln ist das Hauptanliegen des Umweltschutzes.

Schlüsse

Man unterscheidet zwischen induktiven und deduktiven Schlüssen.
Bei einem deduktiven Schluss wird von einem allgemeinen Satz (Prämisse) streng logisch auf etwas Einzelnes geschlossen.
(A) Alle Kater sind schwarz.
(B) Felix ist ein Kater.
(C) Also: Felix ist schwarz.
Aus (A) und (B) folgt zwingend der Schluss (Conclusio) (C).

Beim induktiven Schluss wird umgekehrt von etwas Einzelnem auf etwas Allgemeines geschlossen.
(A) Felix ist schwarz.
(B) Felix ist ein Kater.
(C) Also: Alle Kater sind schwarz
Nach (A) und (B) ist der Schluss (C) zwar durchaus möglich, aber keinesfalls zwingend wahr. Es handelt sich um eine voreilige, ungesicherte Verallgemeinerung, man könnte auch sagen um ein Vorurteil.

Superintelligenz

Der schwedische Philosoph Nick Bostrom unterscheidet in seinem Buch „Superintelligenz“ drei Formen:
- die schnelle Superintelligenz: ein System, das alles tun kann, was ein Mensch kann, bloß viel schneller, z. B. ein Buch in wenigen Sekunden lesen.
- die kollektive Superintelligenz: ein System, das aus einer großen Zahl geringerer Intelligenzen besteht und in der Gesamtleistung jedes andere System in vielen Bereichen weit übertrifft.
- die qualitative Superintelligenz: ein System, das mindestens so schnell denkt wie ein Mensch und qualitativ erheblich klüger ist.

(nach: Nick Bostrom: Superintelligenz, Suhrkamp, Berlin 2014, S. 81ff.)

Technik-Ethos → siehe Ethos

Toleranz

Toleranz bezeichnet allgemein das Geltenlassen und die Wertschätzung anderer Anschauungen, Normen, Werte und Handlungen, besonders in religiösen (Glaubens-, Gewissens- und Bekenntnisfreiheit), politischen, ethischen und wissenschaftlichen Fragen. Einer toleranten Grundhaltung liegt die Einsicht zugrunde, dass man sich irren kann und nicht im Besitz der Wahrheit ist.

Verantwortung

Wir sind verantwortlich für ein Tun oder Unterlassen, wenn wir frei und mit Absicht gehandelt und die Folgen klar in Kauf genommen haben. Wir antworten einem Dritten (z. B. Eltern) und geben ihm Rechenschaft für unsere Taten.

Wahrheit

Man definiert allgemein Wahrheit als die Übereinstimmung des Denkens oder Vorstellens mit seinem tatsächlichen Gegenstand, den Tatsachen also.
Die objektive Vorstellung von der Wahrheit als einer Übereinstimmung der Sache und des sie erkennenden menschlichen Verstandes geht auf den griechischen Philosophen Aristoteles zurück. Das Gegenstück zu der objektiven Wahrheitstheorie in der Tradition von Aristoteles ist ein Begriff von Wahrheit, nach dem als „wahr“ gilt, worüber sich ver-

nünftig argumentierende, gut informierte und gutwillige Menschen einigen können.

Werte
Werte sind, was wir wünschen, für wichtig und wertvoll halten. Werte bestimmen unser Handeln und geben unserem Leben eine Orientierung, z. B.: Gerechtigkeit, Freiheit, Gleichheit, Sicherheit, Gesundheit ...

Zweifel
Wenn wir zweifeln, sind wir unsicher und können uns nicht entscheiden. Wir haben z. B. Bedenken, ob wir einer Behauptung glauben können, ob eine Handlung richtig oder falsch ist oder ob uns etwas gelingen kann.

Verzeichnis der Methoden

So geht es

(Die **fett** gedruckten Ziffern geben die Seiten an, auf denen die Methode erläutert wird.)

Register

Bildquellenverzeichnis

|akg-images GmbH, Berlin: 103, 128, 184, 186, 188; Album/Oronoz /© Succession Picasso/VG Bild-Kunst, Bonn 2016 117; Album/Prisma 30; Gardi 74; Heritage Images / Fine Art Images 16; Lessing, Erich 214; Science Source 129; Wittenstein 78; © VG Bild-Kunst, Bonn 2016 220. |alimdi.net, Deisenhofen: manfred bail 192. |Art Explosion, Calabasas, CA: 207. |Ärzte ohne Grenzen e.V. / Médecins Sans Frontières, Berlin: 123; © Gregor von Glinski 123. |Bergmoser + Höller Verlag AG, Aachen: 20. |Bielefeld Marketing GmbH, Bielefeld: (Sarah Jonek) 137. |Bildagentur Schapowalow, Hamburg: Brand X 72. |BilderBox Bildagentur GmbH, Breitbrunn/Hörsching: Wodicka, Erwin 196. |bpk-Bildagentur, Berlin: Museum für Islamische Kunst, SMB/Wolfgang Selbach 216. |Bridgeman Images, Berlin: Photo © Christie's Images / VG Bild-Kunst, Bonn 2016 180. |Bulls Pressedienst GmbH, Frankfurt am Main: © Joscha Sauer/ Distr. Bulls 10. |Bundesagentur für Arbeit, Nürnberg: 110. |Cinetext Bild & Textarchiv GmbH, Wetzlar: X Verleih 57. |ddp images GmbH, Hamburg: dapd 218; Sipa 83; X Verleih/Cinetext 79. |DFWR - Deutscher Forstwirtschaftsrat e.V., Berlin: 158. |Domke, Franz-Josef, Hannover: 71, 92, 111, 165, 220. |Duplicon Martin Mißfeldt, Panketal: 183, 183. |European Union, Brüssel: Broschüre der Europäischen Kommission „Ich, Rassist?" © Europäische Union, 1998/Zeichnungen: Sergio Salma 178, 179, 179. |Faye, Ilia, Essen-Ruhr: 49. |Food and Agriculture Organization (FAO) of the United Nations, Rom: © International Year of Soils 2015 152. |Fotofinder GmbH, Berlin: José Giribas 148. |fotolia.com, New York: alarts 58; bluedesign 136; Brown, Katrina 12; Daisy Daisy 45; fabioberti.it 83; Franz Pfluegl 56; Gernot Krautberger 139; Ian 2010 184; jonasginter 156; Kostenko, Maksim 22; Mike 50; milicanistoran 24; Minerva Studio 156; mojolo 21; Monkey Business 27, 107; Mopap 66; Mosichev, Valentin 25; mrdoggs 14; Pfluegl, Franz 54; Popov, Andrey 64; Sunny studio 153; tilialucida 134; UBER IMAGES 44; ufotopix110 47; virtua73 101; whitelook 11; YakobchukOlena 85. |Fotostudio Henke, Paderborn: 8, 40, 153. |Frankfurter Allgemeine Zeitung GmbH, Frankfurt/Main: Foto: Helmut Fricke 118. |Gardner Creative Ltd - Drew Gardner, Kings Langley WD4 8BU: 32. |Gottscheber, Pepsch, München: 118. |Greschner, Horst, Vaihingen-Horrheim: Karikatur von Karin Böhringer aus: Horst Greschner: So isch. Gedichte, Sprüche und Ungereimtheiten des Lebens, Eigenverlag 2006 49. |Haitzinger, Horst, München: 60, 167. |Hanraths, Ulrike, Kehl: 44. |Hans-Böckler-Stiftung/www.boeckler.de, Düsseldorf: 109. |Hemming, Thomas Alwin, Filderstadt: www.mopf.net 73. |Hirsch, Ulrike, Grimma OT Ragewitz: 29. |http://pixabay.com, Blaustein: 181. |IKW Industrieverband Körperpflege- und Waschmittel e. V., Frankfurt am Main: 158. |Internationale Gesellschaft für Menschenrechte (IGFM), Frankfurt/M.: 20. |IPON, Berlin: Stefan Boness 90. |iStockphoto.com, Calgary: Fertnig 105; imagedepotpro 11; monkeybusinessimages 42; PeopleImages 152; sezer66 200; Spanic 34; swissmediavision 27. |IW Medien - Institut der deutschen Wirtschaft Köln Medien GmbH, Köln: 166. |Kassing, Reinhild, Kassel: 7, 7, 7, 7, 7, 7, 7, 9, 13, 13, 14, 15, 15, 15, 18, 19, 19, 20, 20, 21, 21, 27, 28, 28, 29, 30, 31, 38, 39, 39, 39, 40, 41, 43, 43, 45, 46, 46, 47, 49, 53, 53, 54, 55, 55, 56, 57, 57, 57, 57, 58, 59, 59, 61, 62, 63, 63, 63, 63, 68, 68, 69, 69, 69, 71, 72, 72, 76, 78, 79, 79, 80, 81, 81, 86, 86, 88, 89, 89, 92, 92, 93, 93, 94, 95, 95, 100, 101, 101, 102, 103, 104, 105, 105, 105, 106, 107, 108, 109, 109, 110, 110, 111, 111, 111, 112, 118, 118, 118, 119, 119, 120, 122, 123, 124, 125, 125, 125, 126, 127, 128, 133, 134, 136, 136, 136, 137, 137, 142, 142, 143, 145, 146, 147, 148, 149, 156, 157, 158, 158, 159, 159, 160, 161, 161, 162, 164, 164, 165, 165, 165, 169, 170, 170, 170, 171, 171, 172, 173, 173, 174, 174, 175, 177, 182, 183, 183, 183, 184, 185, 185, 187, 188, 189, 189, 194, 194, 194, 195, 196, 196, 197, 197, 198, 199, 199, 201, 201, 202, 203, 203, 203, 203, 208, 209, 210, 211, 212, 213, 214, 215, 215, 215, 216, 217, 218, 219, 219, 230. |Kurowski, Walter/Oberhausen, Mülheim: 36. |laif, Köln: UPI 210; Ziv Koren/Polaris 206. |Lebenskarten GmbH, Halle/Westf.: Barbara Völkner 40. |Lutz, Antonia: 44. |Ministerium für Arbeit, Integration und Soziales des Landes NRW, Düsseldorf: 105. |Mohr, Burkhard, Königswinter: 170, 207. |Moser, Christian: 187. |NDR Media GmbH, Hamburg: 113. |photothek.net GbR, Radevormwald: Thomas Koehler 28. |Picture-Alliance GmbH, Frankfurt/M.: 160, 162, 210; abaca 123; akg-images 25, 31, 35, 174, 208, 217; akg-images/Lessing, Erich 132; AP Images/Knippertz, Hermann J. 124; AP Photo/Dunham, Matt 126; APA/picturedesk.com/ Ilgner, Lukas 146; blickwinkel/McPHOTO 98; chromorange / Graziano Giuseppe 91; chromorange/Schröder, Martin 116; dieKLEINERT.de / Ruth Botzenhard 37; dieKLEINERT.de/Droigk, Sylvio 168; dieKLEINERT.de/Nikol, Frank 168; dieKLEINERT.de/Schaaf, Barbara 67; dpa 120; dpa / epa PA Humphreys 34; dpa / epa Pierre Holtz 87; dpa / Karmann, Daniel 53; dpa / Rick, Rolf 102; dpa / Stache, Sören 11; dpa Themendienst/ Scholz, Markus 204; dpa Themendienst/Seidel, Caroline 100; dpa-infografik 112, 142, 150; dpa/Berg, Oliver 99; dpa/Brakemeier, Tim 116; dpa/ Dedert, Arne 97; dpa/epa apa Rubra 94; dpa/epa efe Orlando Barria 121; dpa/Gambarini, Federico 197; dpa/Gambarini, Maurizio 109; dpa/Grubitzsch, Waltraud 26; dpa/Handout, Sana 121; dpa/Hildenbrand, Karl-Josef 106; dpa/Hitij, Maja 218; dpa/Hollemann, Holger 202; dpa/Karmann, Daniel 162; dpa/Kusch, Marcel 193; dpa/Lane, Justin 126; dpa/ Maurer, Daniel 135; dpa/May, Frank 59; dpa/Messe Düsseldorf 147; dpa/ Nagel, Till Simon 19; dpa/Naupold, Daniel 164; dpa/Novopashina, Alina 109; dpa/Palitza, K. 118; dpa/Pilick, Stephanie 108, 115; dpa/Polfoto 46; dpa/Revierfoto 193; dpa/Schulte 220; dpa/Woitas, Jan 81; dpa/Wolf, Jens 197; dpa/Wüstneck, Bernd 66; Eckel, Jochen 206; EPA/ Nasrallah, J. 94; epd/Maro, Ralf 215; Foto Huebner 205; Godong/Deloche, Pascal 212; IMAGNO 90; KNA-Bild/Radtke, Wolfgang 196; M.i.S.-Sportpressefoto 26; maxppp/Bianchetti, Stefano 188; Photoshot 118, 130, 151; Photoshot/ Levine, Richard B. 161; PIXSELL 206; Reinhardt, Daniel 153; Rothermel, Winfried 42; Science Photo Library 33; Süddeutsche Zeitung Photo/ Schellnegger, Alessandra 98; Westend61 / Gombert, Sigrid 89; ZB / Burgi, Arno 84; ZB/Sauer, Stefan 196; ZB/Woitas, Jan 132. |plainpicture, Hamburg: Hoehne, Maike Mia 70. |Plaßmann, Thomas, Essen: 159. |Prändl, Ingeborg, Neuburg: 48. |Rowohlt Verlag GmbH, Hamburg: Alice Bota: Wir neuen Deutschen. Wer wir sind, was wir wollen 55. |Schneider, Brigitte, Gauting: 23. |Shutterstock.com, New York: Kollidas, Georgios 31; Tucker, Suzanne 172. |Smolinski, Jals: 70. |Stark, Friedrich, Dortmund: 131. |Strömsdörfer, Stefan, Bayreuth: 183. |Studio Michael Najjar, Berlin: 51. |Sudek-Mensch, Stefanie, Berlin: 86. |Tado GmbH, München: 160. |teamwork text + foto GbR, Hamburg: Thoelen 203. |terre des hommes Deutschland e.V., Osnabrück: Ralf Willinger 125. |TV-yesterday, München: 195. |Visum Foto GmbH, München: Reents, Silke 211. |Weber, Ralph, Wolfach: 52. |Wiener Bildungsserver, Wien: (Collage), Bildquelle: openclipart.org 176. |wikimedia.commons: Etc. gamma (gemeinfrei) 213. |Wuppertal Institut, Wuppertal: Quelle: BMBF 2012 (Hg.), nach Wuppertal Institut 2013 155. |Zeitenspiegel, Weinstadt-Endersbach: © Frieder Blickle für Peace Counts 127, 127.